이지누의 절터 톺아보기 1

절터, 그 아름다운 만행

이지누 글, 사진

강원도 경상도 편

호미

절터, 그 아름다운 만행

처음 펴낸 날 | 2006년 3월 5일
두번째 펴낸 날 | 2007년 12월 5일

글쓴이 | 이지누
찍은이 | 이지누

편집 | 홍현숙, 조인숙, 박지웅
펴낸이 | 홍현숙
펴낸곳 | 도서출판 호미

등록 | 1997년 6월 13일(제1-1454호)

주소 | 서울시 마포구 서교동 339-4 가나빌딩 3층
편집 | 02-332-5084
영업 | 02-322-1845
팩스 | 02-322-1846
전자 우편 | homipub@hanmail.net

디자인 | (주)끄레 어소시에이츠
인쇄 | 문성인쇄
제본 | 성문제책

ISBN 89-88526-55-4 03810
값 | 24,000원

호미 생명을 섬깁니다. 마음밭을 일굽니다.

절터, 그 아름다운 만행

철학적 사유가 넘치는, 폐사지로의 만행

향적 | 불교신문 사장

공적空寂 앞에 서면 누구나 텅 빈 충만을 느낀다. 그래서 흔적만 남은 선문禪門의 빈터에서 선의 진수를 맛본다. 선의 깊고 오묘한 진리는 언어로 표현할 수 없다. 선사들은 그래서 도道가 무엇이냐고 물으면 '차나 한잔 마시고 가라'고 일갈一喝할 뿐이다. 스스로 공부하고 노력하지 않으면 백 번을 일러 준들 알지 못하고, 눈앞에 가져다 보여 준들 보지 못하는데 말할 까닭이 없는 것이다.

선종 사찰은 칠당가람七堂伽藍이라는 배치 방식을 따른다. 한국도 이 틀에서 거의 벗어나지 않는다. 하지만 입을 여는 순간 진리에서 멀어지듯이 (開口即錯), 선종 사찰이라는 유형의 틀이 만들어지는 순간 선종 가람의 온전한 생명은 사라진다. 제 아무리 선의 본질에 가깝게 가람을 배치한다 해도 그것은 '얼추 가까울' 뿐이다. '바로 그것'은 보여 주거나 말로 하는 것이 아니라 마음으로 느끼고 깨닫는 것이다. 구산선문은 그래서 아흔 아홉 칸 당우들로 꽉 들어찼을 때가 아니라 허허 벌판에 당간 지주 한 기만 덩그마니 남았을 때 완성되는 것일는지 모른다.

어느 해 초여름, 계곡에는 물안개가 솟아오르고 산 위에는 운무가 점점 낮게 드리우던 충남 보령 성주사 터의 비경이 지금도 잊혀지지 않는다. 구름 위로 솟은 산봉우리와 계곡을 따라 흐르는 얕은 시냇물, 안개에 가려 보일 듯 말 듯 숨은 민가들 틈에 들어앉은 성주사지는 말로 형언할 수 없는 감동을 안겨 주었다. 그 때 처음 알았다. 나무, 흙, 바람, 안개, 물, 나뭇잎 소리, 하늘을 나는 새, 이름 없는 들풀까지 모두 가람 아닌 것이 없음을 말이다.

사찰은 제 몸에 드리운 경계를 허물어야 비로소 만물을 품을 수 있다. 마치 가을 바람에 잎을 떨군 뒤 온전한 제 모습을 드러내는 체로금풍體露金風의 가르침처럼, 사찰도 거추장스런 온갖 치장을 벗고 난 뒤 환지본처還至本處한다. 잘 짜여진 구도 위에 정치精緻한 교리를 바탕으로 빈틈없이 세워진 가람도 훌륭하지만 도道를 구하는 납자衲子의 눈에는 아무래도 그 비어 있음이 더 마음에 와 닿는다.

폐사지廢寺址는 이처럼 제 모습을 갖추고 있는 사찰에서는 느낄 수 없는 또다른 즐거움을 준다. 즐거움의 원천은 상상력이다. 아무것도 없기에 오히려 무엇이든 세우고, 그릴 수 있는 것이다. 눈에 보이는 것은 오로지 그것만 품는다. 두 팔로 그린 원만큼이나 작고 한정적이다. 눈에 보이지 않는 것은 두 팔이 품지 못한 나머지 우주 전체만큼이나 크고 무한정이다. 그래서 폐사지는 '텅 빈 충만' 의 역설을 만끽하게 해 준다.

이지누 선생은 불교신문을 통해 지난 2005년 한 해 동안 그 역설의 즐거움을 우리에게 선사했다. 폐사지 기행을 다룬 책은 더러 있지만 이 선생의 '절터 톺아보기' 처럼 철학이 담긴 책은 없었다.

텅 빈 곳이라 해서 머리까지 텅 빈 채로 찾아갈 일은 아니다. 아는 것 없이는 보고도 보지 못하고 만져도 감촉을 느끼지 못한다. 사지寺址에 대한 기본 지식을 웬만큼 갖추고 가야 보고 느낄 수가 있다.

우리가 이 선생에게 고마움을 느끼는 것은 빈 머리를 채워 주는 정보는 말할 것도 없고, 텅 빈 가슴을 울려 주는 감동을 풍성히 안겨 주어서이다. 또, 무엇보다도 절터 감상의 '깊이'를 보여 주어서이다. 여느 답사가들과 뚜렷이 다른, 이지누 선생의 절터 감상의 특징은 '만행'이다. 찾아가는 길에도 무심하지 않거니와, 텅 빈 절터를 오래도록 서성이며 깨진 석물, 풀꽃, 바람 들을 천천히 보고 듣고 살피다가는 절을 세운 옛 선사며 석불을 다듬던 석공, 또 그 곳을 들른 선비 들을 그 자리에 다시 불러내는가 하면 홀로 깊은 사색에 빠지고는 한다. 그는 절터를 온전히 보고 만나려고 하루 종일 한 군데 앉아 있는가 하면 산 속에서 밤을 꼬박 새기도 한다. 그러다 더러 마을 사람들에게 수상한 사람으로 보여 경찰이 달려오는 웃지 못할 일도 비일비재했다.

이제 독자들은 책 한 권으로 그의 오랜 만행을 동반하는 즐거움을 누리게 되었다. 하지만 책을 통해 느끼는 감흥이 아무리 크다 한들 보고 만지고 느껴서 얻는 공부는 모두 이 선생의 살림살이일 뿐이다. 이 책을 나침반 삼아 이 선생이 그랬던 것처럼 눕고 엎드리고 쪼그려 앉아 절터에 푹 빠져 보기를 권한다.

이제 나는 더 이상 높은 곳을 그리워하지 않는다

계곡물은 흘러 강에게로 간다. 강의 존재가 계곡보다 낮은 곳에 있기 때문이다. 강물은 또 자신보다 더 낮은 곳으로 흘러 바다에 다다라 이윽고 몸을 푼다. 그 곳에서 물은 다만 머물며 노닐 뿐 더 이상 흐르지 않는다. 바다는 물이 다다를 수 있는 가장 낮은 곳이기 때문이다. 그 곳에서는 호들갑을 떨며 폭포로 떨어지던 계곡물이나 소용돌이치며 법석을 떨던 강물도 자못 점잖은 모습이다. 계곡은 언제나 강보다 얕고 빠르며 높다. 그러나 바다는 강보다 넓고 깊으며 낮다. 낮은 곳으로 내려올수록 물은 깊어지고 넓어지는 것이다.

한때 나에게는 높이를 가지려는 꿈이 있었다. 날마다 궁구窮究하며 애를 쓴 덕에 한발 한발 그것에게로 가까이 가는 듯했다. 그러나 높이는 흔들림과 함께 있었다. 그 흔들림을 무시하며 조금 더 높은 곳으로 나아가면 비록 약한 바람이 불 뿐이었지만 그 바람이 나에게는 태풍과도 같았다. 하지만 그 두려움을 견디며 높은 곳에 서면 생각이나 시야가 넓어질 줄 알았다. 그렇기에 기를 쓰고 오르려 했다. 그러나 천만에, 내가 다다른 곳이 그리 높은 곳이 아니었건만 그 곳에서조차도 나 스스로 내 발밑을 보지 못했으며 먼 산이나 하늘을 바라볼 생각은 언감생심 꿈도 꾸지 못했다. 나를 추스르기도 벅찬 지경이었으니 무엇이 눈에 들어왔겠으며 생각으로 걸러졌겠는가. 그것은 높은 곳으로 갈수록 좁아지고 얕아졌다는 것을 뜻하는 것이기도 하다.

그맘때였다. 높이라는 것에 대해 회의를 가지며 더 이상 오르지 않기로 작정했던 것이 말이다. 2004년 초가을, 단단히 마음을 먹었다. 그러곤 홀연히 무지막지한 길을 나섰다. 한 달이면 보름 가까이 떠돌기 시작한 지 얼추 오백 일이 지난 지금 0킬로미터에서 시작한 자동차 운행거리계는 72,000킬로미터를 가리키고 있다. 그토록 떠돌다가 발길이 머무는 곳은 언제나 폐사지廢寺址였다. 내가 물이라면 그 곳은 바다와 같았다. 비로소 그 곳에 다다라서야 높이에 대한 욕심을 하나씩 허물 수 있었으며, 욕심이 사라질수록 편안해졌다. 그 덕인가, 나의 폐사지 순례는 문화적 욕구를 충족시키기 위한 답사나 혹은 일탈의 즐거움이나 일상에서의 휴식을 위한 한갓진 여행이 되지 못했다.

그것은 오히려 만행에 가까운 것이었다. 불현듯 내가 운수 납자雲水衲子라도 된 듯 착각에 빠질 정도였으니 말이다. 그렇기에 그 곳으로 향하는 나에게 필요했던 것은 알량한 지적 호기심을 채워 주는 미술사의 지식이나 해박한 역사의 편린들이 아니었다. 정작 내가 필요로 한 것은 오로지 나 자신을 바로 볼 수 있는 냉철한 눈과 자리를 쉽게 뜨지 않을 뚝심이었다. 그것이면 충분했다.

그렇게 다가가면 폐사지를 뒤덮고 있는 하늘은 거울이 되곤 했다. 때로 하늘은 미처 내가 보지 못하는 나의 모습을 속속들이 되비쳐 주기도 했지만 칠흑 같은 어둠일 때도 있었다. 그 와중에 얼핏 만나는 나의 본성은 마치 홀로그램과도 같이 나타났다간 사라지기를 거듭했지만, 전에는 그마저도 거의 없던 일이었다. 나의 현재가 어디인지 혹은 나의 본래는 어땠는지에 대해 되짚어 볼 엄두조차 내지 못하고 있었으니까 말이다.

그 곳으로 가는 길은 더러 동행이 있기도 했지만 거개가 혼자였으며 새벽 동살이 비칠 무렵 발을 들여놓으면 해가 저물 때까지 머무르기를 마다하지 않았다. 아무리 칼바람이 몰아치고 눈보라가 들이닥쳐도, 뜨거운 열기에 몸이 더 이상 견딜 수 없어도, 앞이 보이지 않을 만큼 빗줄기가 굵어도 자리를 지켰다. 그것은 다른 누구와 한 약속이 아니라 스스로 나 자신과 한 약속 때문이었다.

폐사지라는 곳을 염두에 두고 다니기 시작한 것은 1989년 구산선문九山禪門을 공부하면서부터였다. 구산선문과 관련된 곳들은 유독 폐사지로 변한 곳이 많았으니 구산선문의 자취를 좇아 길을 나설 때마다 폐사지의 묘한 매력에 빠져 들었던 것이다. 하지만 그 때부터 이번 만행을 시작하기 전까지는 단 한번도 한곳에 하루 종일 머물러 본 기억이 없다. 길어야 두어 시간, 탑비를 읽거나 탁본을 하느라 머물렀을 뿐, 나 자신을 보려 했던 것은 아니었다. 미술사와 불교사에 천착하며 현장을 돌아보고 책상에 앉아 역사적 상황과 현실을 꿰맞추는 일에만 몰두했던 것이나 다르지 않은 답사였던 것이다.

그러나 이번 만행 길에 그 모든 것을 떨쳐 버렸다. 내 본성을 되찾기 위해서는, 나 자신을 제대로 인식하기 위해서는 갖춰야 하는 것보다 지니지 말아야 할 것들이 더 많았다. 하지만 그 무엇보다 필요한 것은 진득하게 한자리에 머무는 것이었으며, 나에게서 뚝 떨어져 나를 물끄러미 볼 수 있는 거리를 지키는 것이었다. 그것을 행동으로 옮기기에 폐사지만한 곳이 없었다. 스쳐 가는 사람들도 드물며 미술사의 눈으로 볼 것 또한 그리 많지 않은 그 곳이 나에게는 곧 독락獨樂의 선방禪房이었으며 무문관無門關이었던 것이다. 비록 그 곳에 드는 것이 처음에는 곤혹스럽고 힘에 겨웠을지라도, 시간이 지날수록 그보다 더 편한 곳이 없었으며 한 주일에 한 번씩 다녀오지 않으면 아무 일도 할 수 없는 지경에까지 이르렀다.

아직 끝나지 않은 채 진행형인 이 만행 길에서 내가 얻은 것은 무엇일까. 그것은 불교 미술사나 불교사 혹은 역사가 아니다. 그들은 다만 부분일 뿐 결코 전체가 되지 못한다. 내가 얻은 가장 귀한 것은, 멈추었다는 것이다. 높은 곳으로만 향하던 내가 비로소 그 몸짓을 멈출 수 있었으니 그만하면 귀하디귀한 것을 얻은 것이 아니겠는가. 이제 높이는 추억으로만 간직할 뿐 다시 그 곳에로의 꿈을 꾸지는 않을 것 같다. 나는 이미 낮은 곳의 깊이와 넓이에 매료되었기 때문이다. 비록 그로 인해 잃은 것들이 있을지라도 아깝지 않다. 다만 더 늦기 전에 이렇듯 되돌아설 수 있음이 그저 고마울 따름이다.

그것을 깨닫게 해 준 이는 부처님이며 노자이다. 또 그들의 길을 따라간 여러 선지식들이 만행 길 내내 곁에 있었다. 하지만 그들은 그저 물끄러미 나의 모습을 보고 있을 뿐 이래라 저래라 하지 않았다. 그들이 그랬듯이, 스스로 깨달아야 하는 일이기 때문이었을 것이다.

그러나 이제부터가 문제이다. 멈춰 서기는 했으되 또 되돌아올 길이 만만치 않을 터이니 말이다. 이윽고 내가 되걷기 시작하는 날, 비로소 내가 있어야 할 자리를 찾은 것이려니, 그 자리는 본래 내가 있던 자리일 것이다. 그 곳에 닿을 때까지 폐사지에로의 만행은 멈추지 않을 것 같다.

나라 안에 존재하는 폐사지는 모두 2,000 군데가 넘는 것으로 조사되어 있다. 그 중 충청도가 700여 군데로 가장 많으며 경상도는 600여 곳, 전라도가 470여 곳, 강원도가 200여 곳, 경기도가 160여 곳이다. 또한 경상도의 폐사지 중 경주의 폐사지만 해도 300여 곳에 이르며 그 중 절반이 남산에 있다고 한다. 그러니 지난 오백 일 동안 70여 군데 폐사지를 다닌 것은 그야말로 조족지혈鳥足之血에 불과하다.

그 중 41여 곳을 골라 2005년 3월부터 12월까지 '불교신문'에 '이지누의 절터 톺아보기'라는 제목으로 연재했다. 매주 30매가량의 원고를 쓰느라 거칠었던 글쓰기를 다시 매만졌으며 지면 관계로 미처 싣지 못했던 사진과 이야기들도 덧보태 담금질했다. 이번 1권은 강원도와 경상도 일대에 흩어져 있는 폐사지들 중에서 스물다섯 곳을 선별하여 묶었다. 그러나 경주는 제외했다. 경주는 몇 곳만을 소개하고 말 것이 아니라 아예 따로 한 권의 책으로 묶어야 하지 싶어서이다.

부족하고 성긴 글과 사진을 기꺼이 실어 주신 '불교신문'의 향적 스님과 늘 마감에 늦은 원고를 묵묵히 기다려 주신 박부영 국장님에게 두 손 모으고 고개 숙여 감사드린다.

2006년 2월
이지누 두 손 모음

차례

추천의 글
철학적 사유가 넘치는 폐사지로의 만행 | 향적 4

머리말
이제 나는 더이상 높은 곳을 그리워하지 않는다 | 이지누 7

선종이 뿌리내린 아름다운 탯자리인 영동 지역

진전사 터 | 움직임보다 더 큰 움직임을 마음에 품다 15
선림원 터 | 꽃으로 피어난 겨울 나무들을 보고 깨닫다 34
굴산사 터 | 어찌 그리 늦었는가, 오랫동안 너를 기다렸다 54
법천사 터 | 부처님 앞에 상처 없는 이, 그 누구인가 77
거돈사 터 | 돌아가자, 지금 가지 않으면 언제 갈 수 있으랴 94
홍법사 터 | 아름다운 것과 추한 것의 차이는 무엇인가 108
한계사 터 | 그 곳에서는 산이 곧 부처님이었다 122
물걸리 터 | 뒤돌아 앉으신 부처님, 무엇을 보시는 것인가 137

시대에 따른 다양한 모습의 경북 지역

법수사 터 | 천 년 동안 꺼지지 않는 법등 앞에서 묻다 152

법광사 터 | 들국화 향기 짙은데 부처님은 어디로 가셨는가 168

장연사 터 | 그것만 보려 하지 말고 그것까지 헤아려라 183

대견사 터 | 이 세상에서 어떤 것이 가장 고맙고 기쁜 것이냐 201

개심사 터 | 탑 앞에서 물구나무를 서려 했던 까닭은 216

부처님도 매화 향기에 취하고 말 경남 산청 지역

단속사 터 | 어찌 꽃망울이 꽃이 아니랴, 그 또한 이미 꽃이다 231

지곡사 터 | 또다시 잃어버린 절터를 거닐다 250

가섭암 터 | 부처와 조사도 목숨을 빈다는 죽비 소리를 듣다 263

장수사 터 | 혹독한 고독의 그림자와 함께 서닐다 278

승안사 터 | 그대, 차 한 잔 하고 가게나 290

대동사 터 | 느티나무에게 부처님 가신 곳을 묻다 304

영암사 터 | 아제 아제 바라아제, 바라승아제, 모지 사바하 320

삼국유사 펼쳐들고 떠나는 울산 지역

간월사 터 │ 높은 것은 낮은 것을 포함하는 것이거늘 347

운흥사 터 │ 산 깊은 곳에 정녕 아름다운 꽃이 피었더라 362

청송사 터 │ '지금 바로 여기' 보다 아름다운 곳 그 어디랴 376

영축사 터 │ 무너진 탑에 기대어 삼국유사를 되새기다 389

영원사 터 │ 폐사지에서 다시 폐사지를 보다 403

절터 가는 길 417

강원도 양양 진전사 터

움직임보다 더 큰 움직임을 마음에 품다

생각이 사라진 나에게 남은 것은 무엇이었을까.

그것은 오로지 자연의 풍경이었다. 감히 그 정경을 두고

적멸이라 말하는 것은 결코 지나치지 않을 것이다.

적멸에 다다라 본 적은 없지만 내 상상 속의 그 곳은

지금 내 눈 앞에 펼쳐진 장면과 다르지 않을 것 같았다.

적멸은 그저 그것으로만 머물지 않았다. 그것은

움직임보다 더 큰 움직임으로 남았던 것이다. 모든 움직임이

그친 적멸은 그 무엇보다 강렬한 움직임일 터이니 말이다.

2005년 1월 15일, 칼바람이 불더니 기어이 눈이 내리기 시작했다. 저녁 느지막한 시간, 그 때부터였다. 아무것도 하지 못한 채 창가에 붙어 있었던 것이 말이다. 눈 내리는 날에 맞추려고 몇 차례나 별렀던가. 아예 이부자리를 창가로 옮겨 놓고는 문을 반쯤이나 열어 둔 채 누웠지만 도통 잠을 이룰 수가 없었다. 이 나이에도 눈을 보면 설레는 나 자신이 때로는 신기하기도 하지만 가로등 불빛을 배경으로 떨어지는 눈은 떨치기 힘든 유혹이었다. 뒤척이기만 하다가 일어난 새벽, 눈은 여전히 푸지고 바람은 모질었다. 밤새 양양 읍내에 30센티미터가 넘도록 쌓였으니 앞서 지나간 자동차 바퀴 자국이 아니라면 어디가 길인지조차 알아차리기 힘든 지경이었다.

새벽밥을 뜨는 둥 마는 둥, 어느덧 발길은 진전사 터(陳田寺址)로 향하고 있었다. 절 아랫마을인 석교리에 다다르자 읍내나 바닷가보다 눈이 더 많이 쌓인 것은 물론, 치운 흔적조차 없었다. 힘겨워하는 자동차를 정미소 마당에 세워 두고 정강이까지 빠지는 눈길을 걷기 시작했다. 아랫마을을 지나 솔숲에 이르자 무릎이 눈 속에 빠져들고, 점점 거세게 퍼붓는 눈은 쉽사리 앞을 터 주지 않으니 걷는다는 것이 여간 곤혹스럽지 않았다. 더군다나 윗마을이 끝나는 곳부터는 그 누구도 지나가지 않아 허벅지까지 푹푹 빠지는 눈길이었으니 몸을 가누는 것조차 쉽지 않았다. 절터의 삼층 석탑에 닿기까지 두어 번 쉬어야 할 만큼 힘에 부쳤고 시간은 더뎠지만, 힘겨운 것도 아랑곳하지 않은 채 눈가에 흐뭇한 미소가 절로 번졌다. 눈부시도록 아름다운 정경에 가슴이 벅차올랐기 때문이었다. 이토록 황홀한 안복을 언제 또 누리겠는가.

절터에 닿을 무렵 몸은 이미 곤죽이 되어 있었다. 하지만 탑이 보이는 새하얀 벌판에 다짜고짜 드러누운 것은 굳이 몸이 힘들어서만은 아니었다. 그것은 아무도 걷지 않은 길을 걸어 그 누구도 없는, 눈보라 몰아치는 벌판에 다다른 자만이 느낄 수 있는 자유의 몸짓이었다. 까짓 등선登仙이 뭐 별것이겠는가. 아무리 같은 색을 더해도 더 이상 짙어지지 않거나, 같은 색을 마르고 닳도록 덜어 내도 옅어지지 않는 것, 그것이 바로 자유 아니겠는가. 그 참을 수 없는 존재의 자유로움을 박차고 오르는 것이 곧 등선이고 말이다. 그것은 더 보탤 것도 뺄 것도 없는 존재와도 같을 것이다. 산을 덮고 바위를 묻어 버리며 거뭇한 나무마저도 하얗게 만들며 쏟아지는 흰 눈처럼…. 흰색은 더 이상 덜어 낼 것도 또 보탤 것도 없는 색이다. 그것에서는 아무리 덜어 내도 그대로이며 반대로 아무리 같은 색을 더해도 더 이상 짙어지지 않는다. 더군다나 그는 그 자체로도 이미 충분히 자유롭지만 그 어떤 다른 색으로의 변신도 가능하지 않은가.

그 속에 내가 있었으며 어느덧 나도 모르게 그에게 물들고 만 것이지 싶었다. 눈에 보이는 모든 것이 흰색이었으니 차가운 눈이 주는 포근한 자유의 품에 안겨 일어날 줄 몰랐던 것이다. 드러누운 채, 얼굴로 떨어지는 눈송이에 흠칫 놀라면서도 그들을 피하지 않았다. 눈을 껌뻑거리면서 바라보는 눈송이, 아득한 곳에서 떨어지는 그들은 송이송이 비천飛天이 되어 내려오는 듯이 나풀거리다가 때로는 번개처럼 내리꽂히기도 했다. 눈보라 속으로 어렴풋하게 보이는 설악산의 나무들은 천의天衣가 되어 솟구치고 산죽 숲에 싸락싸락 눈이 내려앉는 소리는 흥겨운 비천들이 요고腰鼓를 두드리는 소리이지 싶었다. 일순 고요하던 눈발이 흐트러지며 바람이 들이닥치면 공후箜篌의 줄을 빠르게 퉁기는 듯하다가도 어느덧 부드러운 생황笙簧 소리와도 같이 잦아들곤 했다.

모진 눈보라 속을 걸었다. 한 시간 남짓, 쌓인 눈에 허벅지까지 푹푹 빠질 무렵에야 다다른 그 곳, 멀리 탑이 있었고 나는 그를 보자 그만 드러눕고 말았다. 아무도 걷지 않은 길을 걸어 그 누구도 없는 곳에 다다른 자유로움이 나를 그렇게 만든 것이다. 더구나 눈 내리는 소리만 남겨 놓고 소리란 소리는 다 삼켜 버린 흰색의 적막함이 더 부추겼지 싶다. 그 적멸의 공간 속에서 내가 취할 수 있는 가장 자유로운 행동이 드러누운 채 눈만 멀뚱멀뚱거리며 꼼짝도 않는 것이었다. 어쩌면 그것은 그 동안 나를 옭아매고 있었던 자신에 대한 저항이었을지도 모른다. 스스로 나에게서 나를 풀어 버리지 않으면 결코 다다를 수 없는 곳이 바로 나 자신이니까 말이다. 그대들도 물어 봐라. 누가 자신을 묶고 있는지 말이다.

거뭇한 탑이 그 가운데에 있었다. 불경스럽게도 나는 탑을 마주하면서도 비스듬하게 누웠을 뿐 일어나 앉지 않았다. 아니 일어날 수가 없었다. 탑 또한 비껴 가는 눈보라 탓인지 비천이 되어 있었기 때문이다. 그에게 굵은 눈발이 쏜살같이 지나가면 마치 잠자리 날개처럼 옅은 박대博帶가 너울거리며 그를 감싸는 듯했으니, 그 아름다운 모습에 그만 몸이 굳어 버리고 만 것이다. '눈보라를 뚫고 그새 어디를 다녀오시는가.' 탑은 그 자리에 있건만 눈발에 따라 분주히 이곳 저곳을 다녀오시는 것처럼 보였다. 간혹 바람이 잦으면 그제야 환한 미소 지었지만, 그것은 잠시뿐, 눈보라가 거세지면 그는 박대에 가린 듯 희미하게 사라졌다간 바람이 고개를 수그리면 또다시 나타나기를 거듭했다. 정녕 환희로운 정경이었다. 이제 또다시 어느 곳에서 이토록 아름다운 장면을 만날 것인가. 눈보라가 몰아치는 진전사 터는 눈물겹도록 아름다웠다.

나는 믿는다. 사람에게서 입은 상처는 풍경이 다스리고 풍경이 다스려 아문 상처를 또다른 사람들이 매만져 준다고 말이다. 그렇기에 사람에게서 상처를 입은 사람들은 사람에게 기대는 것이 아니라 자연으로 깃드는 법이다. 이 길을 처음 걸었던 도의道義 선사 또한 그와 다르지 않았다. 당나라에서 선법禪法을 품고 돌아온 그는 확신에 차 있었지만 그 누구도 그의 새로운 생각과 말에 귀 기울여 주는 사람은 없었다. 도의가 하는 말은 화엄의 기득권을 지닌 수구 세력들에게는 생소하고 처음 듣는 말이기에 흘려 버릴 뿐 관심조차 없었던 것이다. 그 탓에 도의가 목소리를 높이면 오히려 그의 말을 마어魔語라거나 허탄虛誕이라며 거들떠보지도 않았으니 아직 때가 아니었던 셈이다. 하지만 그가 받았던 상처는 깊고 깊었으리

라. 도의는 그 상처를 안고 이 길을 걸어 진전사를 일구지 않았던가.

큰 상실감으로 생겨난 외로움의 상처를 사람에게서 달래는 것은 순간이다. 하지만 자연에게서 치유받는 것은 영원하다. 그것은 말로 설명되지 않으며 사람들이 미처 깨닫지 못하는 자연의 크기이자 모나지 않은 너그러움이다. 그 너그러움에 사람이 포용당하는 것은 사람 또한 자연이기 때문이다. 삼라만상 우주가 모두 자연인데 하물며 사람이라고 자연이 아니겠는가. 하지만 사람이라는 작은것을 산이나 나무 그리고 강 또는 바다나 하늘과 같은 큰것들과는 결코 견줄 수 없는 노릇이다. 큰것은 작은것을 포함하고 작은것은 그 안에서 행복할 뿐이다. 사람은 겨우 사람만을 포용할 뿐 그 안에서 일어나는 반목은 언제나 자연에게서 치유받는 것이다.

때로 생각한다. 도의가 경주를 떠나지 않은 채 사람들을 모아 선교禪教 대립의 극단으로 치달았으면 어땠을까 하고 말이다. 이 땅에 선의 종지를 퍼뜨리기 시작한 구산선문九山禪門은 어찌 되었을 것이며, 지금 우리가 이토록 아름다운 선의 향기에 젖을 수 있을까 싶기도 하다.

길이 끝닿은 곳, 설악산 동쪽 기슭의 진전사 터는 그래서 더욱 값지고 아름다운 곳이다. 산은 도의를 품고, 도의는 도량을 일구었기 때문이다. 하지만 그가 일군 도량이 지금 남아 있는, 눈에 보이는 흔적만은 아닐 것이다. 그는 도량을 일구려 달구질을 할 때 물러 터진 흙 속에 자신의 단단한 마음과 피폐해진 마음을 함께 넣어 터를 다졌을 것이다. 스스로를 비우지 않으면 견디지 못했을 테니 말이다. 도의는 그렇게 무변 광대한 자연 속에서 새롭게 부처님을 만나 선정에 들 수 있었으니, 선법을 놓지 않고 염거廉居 선사에게 이어 줄 수 있지 않았겠는가. 도의가 이미 아름다운 사람이었을지언정 그를 품어 주었던 자연 또한 그 못지않은 것이리라.

도의가 첩첩산중 진전사로 들어간 것을 두고, 최치원은 문경 봉암사에 있는 지증智證 도헌의 탑비에서 "…빛을 지붕 아래 숨기고, 종적을 협소한 곳에 감추었는데, 동해의 동쪽에 갈 생각을 그만두고, 마침내 북산에 은둔하였으니(是用韜光廡下 斂迹壺中罷思 東海東終 遁北山)…"라고 했으며, 김영金穎이 쓴 보조普照 체징의 탑비에는 "…때가 아직 이르지 않았음을 알고 산림에 은거하여 법을 염거 선사에게 부촉하였다(是知時未 集隱於山林 付法於廉居禪師)…"고 했다. 또 고려의 문장가인 이규보(1168-1241)는 '용담사에서 행하는 총림회방(龍潭寺叢林會榜)'이라는 글의 시작을 도의 선사가 선법을 전한 이야기로 풀었는데 "…진전사에서 입정하여 심인을 몰래 전한 뒤에야 선법이 비로소 우리 나라에 퍼지게 되었다(遂入定陳田寺 蜜傳心印 然後禪轍始輾于東土矣)…"고 했다.

　이들은 한결같이 기존의 사회가 도의의 새로운 생각을 받아들이지 않았다고 말하고 있다. 그 탓에 도의는 왕실이 있는 경주가 아니라, 북산 곧 설악산 동쪽 자락으로 은둔하여 선법을 전했다는 말이 된다. 하지만 나는 그것을 은둔으로 보거나 몰래 선법을 전했다고는 보지 않는다. 그가 당당하지 않았으면 그 누구도 가지 않은 길을 홀로 갔을 리 만무하기 때문이다. 적어도 그는 기득권이 팽배한 고집 불통의 귀족 사회에 굴하지 않았다. 그가 지녔던 생각들을 버리기는커녕 고스란히 모아서 진전사로 들어온 것이 아니던가. 오히려 그것은 경주에서 그를 힐난하며 배척했던 이들보다 더 당당하며 지혜롭고 현명한 움직임이다. 맞서야 할 것이 있다면, 못 본 체해서 좋을 것들도 있는 법이니까 말이다. 그렇게 못 본 체할 수 있다는 것은 믿음과 확신이 없다면 할 수 없는 행동인 것이다.

스스로 내 앞에 자유를 만드는 일은, 서로 같지 않다고 해서 자신의 것을 버리거나 포기하지 않는 것이다. 그러나 내 앞에 자유를 만든다는 것이 얼마나 두려운 일인가. 겨우 한 시간 남짓한 험한 눈길을 걸어서 다다른, 눈 내리는 들판에서 자유를 만끽하는 나 같은 소인배도 있음에야. 그 한 시간 동안 몇 번이나 돌아서려고 했으며 땀은 또 얼마나 흘렸던가. 몸은 곤죽이 되도록 고되고 퍼붓는 눈이 일순 두렵기도 하였지만 덕분에 지금 나에게는 자유가 남아 있지 않은가. 하지만 눈보라와 허벅지까지 빠지는 눈길에 대한 두려움을 넘어서지 못했다면 그것은 얻을 수 없는 것이기도 하다. 도의가 그랬다. 그는 한 치 앞도 내다보이지 않았을 깜깜한 두려움을 넘어서 갔다. 그러나 두려움을 넘어서는 방법은 부처님조차도 알려주지 못한다. 그것은 스스로의 힘만으로 넘어야 하는 은산철벽이기 때문이다.

그 은산철벽은 결코 멀리 있지 않다. 그것은 바로 자기 자신에게 있다. 세상에 자신이 스스로에게 쌓은 벽만큼 높은 벽이 또 있을까. 그것을 넘지 못해 쓰러지는 사람들이 얼마나 많을 것이며 수행자들 또한 한둘일까. 도의가 진전사로 깃들 때의 마음은 내가 감히 헤아리지 못한다. 그렇기에 도의는 더욱 아름다운 사람이며 그의 선은 생각하는 선이 아니라 이미 행동하는 선이었다. 그것도 용기 넘치는 당당한 행동이었던 것이다.

3조 승찬僧璨 조사에게 사미가 청했다. 법문으로 자신의 속박을 풀어 달라고 말이다. 그러자 승찬이 물었다. 누가 너를 묶어 놓았느냐(誰縛汝)고. 사미는 자신을 묶은 사람은 아무도 없지만 묶여 있는 듯이 답답하다고 했다. 승찬이 사미에게 너는 이미 한껏 자유로운데 구태여 또 무슨 해탈을 구하느냐고 했다.

결국 스스로가 자신을 묶은 것이다. 도의가 깊은 산중에 깃들어 진전사를 일군 것은 스스로 그 속박을 풀고 갔던 길이다. 그래서 진전사로 향하는 길은 한층 아름다우며 귀한 길인 것이다.

탑을 지나 여귀소女鬼沼로 오르는 길에는 눈이 더 많이 쌓여 있었다. 언덕이라고 할 수 없을 만큼 경사가 느릿한데도 한 걸음, 한 걸음이 힘에 부쳤다. 눈의 무게를 견디지 못한 나뭇가지들 부러지는 소리가 마치 어깨를 어르는 죽비와도 같았다. 잠시 넋을 놓고 풍경에 젖었다가도 그 소리에 놀라 몸을 움직이곤 했지만 대여섯 걸음이면 다시 눈밭에 주저앉아야 했다. 그것이 비단 눈길이어서만은 아니었다. 탑 근처에 머무는 동안엔 느끼지 못했던 두려움이 길에 나서자 다시 밀려든 것이다. 어느 새 나는 기댈 것 없는 산중의 허허벌판에서 부처님에게 기대고 있었다. 하지만 홀로 길에 나서면 누구나 스스로 자기를 질타하고 스스로 다독거릴 수밖에 없다. 그것이 형이하학적인 길이든 형이상학적인 길이든 말이다.

그러나 저수지에 다다르자 두려움은 씻은 듯이 사라졌다. 눈앞에 펼쳐진 모든 것이 평평했기 때문이다. 한 치의 틈도 없이 꽁꽁 얼어 있는 그는 그 어떤 높음이나 낮음도 지니고 있지 않았다. 그는 단지 그 평평함으로 순식간에 나를 다스렸고 나는 기꺼이 그 풍경에 동의하며 입을 벌리고 말았다. 그러자 일순, 두려움에 웅크렸던 마음이 활짝 열렸으며 나의 눈은 반짝이고 있었다.

하얀 색이 더 이상 짙어지지도 옅어지지도 않듯이, 호수는 눈에게도 바람에게도 공평했다. 그것 또한 자유이다. 눈 내린 다음 날, 들판에 나가 보라. 하늘에서 떨어지는 눈은 바람 부는 대로 흩날릴 뿐이지만 어디 한 곳

고르게 쌓이지 않은 것을 본 적이 있는가. 없다. 하늘에서는 제 마음껏 흩어지지만 신기하게도 땅에 쌓인 것은 땅의 모양을 존중하며 그에 따라 고르기만 하다. 움푹 꺼진 곳이거나 불룩 솟아오른 곳이거나 상관 없이 그저 고르게 쌓일 뿐이다. 그것이 정녕 자유이다. 누구에게나 공평하고 누구에게도 치우치지 않은 것 말이다. 내 앞에 그 풍경이 있었고, 나는 아예 가던 길 멈춘 채 한동안 눈앞에 펼쳐진 절대 풍경을 호흡하고 있었다.

이윽고 중창 불사가 한창인 절터에 다다라 하염없는 눈발을 피했다. 처마 아래로 들어가 보온병에 담아 온 커피를 마시며 물끄러미 여귀소 건너 산을 보니 도의 선사와 염거 선사도 차 한 잔을 놓고 말없이 바라봤을 정경이지 싶었다. 건너다보이는 산은 화려하지도 빼어나지도 않았다. 그저 성긴 겨울 숲 그것이었으며 다만 눈이 내리고 있었을 뿐이었다. 한동안 말을 잊고 있었다. 생각이 사라진 나에게 남은 것은 무엇이었을까. 그것은 오로지 자연의 풍경이었다. 감히 그 정경을 두고 적멸이라 말하는 것은 결코 지나치지 않을 것이다. 적멸에 다다라 본 적은 없지만 내 상상 속의 그곳은 지금 내 눈 앞에 펼쳐진 장면과 다르지 않을 것 같았다. 호수는 발 아래에 있었고 그 곳에 그쳐 가는 눈이 난분분亂紛紛 떨어지고 있었다. 허공에서 또다시 허공으로 떨어지는 눈, 그것은 적요寂寥의 풍경이었다.

자칫 질식하고 말 것 같은 고요함. 도의 선사는 이 견디기 힘든 고요 앞에 자신의 불거진 상처를 내놓았을 것이다. 그 상처 속으로 스며든 고요를 통해 조금씩 깨달음을 일구고 마치 텃밭을 가꾸듯 스스로를 매만졌지 싶었다. 광풍이 몰아치면 산들바람이 기다리고 있으며, 비가 내리면 곧 맑은 하늘을 볼 수 있다. 도의에게 찾아든 이 고요는 그저 그것으로만 머물지

도의 선사의 부도일 것이라고 짐작하는 부도탑이다. 기단은 당시 유행하던 석탑과 같이 이층이며 몸돌은 팔각이지만 탑에 새기던 문비를 그대로 새겼다. 또 지붕돌은 팔각으로 올려 여느 탑과는 다르다. 부도탑은 선종의 출현과 동시에 만들어지기 시작했으며 이 부도탑을 그 시원으로 본다. 그 까닭은 도의 선사가 선종의 초조初祖이며 이 부도탑이 보여 주는 양식이 기존과 새로움이 절충한 과도기의 모습을 보여 주기 때문이다.

않았다. 그것은 움직임보다 더 큰 움직임으로 남았던 것이다. 모든 움직임이 그친 고요는 그 무엇보다 강렬한 움직임일 터이니 말이다. 마음 속에 그것을 품고 있으면 도무지 무엇이 그리울까.

　그만 탑으로 내려와 서성이는데 아주머니 한 분이 눈길을 걸어오고 있었다. 어찌 이리 험한 눈길을 걸어오시는가 했더니 대뜸 하는 말이 "난 누구 발자국인가 했더이 아저씨 발자국인 모양이네, 하이고. 내 그거 아이랐으면 오늘 이래 오도 못했구마. 새벽에 나와 보이 아무도 지나가질 않아 엄두가 나질 않으이 오도 못하고 있다가 이래 오는 기래요. 우리 집에 가서 라면이래도 먹고 가요, 이래 고마운데…" 했다. 라면이라는 말에 회가 동했다. 새벽밥을 먹고 점심 나절이 훨씬 지날 때까지 커피만 마셨을 뿐 아무것도 먹지 못했으니 그럴 수밖에 없었다. 허기진 몸을 끌고 산 아래 마을까지 걸어갈 생각에 아득했는데 어찌 고맙지 않았겠는가. 라면 두 개에 밥 한 공기, 거기에다가 김치 한 보시기와 시루떡까지 그니가 내놓는 대로 넙죽 받아 먹었다. 더구나 커피 한 잔을 보탰으니 얼마나 행복했겠는가.

　그것이 그것이지 싶었다. 나의 발자국을 따라 걸어온 사람이 나에게 배불리 음식을 나눠 주고, 앞서서 이 길을 걸어간 사람을 좇아온 나에게 이미 사라지고 없는 도의는 넘치도록 아름다운 삶의 방법을 일러 주지 않았는가. 막다른 곳, 진전사로 가는 길은 그렇게 절집에서 끝나는 것이 아니라, 그 곳에서 다시 시작되며 사람에게서 사람에게로 이어지는 것이다.

한여름, 설악산 언저리에 회의를 하러 갔다가 끝나자마자 부랴부랴 진전사 터로 향했었다. 겨우내 그에게는
햇살이 들지 않아 또렷한 모습을 볼 수 없어 아쉬움이 컸기 때문이었다. 다행히 긴 햇살 덕에 삼층 석탑 북면
의 팔부중을 볼 수 있었다. 왼쪽의 머리 위에 새를 이고 합장을 한 것은 음악을 관장하는 신인 긴나라緊那羅
이며, 오른쪽은 나가那伽 혹은 용龍이라고 부르는, 비를 관장하는 신이다.

삼층 석탑 일층 몸돌에는 네 면 모두 여래 좌상을 새겼다. 동쪽은 약사여래, 서쪽은 아미타
여래이며 남면과 북면은 존명을 가리기가 쉽지 않다. 여래 좌상은 모두 연화 대좌에 앉았
으며, 사진은 북면의 여래 좌상이다.

강원도 양양군 강현면 둔전리의 진전사는 도의 선사에 의해 창건된 것으로 알려져 있지만 그것이 언제인지는 정확히 알지 못한다. 다만 그가 당나라에서 돌아온 뒤인 신라 헌덕왕 13년인 821년 이후일 것이라고 짐작할 뿐이다. 도의 선사는 선덕왕 5년인 784년 당나라로 가서 서당西堂 지장智藏의 선법을 이었으며 그 곳에서 삼십칠 년, 진전사에서 사십여 년 동안 선정에 들었다가 입적했다. 그를 두고 선종을 이 땅에 퍼뜨린 조종祖宗이라 하지만 엄밀하게 보면 그보다 먼저 선법을 전한 인물들은 따로 있었다. 다만 그들의 애씀은 짙은 향기의 큰 꽃으로 피어나지 못했을 따름이다.

그보다 먼저 선법을 이어 온 이는 선종의 4조 대의大醫 도신道信의 제자로서 경북 청도의 호거산에 머물던 법랑法朗이며, 그 다음이 법랑의 제자인 경남 산청 단속사의 신행神行이다. 도의가 서당 지장의 선법을 받고 돌아온 것은 신행이 입적한 지 사십여 년 뒤의 일이다. 신행의 그것은 북종선이고 도의는 남종선이었다. 그 후 신행에게서 이어지던 선법은 지증 도헌에 이르러 문경 봉암사에 희양산문을 열었고, 도의에게서 이어지던 그것은 보조 체징에 이르러 장흥 보림사에 가지산문을 열었다. 또 남원 실상사에 실상산문을 연 홍척은 도의와 같이 서당 지장을 스승으로 삼았는데 도의가 진전사로 들어갔을 때인 흥덕왕 때에 이미 왕실에 선법을 전하였다고 한다. 이를 두고 '북산의北山義, 남산척南山陟'이라고 하는데, 북쪽의 설악산에서는 도의가, 남쪽의 지리산에서는 홍척이 서로 선법을 전하였다는 말이다.

또 「삼국유사」를 지은 일연 스님도 열네 살의 나이로 이 곳에서 머리를 깎았으니 진전사 터에 가면 도의와 더불어 일연까지도 만날 수 있다.

2005년 6월 낙성한 진전사의 적광보전.

석조 유물로는 국보 122호인 삼층 석탑과 도의 선사의 것으로 짐작되는 보물 439호인 부도탑이 있다. 2002년, 강원문화재연구소에서 실시한 발굴로 부도탑 근처에서 석탑 터를 찾았으며 지붕돌을 비롯한 탑의 석재들도 함께

진전사 터 삼층 석탑, 국보 122호.

찾았다. 크고 작은 건물 터 여덟 곳도 발굴되어 현재는 그 자리를 중심으로 대웅전과 요사채를 지었다.

삼층 석탑은 전형적인 통일신라의 것으로서 전체적으로는 알맞은 비례를 지닌 소박한 탑이지만 몸돌은 화려하기 짝이 없다. 일층 기단에는 비천상을 한 면에 두 구씩, 이층 기단에는 팔부중을 한 면에 두 구씩 돌아가며 새겼다. 또 일층 몸돌에는 여래 좌상을 사방불로 새겼으니 보는 이로 하여금 입을 다물지 못하게 할 만큼 아름다운 자태를 뽐낸다.

탑이 있는 곳에서 저수지 쪽으로 300여 미터 올라간 곳에 부도탑이 있는데 기단부는 탑의 기단부와 모습이 흡사하다. 그렇지만 윗부분은 부도탑에서 흔히 보는 팔각 원당형이다. 이것을 보고 있으면 진보와 보수가 어색한 합의를 한 것처럼 여겨진다. 왜냐면 기단부는 당시의 전통적인 탑 형식을 취했지만 탑신부는 당시로서는 아직 보지 못하던 양식을 따랐기 때문이다.

새로운 표현 양식을 한 조형물이 생겨난다는 것은 사람들의 생각이 바뀌었음을 반증하는 것이다. 그렇기에 진전사 터의 부도를 우리 나라 부도탑의 처음이라고들 이야기하며, 그것을 시작으로 선종 사찰에는 부도탑과 탑비가 함께 세워지게 되었다고 본다.

그 동안 발굴 조사와 중창 불사를 거듭하던 진전사는 2005년 6월 26일 대웅전 낙성식을 행하면서 새로운 시대를 시작했다. 고려 말 설악산 권금성을 거점으로 한 도적 떼들이 신흥사나 이 곳 진전사를 무차별로 약탈하였는데 그 횡포를 견디지 못한 스님들이 떠난 지 오백 년이나 흐른 뒤에 다시 법등을 밝히게 된 것이다.

양양에서 속초로 향하는 7번 국도를 따라 가다가 속초공항 쪽으로 좌회전하여 10여 분 가면 오른쪽으로 석교리로 내려가는 길이 보인다. 석교리에서 마을 길을 따라 자동차로 5분, 천천히 걸어도 30분 남짓이면 절 터에 닿는다.

강원도 양양 선림원 터

꽃으로 피어난 겨울 나무들을 보고 깨닫다

아직 눈이 내리지 않는 겨울이면 선림원 터에는 꽃이 핀다.

눈앞을 가파르게 막아 선 산에서 하염없는 꽃송이들이

피었다간 후드득 떨어지고 이내 다른 나무에서 다시 피어나는

것이다. 한 시간 남짓한 동안, 한겨울 한낮의 선림원은

그렇게 헌화 공양을 받으며 더없이 엄숙하게 빛난다.

적어도 겨울에 선림원 터를 다녀왔다면

만화경처럼 펼쳐지는, 빛과 겨울 나무의 유희에 대해

이야기할 수 있어야 한다.

선림원 터(禪林園址)로 가는 길, 미천米川골 들머리에는 재 넘어 온 바람이 마중을 나와 있었다. 오늘 바람이 만만치 않을 것임을 미리 일러 주기라도 하려는 듯 낙엽 몇이 그 곁에서 휘모리장단에 맞춰 뒹굴고 있었다. 고개를 젖히고 하늘을 올려다보면 깊은 골짜기는 눈곱자기 창만큼 인색하게 뚫려 있을 뿐이었다. 바람은 밤새 그 곳에서 웅크리고 있다가, 이른 새벽에 찾아든 순례자에게 지난 밤의 혹독했던 이야기를 들려 주려는 듯 휘몰아치고 있었다. 그의 이야기를 모른 체할 수 없었다. 그와 함께 미천골 들머리에서부터 선림원 터까지 걷기 시작했다. 시와 술 그리고 거문고를 좋아해 삼혹호三酷好 선생이라고 불리기도 했던 고려의 문장가인 이규보(1168-1241)는 '가야금이 바람에 절로 울렸다(加耶琴因風自鳴)' 라는 시에서 가야금을 북쪽 방문 앞에 두었더니 지나가는 바람이 그를 절로 울렸다고 했다. 또, 그 소리를 가만히 들어 보니 어렴풋하게 들리는 하늘의 음악 소리라고도 했다.

오늘 이 바람 소리 또한 그와 다르지 않았다. 먼 산에서부터 골짜기로 내리꽂히는 바람이 내는 소리는 말 그대로 풍악風樂이었다. 몸이 날아갈 듯 휘몰아치다가 엇모리나 엇중모리로 띄엄띄엄, 하지만 쏜살같이 파고드는 바람은 그 자체로 훌륭한 율려律呂였다. 그는 소나무 숲을 지날 때와, 앙상한 마른 가지만 남은 숲을 지날 때 서로 다른 소리를 냈으며 바위 벼랑에 부딪치면 흔적도 없이 사라지곤 했다. 그가 잠시 쉬며 다시 일어서려 채비를 하는 시간은 새들의 차지였다. 콩새며 박새 그리고 쑥새들이 무리를 지어 나뭇가지를 옮아 다니거나 마른 낙엽을 뒤지며 재잘거리는 곁으로 미처 얼어붙지 못한 계곡의 물 소리가 볶는타령으로 지나가곤 했으니 미천골의 겨울은 온통 소리로 가득 차 있었다.

영하 17도의 그늘이 드리운 절터. 발에 밟히는 풀마저 얼어붙은 듯 습기란 습기는 모두 서걱거렸으며, 금당 터에 불거진 주춧돌에 손을 대면 면도칼에 손을 베일 때의 섬뜩한 느낌이 돋아났다. 그렇지만 두어 시간, 바람도 피하지 않은 채 냉랭한 절터를 마냥 서성거렸다. 모자를 덮어 쓰고 잔뜩 웅크린 채 몇 바퀴나 돌았을까. 옷섶을 파고드는 바람이 한 톨, 두 알 소름으로 돋아나기 시작할 무렵 햇살이 찾아 들었다. 그는 두텁게 깔린 절터의 스산함을 한 꺼풀씩 벗겨 내기 시작했고 서둘러 햇살을 맞이하는 절터는 조금 전과는 딴판이었다. 그의 냉랭함은 간데없이 사라지고 밤새 응어리진 서리들이 녹아 내리며 윤슬처럼 빛나기 시작했다. 하지만 나는 선뜻 그 곳으로 다가가지 않았다. 다만 햇살이 환하게 비추는 그 곳을 그윽한 눈길로 바라볼 뿐이었다. 햇살 속에서 다시 햇살을 보기란 그리 쉽지 않은 법이기 때문이었다. 햇살에서는 그늘이 보이는 법이고 그늘에서는 햇살이 돋보이는 법이다. 그 곳에서 벗어나야 비로소 그 곳이 보이지 않던가.

햇살은 쏜살같이 빠른 바람에 떠밀리기라도 하듯 야금야금 절터에 드리운 그늘을 먹어치웠다. 바람 소리는 먼 곳에서 들려오는 선 굵은 콘트라베이스나 비올라의 그것처럼 둔중하지만 깊은 울림으로 다가오되 잠시도 쉬는 법이 없었다. 그 탓에 절터는 어수선한 듯했지만 바람의 틈바구니에 고즈넉함이 있었다. 그 고즈넉함이 찾아오면 간혹 산새들의 지저귐이 악센트로 도드라질 뿐 절터는 평화롭기만 했다. 한 차례 거센 바람이 지나가면 그제야 움을 틔우는 고즈넉함은 어수선함 속에 웅크리고 있었던 것이다. 잠시 그가 사라져도 뒤채거나 보채지 않고 기다리면 이내 다시 찾아오곤 했다. 햇살과 그늘, 어수선함과 고즈넉함은 서로가 돋보이려 애를 쓰지 않는 듯했다. 그저 엄벙덤벙, 증오도 배려도 없이 마구 어우러져 있을 뿐이었다. 그들은 결코 가지런하지 않았으며 들쑥날쑥 생긴 그대로, 있는 그대로의 소박素樸이었다.

소素는 아무것에도 물들지 않은 흰 빛을 이야기하고, 박樸은 사람 손을 타지 않은 통나무를 말하는 것이니, 노자老子가 이야기한 '소박'은 모든 꾸밈이 제거된 것이 아니라 아예 꾸밈이 더해지지 않은 존재 자체의 아름다움을 일컫는다. 아! 나는 정녕 귀한 선물을 받은 것이지 싶었다. 절터를 거닐며 부처님보다 자연이 더 크다는 깨달음을 얻었으니 그보다 귀한 선물은 없지 않겠는가. 그 둘을 서로 크고 작음으로 따진다는 것이 마뜩치는 않지만 부처님의 모든 깨달음은 이미 자연이 지니고 있는 것이기 때문이다. 적어도 부처님은 사람과 자연을 나누고는 자연보다 사람이 우월하여 사람이 자연을 지배할 수 있다는 폭력적인 계층 질서를 이야기하지는 않았다.

프랑스의 인류학자인 레비스트로스는 그러한 이분법적 대립의 계층 질서적 사고를 '미개 정신'이라고 했다. 하지만 여전히 그 '미개 정신'은 현대를 살아가는 인간들의 문화 전반에 걸쳐 유효한 것이 현실이다. 좀체 억제되지 않는 그것은 분명 인식의 전환에 따른 극복의 대상이다. 자연은 결코 타자他者가 아니라 바로 우리라는 인식의 전환을 통해서 말이다.

부처님과 노자는 그 이야기를 내놓고 하는 분들이었다. 그러니 오늘 걷는 이 길은 자연을 깨달아 가는 데 있어서 노자의 글 한 줄, 부처님의 말씀 한 마디가 더없이 소중하며, 부처님과 자연은 햇살과 그늘, 어수선함과 고즈넉함이 서로를 품고 있듯이 서로가 서로를 품고 있다는 것을 깨우치는 길이기도 한 셈이었다.

찾는 이 없는 깊은 골짜기에서 나에게 이토록 큰 행복을 베풀어 준 사람은 김이관金利觀이라는 이다. 그는 1,300여 년 전쯤 경주에서 태어났고 열일곱 살에 긴 머리카락을 진흙에 던지고 세속의 옷을 벗었다. 스님이 된 것이다. 그 후, 경남 합천의 해인사에서 공부를 하고 지금은 터만 남은 합천의 영암사靈巖寺 그리고 여주의 고달사高達寺와 설악산의 억성사億聲寺에서 선정에 들었다가 홀연히 험한 산 깊은 골짜기를 찾아서 절을 되살렸으니 그 곳이 지금 선림원 터라 부르는 이 곳이다. 그는 신라 헌강왕 6년인 880년 겨울 10월 21일 아침에 "이제 법의 인연이 다 되었다. 너희는 힘써 도를 지키라(法緣營盡泌尊勉旃守道)"는 말을 남기고 적멸에 들었다. 그 후, 그를 따르던 사람들은 886년에 부도를 만들고 그를 위한 글을 지어 탑비를 세웠는데 그가 바로 홍각弘覺 선사다.

글은 김원金蓮이 짓고, 글씨는 운철雲徹이라는 스님이 왕희지의 글씨를 한자 두자 모았으며, 보덕사의 스님이었던 혜강鷙江이 돌에 새겼는데, 김원은 장흥의 '보림사 보조선사 창성탑비'의 글씨를 쓴 사람이기도 하다. 탑비에 따르면 홍각 선사는 정신이 뛰어나게 맑고 시원하며 본성의 깨달음이 비범하여, 법의 바다를 건너게 해 주는 나루터이자 다리였으며, 절개와 지조는 짝할 만한 사람이 없었고, 세상에 처함에서 송죽 같은 마음을 지닌 이였다. 경서와 사서에 두루 통하여 한 번 본 것은 잊어버리지 않았으며, 삼황 오제의 고전을 암송하는 기민함은 그보다 나을 수 없었다고 한다. 또 그의 마음 거울은 환히 열려 서릿발조차도 절로 녹았다고 했다. 그의 모습을 두고 선사는 불문의 모범이요 모습과 풍채가 준엄하여, 그를 보는 자는 정신이 엄숙해진다고 했다.

그러나 이 내용들이 새겨진 그의 탑비 중 몸돌은 이 곳에 없고 받침돌과 머릿돌만 덩그마니 남아 있을 뿐이다. 몸돌은 왕희지의 글씨를 집자한 것이라는 까닭으로 무수히 많은 탁본을 당해야 했고, 선비들이 탁본을 하러 올 때마다 인근 주민들은 까닭모를 노역에 시달렸다고 한다. 이를 견디다 못한 주민들은 그것이 없어지면 노역을 면할까 싶어 탑비에 불을 지르곤 했는데 그것이 화근이 되어 1700년대 중반에 깨지고 말았다. 사람들의 욕심이 화를 불러일으킨 셈이다.

　더구나 1948년에 발굴된 선림원의 종은 1949년 오대산 월정사로 옮겨 졌다가 한국전쟁 통에 불에 타서 녹아 내렸으니, 선림원 터를 빛내던 두 가지의 유물이 모두 불길에 휩싸여 형체를 잃는 기묘한 일을 겪은 것이다. 비록 녹아 내린 선림원의 종을 실제로 본 적은 없지만 몇 해 전 김천 직지 사의 홍선 스님이 벌인 탁본전에서 고맙기 그지없는 마음으로 그 모습을 대할 수 있었다. 선림원 종에 새겨져 있는 글에 따르면 "804년인 정원 20 년 갑신 3월 23일에 종이 만들어졌으며 종을 만드는 데 사용된 쇠는 고시 산군의 인근 대내말과 자초리가 시납하신 옛 종의 쇠 280정과 당사 옛 종 의 쇠 220정, 이것을 밑천으로 삼고 사방의 단월들이 권하여 이루었다"고 한다. 종을 만든 사람은 선림원의 각지覺智 스님이었고 상화상上和上은 순응順應이었다.

　순응은 합천의 해인사를 세운 스님인데 선림원 종에서 그의 이름을 만 난 것은 뜻밖이었다. 그것도 경주를 중심으로 보자면 합천은 그 언저리라 할 수 있지만 강원도 양양의 선림원은 경주에서 멀리 떨어진 깊은 산골이 아닌가. 더군다나 선림원에 머물렀던 홍각은 '선사'라는 칭호를 얻고 있으니 그 또한 궁금한 일이다. 화엄을 종지로 삼는 교敎와 선禪은 서로 달랐기 때문이다. 순응은 신라 40대 왕인 애장왕 3년 곧 802년에 해인사를 세우기 시작했다. 그러나 선림원의 종을 만든 시기가 804년이니 해인사를 세우는 일을 시작만 해 놓고 선림원으로 들어왔다는 이야기가 된다. 또 '해인'이라는 것은 「화엄경」에 나오는 해인삼매海印三昧를 일컫는 것이니 그것은 화엄이다. 곧 순응은 선종이 아니라 교종의 스님이었던 것이다. 그러나, 고운孤雲 최치원이 쓴 해인사의 「선안주원벽기善安住院壁記」를 보면, 순응은 36대 혜공왕 2년인 766년에 당나라로 가서 교리를 깊이 연구하고 또 선을 공부하고 왔다고 한다.

… 조사인 순응順應 대덕大德은 신림神琳 대사에게서 공부하였고 대력大曆 초년에 중국에 건너갔다. 마른 나무 쪽에 의탁하여 몸을 잊고 고승이 거처하는 산을 찾아가서 도를 얻었다. 교리를 철저히 연구하고, 선禪의 세계에 깊이 들어갔으며, 돌아와서는 영광스럽게 나라의 부름을 받았다. 곧 탄식하여 말하기를, "사람은 학문을 닦아야 하며 세상은 재물을 간직함이 중하다. 이미 천지의 정기를 지녔고 또한 산천의 수려함을 얻었으나, 새도 나뭇가지를 가려서 앉는데, 내가 어찌 터를 닦지 아니하랴" 하고, 정원貞元 18년 10월 16일에 동지를 데리고 여기에 건물을 세웠다. …

그렇다면 우리가 선禪의 조종祖宗이라 부르는 도의 선사를 중심으로 한 구산선문이 열리기 전, 이 땅에 이미 선이 있었다는 이야기이다. 강원도 양양 설악산 자락의 진전사陳田寺에 머문 도의 선사가 당으로 유학 길에 오른 것은 37대 선덕왕 5년인 784년의 일이다. 그는 그 곳에 37년이나

모진 바람과 응달뿐인 한겨울의 선림원 터에는 가혹한 풍경의 아름다움이 있다. 정오 무렵
만나는 이 장면은 그 중 손꼽을 만하다. 그러나 빛나는 것만이 아름다운 것은 아니다. 나무
와 탑은 그늘이 없었다면 결코 두드러지지 못했을 것이다.

상평초등학교 현서 분교의 석조 비로자나불을 만나기를 권한다. 근처에 서림사西林寺가 있었다고는 하지만 그 부처님을 선림원의 본존불로 보는 학자들도 있다. 사진은 비로자나 불의 중대석에 새겨진 공양 보살 좌상이다.

머물렀으며 이 땅에 다시 돌아온 것은 821년이다. 그러나 지리산 자락의 단속사斷俗寺에 머문 신행神行이 스승으로 삼았던 법랑法朗은 28대 진덕여왕 4년인 650년에 이미 당에 가서 선의 초조인 달마의 법을 이어받은 쌍봉산雙峰山의 4조 대의大醫 도신道信에게서 법을 받고 돌아왔다. 신라로 돌아와 지금의 운문산인 청도의 호거산湖踞山에서 선법을 펼치던 그에게로 신행이 찾아 들었고 삼 년 만에 법랑이 입적하자 이번에는 신행이 당나라로 향했던 것이다.

신행이 당나라로 떠난 것은 33대 성덕왕 35년인 737년이었으며, 지공志空에게서 법을 이어받았는데 지공은 신수神秀의 제자인 보적普寂 대조大照 선사의 문인이다. 다시 신라로 돌아온 신행은 지리산 자락에 단속사를 짓고 선법을 펼쳤으며 혜공왕 15년인 779년 10월 21일 76세를 일기로 그곳에서 입적했다. 그러니 우리가 조종이라고 알고 있는 도의 선사는 그보다 뒤에 당나라에 가서 선법을 이어받은 것이다.

당시 당나라에는 새로운 종풍인 선종의 수행 방법이 나라를 휩쓸고 있었으니 순응 또한 당나라에 가서 화엄의 종지만을 탐구하지는 않았을 것이다. 당연히 선을 접했을 터이며, 그것은 화엄의 교종 일색인 신라로 돌아온 후 스스로 감당해야 하는 내적 갈등의 요인이 되었을 것이다. 하지만 모든 위대한 사상은 한 개인으로부터 나오고 그것을 많은 사람들이 따르기 마련이다. 개인의 변화가 곧 사회의 변화를 가져오는 것이다. 더군다나 29대 태종 무열왕의 직계손으로 계승된 신라 중대中代 왕실의 마지막 왕이었던 혜공왕을 거치고 하대下代로 접어드는 37대 선덕왕 때부터 이미 통일신라의 기운은 약해지고 있었다. 무열왕의 강력한 전제 왕권이 지니고 있던 모순들이 갈등으로 드러나기 시작했기 때문이다. 이는 귀족 세력을 중심으로 한 정치의 변화를 요구하는 한편 불안정한 정치의 모습 속에서 사회는 혼란에 빠지고 있었음을 이야기한다.

그에 따라 지도층에서는 서로 다른 생각들이 끊임없이 충돌했으며 호시탐탐 왕권에 대한 반란이 줄기차게 이어졌다. 사회 상황이 이러고 보니 순응이 말했다는 "새도 나뭇가지를 가려서 앉는데, 내가 어찌 터를 닦지 아니하랴(鳥能擇木 吾盡誅茅)"라는 구절은 되새겨 봄직한 것이지 싶다. 최치원의 글은 해인사를 건립하게 된 것을 두고 이야기한 것이지만, 해인사와 선림원을 동시에 창건한 순응이 굳이 해인사만을 염두에 두고 한 말 같지는 않기 때문이다. 새가 나뭇가지를 가려서 앉듯이 순응 또한 가려 앉을 나무가 필요했던 것을 암시하는 대목이라고 보는 것은 나의 지나친 상상만은 아닐 것이다. 이처럼 선교쌍수禪敎雙修, 곧, 교와 선을 병행한 그의 움직임은 그가 지닌 내적 갈등의 모습을 고스란히 보여 주는 것이며 그것은 당시의 사회상을 담보하고 있는 것 아니겠는가. 해인사는 나라에서 주도하여 세운 절이었으며 그 일을 맡아 하던 순응이 이 깊은 산골짜기로 와서 당시의 불교 흐름인 화엄에 반하는 선종 사찰인 선림원을 세운 까닭은 바로 그 갈등 때문이었을 것이다.

어느덧 정오가 되었건만 절터에는 서슬 퍼런 칼바람만이 곤두박질쳤다가 다시 그 자리에서 곤두설 뿐 찾는 이는 아무도 없었다. 비록 햇살을 담뿍 받긴 했지만 오히려 낱낱이 드러나는 빈 절터의 고독은 고스란히 나의 몫이 되었다. 햇살은 이곳 저곳으로 가볍게 옮겨 다니지만 나는 잔뜩 무거워져 있었다. 그러나 햇살이 머리 위로 올라왔으니 이제부터 선림원 터가 지니고 있는 또다른 아름다움을 만날 시간이다. 몸돌을 잃어버린 채 남아 있는 홍각 선사 탑비의 머릿돌과 받침돌은 분명 눈여겨볼 만하다. 또 수미 좌須彌座를 상징하는 운룡문雲龍文이 빼어난 부도나 석등 그리고 삼층 석탑, 어느 것 하나 눈길을 끌지 않는 것이 없지만 진정 내가 보고 싶어한 것은 그것이 아니다.

아직 눈이 내리지 않는 겨울이면 선림원 터에는 꽃이 핀다. 눈앞을 가파르게 막아선 산에서 하염없는 꽃송이들이 피었다간 후드득 떨어지고 이내 다른 나무에서 다시 피어나는 것이다. 한 시간 남짓한 동안, 한겨울 한낮의 선림원은 그렇게 헌화 공양을 받으며 더없이 엄숙하게 빛난다. 적어도 겨울에 선림원 터를 다녀왔다면 만화경처럼 펼쳐지는, 빛과 겨울 나무의 유희에 대해 이야기할 수 있어야 한다. 감히 말하건대, 선림원 터에 피어나는 겨울 꽃을 보지 못했다면 찬바람 가득한 겨울날에 서둘러 가라. 그리고 고개 들어 바라보라. 겨울 나무들만 남은 산에서 피어나는 아름다운 꽃을 말이다.

나는 겨울이 되면 늘 그가 그리웠다. 호된 날씨일지라도 햇살이 좋은 날이면 마다하지 않고 선림원 터를 잼처 찾았던 까닭은 단지 그를 보기 위함이었다. 지금은 텅 빈 금당 자리에 순응이나 홍각이 모셨던 부처님도 겨울이면 그 정경에 미소를 잃지 않았을 것이며, 선림원에 머물렀던 그 많은 운수 납자들 또한 물끄러미 그 꽃을 바라보며 선정에 들었으리라.

이윽고 햇살이 찾아들자 앙상한 나무들은 빛나기 시작했다. 봄에 피어나는 꽃과는 달리 겨울에는 나무 자체가 꽃이 된다. 맨살의 겨울 나무들이 빛을 머금지 않고 되받아 내는 까닭이다. 그러나 그들이 아름다운 까닭은 햇살이 나뭇가지에 부서지며 빛나기 때문만은 아니다. 그것은 오히려 그늘과 그림자 덕분이다. 그늘이 없다면 그들의 빛은 돋보이지 않을 것이다.

빛은 그림자를 만들고 그를 통해 자신을 더욱 돋보이게 한다. 그것은 그늘 또한 마찬가지이다. 깊은 그늘은 사물을 더욱 또렷하게 보여 준다. 사진이 빛의 예술이라고 하지만 그것은 한쪽만을 추켜세운 오만한 말이다. 오히려 사진은 그늘과 그림자의 예술이다. 사진에서 빛만 있고 그림자가 없다면 그 사진은 얄팍해진 건조한 장면만을 보여 줄 것이다. 빛과 그림자가 적절하게 조화를 이룰 때 비로소 사진은 아름답게 살아나고, 그림자의 두께가 곧 얇디얇은 인화지에 깊이와 무게를 만들어 주는 것이다. 그러니 그들은 모두 주연일 뿐 어느 하나가 조연인 법은 없다. 그것은 자연에서도 마찬가지이다. 아니, 그것은 자연에게서 배운 것이다. 자연은 모두가 주연이다. 모래알이든 집채보다도 큰 바위이든, 한 포기 풀이든 천 년 묵은 고목이든 그들의 가치는 서로 다르지 않다. 자연 속에서는 모든 것이 모두에게 빛나는 아름다운 존재들인 것이다.

이제 그만 떠나야 하는데 절터가 다시 한번 빛났다. 산등성이의 나무에 가린 채 내놓는 막바지 햇살이 부도탑과 석등 그리고 탑비에 비쳐 들고 있었다. 하지만 진정 선림원 터가 빛나는 것은 그들 때문만은 아니다. 해인과 선림을 오갔던 순응 화상의 고통과 그로 인해 해인에서 선림으로 옮겨 왔던 용기 있는 스님들로 인해 빛나는 것이지 싶었다. 물끄러미 부도탑을 바라봤다. 잃어버린 몸돌을 받치고 있던 앙련대 위로 긴 나무 그림자가 올라앉아 있었다. 숲에도 어슷어슷 나무 그림자가 비쳐 들다가 일순 사라졌다. 지나간 것이다. 삶 또한 그와 다르지 않으리라. 돌아앉으면 빛과 나무의 유희가 그토록 아름다움을 뽐내던 숲에도 짙은 그늘만이 남았고 내가 서 있는 자리는 더욱 짙은 그늘에 쌓여 있었다.

다시 햇살이 비추는 곳을 바라보며 걸었다. 종일 취해도 좋을 아름다움에 젖어 내가 본 것은 무엇일까. 그것은 화합과 조화였다. 서로가 서로에게 반反하지 않고 서로를 포함하는 그것 말이다. 양지와 그늘, 햇살과 그림자가 그랬고, 수선스러움과 고즈넉함이 그랬다. 또한 그것처럼 화엄과 선은 서로를 포함하고 있을 따름이다. 그 덕에 그들이 아름다운 것이며 그것이 움트기 시작한 자리가 바로 선림원이니 어찌 이 곳이 아름다운 곳이 아니겠는가. 선림원 터, 그 곳은 세상의 모든 존재가 주연이며 그들이 서로 조화롭게 어울릴 때 비로소 돋보인다는 것을 깨우쳐 준, 참 아름다운 곳이다.

강원도 양양의 선림원 터는 화엄과 선종이 만나는 곳이다. 804년, 교와 선을 오갔던 순응 화상이 종을 만드는 데 참여했는가 하면, 우리 나라 선종의 조종祖宗이라 불리는 도의 선사에게서 선법을 이어받은 염거 화상이나 보조 선사 체징 그리고 873년에 절집을 다시 일으켜 세운 홍각 선사가 머물렀던 곳이기 때문이다. 그로 미루어 초기 선종이 화엄과 어떤 관계를 가졌는지 짐작해 볼 수 있는 중요한 곳이기도 하다. 지금 절터에는 보물 444호인 삼층 석탑과 보물 445호인 석등 그리고 홍각 선사의 부도라 짐작되는 보물 447호인 부도탑이 남아 있으며, 보물 446호인 홍각 선사의 탑비는 받침돌과 머릿돌만 있다. 삼층 석탑 뒤로는 금당 터가, 석등 뒤에는 조사당 터의 주춧돌이 빈 자리를 지키고 있다.

홍각의 것이라고 짐작되는 부도탑의 운룡문은 빼어나다. 비록 몸돌과 상륜부는 잃어버렸지만 나라 안에서 드물게 보는 것이다. 이 부도탑과 여주의 고달사 터에 있는 '원종대사 혜진탑'을 포함한 부도탑 두 기는 중대석을 운룡문으로 장엄한 것이 서로 닮아 있다. 그로 미루어 보면 홍각은 혜목산문惠目山門, 곧, 봉림산문鳳林山門에 속한 것이 아닌가 생각할 수도 있다. 그 또한 여주의 고달사에 머물렀던 적이 있기 때문이다. 하지만 보조 선사 체징과의 관계를 보면 그는 가지산문迦智山門에 속한 것으로 보이기도 한다.

체징은 도의 선사를 잇는 염거 화상이 세운 억성사인 이 곳 선림원에서 선정에 들었으며, 신라 47대 헌안왕 4년인 860년에 장흥에 보림사를 세우고 구산선문 중 가지산문을 열었던 인물이다. 홍각은 이미 체징이 가지산문을 세운 지 십여 년 뒤에 선림원으로 들어와 금당과 불전을 일구며 중창했으니, 그들이 직접 만난 적은 없을 테지만, 이어지는 선법을 끊지는 못했으리라 짐작한다.

절터를 보면 선림원은 아래 계곡 쪽으로는 축대를 쌓고 위로는 비탈진

홍각선사 부도, 보물 447호.

경사면을 깎아 만든 산지 가람이다. 또 법계를 중시하는 선종의 영향으로 선종 사찰에 어김없이 짓던 영당 혹은 조사당 터가 석등 뒤에 남아 있어 선종 사찰의 건축 양식을 충실히 따르고 있는 모습이다. 양양의 진전사 터와 산청의 단속사 터와 마찬가지로 초기 선종 사찰들이 모두 경주와 멀리 떨어진 곳에서도 다시 깊은 산 속으로 들어갈 수밖에 없었던 까닭은 기득권을 가진 화엄이 배척하였기 때문이었다. 선림원 터가 미천골 깊은 곳에 자리한 것도 그 때문이었을 것이다.

강원도 홍천을 경유하는 국도를 이용하면 56번 국도로 구룡령을 넘어 황이리 미천골 자연 휴양림으로 들어서고, 44번 국도인 한계령을 넘으면 오색약수를 지나 56번 국도로 우회전하여 자연 휴양림을 찾으면 된다. 양양 읍내에서도 한계령으로 향하다가 오색에 못미처 구룡령으로 들어서는 길인 56번 국도를 이용하면 된다. 휴양림 매표소에서 걸어서 15분이면 절터에 닿을 수 있다.

홍각선사 부도탑비의 귀부와 이수, 보물 446호

강원도 강릉 굴산사 터

어찌 그리 늦었는가, 오랫동안 너를 기다렸다

이 곳에서 사굴산문을 열어 선법을 펼치던

통효 범일에게 낭원 개청이 깨달음을 구하러 찾아들었다.

범일은 그를 반기며 "어찌 그리 늦었는가,

오랫동안 너를 기다렸다"고 했다. 이 얼마나 고마운 말인가.

지금 내 앞에 불끈 솟아오른 당간 지주가 그 말을 그대로

나에게 하고 있었다.

경칩을 하루 앞둔 2005년 3월 4일, 춘설이 내렸다. 아니 내렸다기보다 퍼부었다는 것이 알맞은 표현일 것이다. 마음이 들썩이기 시작했다. 그것이 움직여 생겨나는 야성은 비록 내 속에서 벌어지는 일이긴 하지만 나도, 그 누구도 걷잡을 수가 없다. 어쩔 수 없이 눈구덩이의 고속도로를 달려야 했다. 진부를 지나면서부터 도로는 엉망이었다. 아직 이른 시간이어서인지 제설차는 보이지도 않았고, 내리는 족족 쌓이는 눈은 벌써 20센티미터가 족히 넘고 있었다. 기어이 싸리재를 올라가지 못하고 옆으로 비켜나는 자동차들 사이로 용케도 빠져나와 굴산사 터(掘山寺址)에 다다르니 아침 아홉시, 당간 지주가 아스라이 보였다.

아! 말을 잊은 곳에 남는 것이 풍경이런가. 눈을 감은 곳에 떠오르는 것이 풍경이런가. 잰걸음으로 물러가던 겨울이 화들짝 놀라 멈추어 버린 황량한 들판은 남김없이 눈으로 뒤덮여 차라리 하얀 바다와도 같았다. 눈송이는 한 치의 빈틈도 없었다. 그들이 메워 버린 하늘은 마치 안개가 자욱한 듯했으니 어찌 경외境外가 아니었겠는가. 길조차 사라진 그 곳, 거뭇한 당간 지주는 미망迷妄의 바다에 떠 있는 능파호能破號의 돛대마냥 솟아 있었다.

거칠 것 없이 퍼붓는 눈은 길 위에 선 나를 사정 없이 스쳐 가고 눈보라가 심해질수록 내가 말을 잃어버리고 있는 모습이 빤히 보였다. 하지만 모른 체하고 있었다. 때때로 나를 집어삼키고 마는 풍경 앞에 서면 얼마나 통쾌했던가. 볼품 없이 쭈그러들어 한없이 작아진 그는 늘 말을 잃곤 했다. 더불어 오만과 욕심마저 사그라진 그에게 남은 것은 초라함이었다. 나는 그의 궁색한 모습을 즐긴다. 내가 어찌하지 못하는 통제 불능의 나를 자연을 통해 넌지시 볼 수 있기 때문이다.

대관령 국사 성황당.

노자는 "말이 많으면 자주 막히는 법(多言數窮)"이라고 했다. 말이 많은 것은 생각이 많은 것이고, 생각이 많다는 것은 분별이 생겼다는 것 아니겠는가. 그렇기에 말이 많은 것은 자연스럽지 못한 것이다. 3조 승찬 조사는 「신심명信心銘」에서 유수식견唯須息見이라 했으니, 다만 보기를 멈추라는 것이 아니다. 봄으로써 생겨나는 생각의 분별을 쉬라는 이야기가 아니겠는가.

이 곳에서 사굴산문闍崛山門을 열어 선법을 펼치던 통효通曉 범일에게 낭원朗圓 개청이 깨달음을 구하러 찾아들었다. 범일은 그를 반기며 "어찌 그리 늦었는가(來何暮), 오랫동안 너를 기다렸다(矣待汝多時)"고 했다. 이 얼마나 고마운 말인가. 지금 내 앞에 불끈 솟아오른 당간 지주가 그 말을 그대로 나에게 하고 있었다.

하지만 그 뉘앙스는 전혀 달랐다. 당간 지주의 목소리에는 반가움 속에 진한 고독의 편린이 배어 있었다. 순례객의 발길이 끊어진 빈 절터의 당간 지주가 지닌 이미지는 기다림이다. 그는 사람들이 떠나 버린 마을의 동구 밖 느티나무와도 같은 것이다. 그들은 제 몸 속에 사무치도록 배어 있을 과거를 추억하며 묵묵할 뿐이다. 나는 당간 지주에게 따뜻한 미소를 아끼지 않았으며, 눈인사로 그를 어루만졌다. 그것말고 내가 그에게 할 수 있는 일이 무엇이 있었을까. 그러곤 그 앞에 바위처럼 서 있었다. 십 분, 이십 분 시간이 흐르도록 나는 꼼짝도 하지 않았다. 어깨 위로 눈이 쌓였지만 털어 낼 생각조차 하지 않은 채 물끄러미 그를 보고 있었을 뿐이다.

하필이면 꼭 일 년 전이다. 나는 꼼짝도 않는 것에 대한 두려움에 몸을

떤 적이 있다. 2004년 3월 4일, 그 날은 임종게도 남기지 않고 떠나신 관응 스님 다비장을 서성이고 있었다. 김천의 황악산에는 싸락눈이 날리고 바람이 세찼던 탓에 날씨가 여간 매섭지 않았다. 나는 새벽이 밝아 올수록 사그라지는 연화대의 불길보다 한 스님의 섬뜩한 모습에 눈길이 꽂혀 있었다. 그의 모습을 처음 본 것은 그 전날 저녁 아홉시경이었다. 하지만 다비장의 모습이 늘 그렇듯 그저 무심하게 지나쳤다. 그를 다시 발견한 것은 자정이 훨씬 넘어서였다. 그는 두어 시간 전, 내가 본 그 자리에서 꼼짝도 하지 않고 있었다. 영하 10도가 넘는 날씨였지만 모자도 쓰지 않은 채 달랑 가사만 걸치고 말이다. 나는 두꺼운 겉옷을 입고도 추위를 견디기가 힘들어 잠시 밖을 서성이다가는 자동차 안에서 몸을 녹여야 했다. 하지만 그는 발자국 한 번 떼지 않았다. 안경을 쓰고 있었지만 그것조차 추스르는 것을 보지 못했으니 그는 뚫어져라 연화대를 응시하는 바위와도 같았다. 이윽고 여명이 밝아 오고 아침 공양 때가 되었건만 그는 여전히 그대로였다. 다른 스님들이 그에게 공양이라도 하라고 했지만 그는 꿈쩍하지 않았다. 이윽고 몇몇 스님들이 그를 떼밀다시피 하여 자동차에 태우려 하자 그는 겨우 움직였다. 그러나 그의 몸은 이미 굳어 있었다. 갑자기 발을 떼자 뻣정다리로 십여 미터를 넘어질 듯 뒤뚱거리다가 겨우 자동차에 몸을 싣고 큰절로 내려가는 것이었다. 내가 그를 주시해서 본 것만 열한 시간 남짓, 그는 도대체 무엇인가.

나는 여태껏 그토록 강렬한 움직임을 본 적이 없다. 비록 그는 꼼짝도 하지 않았지만 그것은 오히려 폭발적인 움직임이었고 참으로 감동스러운 장면이었다. 지금 내 앞에 마주 선 당간 지주 또한 그와 다르지 않다. 그를 만날 때마다 내가 작아지는 것은 그가 크기 때문이 아니다. 넓기 때문이다. 더군다나 그는 수더분하다. 노자는 대교약졸大巧若拙이라고 했다. 재주가 뛰어난 사람이 오히려 어수룩하게 보인다는 것이다. 내 앞에 있는 당간 지주가 그랬다. 그는 그저 투박하기만 할 뿐 솜씨를 부린 것 같지 않았다. 그 탓에 허튼 솜씨라고 여기기 십상이다. 하지만 그렇게 생각했다면 철없는 오만을 부린 것이다. 사진도 처음 찍는 사람들은 표현의 기술을 배우려 안달이고 오래 묵은 사람들은 그저 우직하게 툭툭 찍을 뿐이다. 그것은 디자인도 마찬가지이며 건축도 마찬가지이다. 드러나는 기교는 쉬이 상하고 질리는 법. 정작 중요한 것은 얼마나 많은 것을 넣을 것인가가 아니라 무엇을 더 덜어 낼 것인가가 안목인 것이다.

굴산사 터의 당간 지주는 천 년 전에 이미 그 안목을 드러낸 셈이다. 다른 곳의 당간 지주들은 그래도 연꽃 한 송이라도 품고 있었건만, 그는 거칠게 다듬은 정 자국을 고스란히 드러냈을뿐더러 모서리조차 다듬지 않은 모습이었다. 그렇기에 손을 대다가 만 듯 보이며 막돌을 세워 놓은 듯 투박해 보인다. 그러나 천만에, 그것은 오히려 끝닿은 기교의 졸미拙味를 머금고 있다. 멈춘 것이다. 더 나아가지 않고 멈춤은 나아가기보다 어렵다. 멈추는 것은 머금어서 없애는 것이며, 나아가는 것은 보태서 꾸미는 것이기 때문이다. 꾸민다는 것의 끝은 어디인가. 없다. 그렇다면 선禪은 무엇일까. 그것은 꾸밈이 아니다. 오히려 눈앞의 현란함을 지우고 내 본성을 가리려 꾸며 놓은 것들을 덜어 내어 천둥벌거숭이가 되려는 것 아니던가. 굴산사 터 당간 지주는 그 모습을 유감 없이 보여 준다. 그는 그 자체로 이미 선향禪香이 풀풀 풍기는 선, 그 자체인 것이다. 그렇기에 그는 나에게 큰 것이 아니라 넓은 것이다.

굴산사 터의 당간 지주다. 이것을 본 사람들은 한결같이 입을 모은다. 크다고 말이다. 그것
은 자신과 견주어 본 것이다. 늘 스스로가 크다고 생각하고 있었는데 그보다 더 큰 것이 앞
에 있으니 놀라는 것이다. 그러나 되돌아보라. 우리는 이미 작은 존재이다.

굴산사 터 부처님은 비로자나불이다. 머리에는 육계가 솟았지만 그 위로 다시 팔각의 모자를 썼다. 이는 특이한 모습이다. 본디 부처님은 나발이나 소발의 맨머리를 드러낼 뿐 모자를 쓰지 않기 때문이다. 모자를 쓴 부처님은 미륵 부처님뿐이며 대개 사각이나 원형의 갓처럼 생긴 모자를 쓴다. 하지만 신복사 터의 보살 좌상 또한 팔각 모자를 쓰고 있으니 사굴산문에서 창조한 양식은 아닐는지 궁금한 일이다.

범일 국사의 것이라고 알려진 부도탑이다. 팔각 원당형이며 통일신라의 양식에서 벗어난 고려 시대의 것으로 짐작한다. 그러나 천인 주악상이 새겨진 중대석 아래가 어색하다. 중대석은 앙련의 하대석 위에 놓였으며 거기까지는 일반적인 구조를 지니고 있다. 하지만 하대석을 받친 팔각 접시 모양의 굄돌이 석연치 않다. 오히려 굄돌이 빠지고 팔각의 지대석 위에 하대석이 곧장 놓이면 제 모습일 것 같다.

6조 혜능의 선법을 이은 남양 혜충 국사가 말하지 않았던가. "허공이 눈 짓이라도 합디까(虛空不眨眼)"라고 말이다. 숙종 황제가 그를 불렀건만 혜충 국사는 궁궐에 들어가서 황제와 마주치고도 아는 체도 하지 않았다. 그 꼴을 겪은 황제가 크게 노해서 나무라자 혜충이 오히려 황제에게 되물은 말이다. 혜충은 스스로가 이미 허공이었다. 허공이 황제에게 눈도 꿈쩍이지 않듯이 자신 또한 인사를 하지 않는 것은 당연하다는 것이었다. 그것은 혜충의 오만이 아니다. 선향은 널리 퍼져야 하는 것이거늘 어찌 이것저것을 따로 분별하여 가리겠는가. 불법은 계층적 질서를 따르지 않는다. 그것은 오늘 내리는 눈처럼 모두에게 고루 닿아야 하는 것이다. 허공 또한 그러한 것이지 않은가. 황제를 감싸고 있는 허공이나 나를 감싸고 있는 그것이나 모두 같은 것이리라. 그래서 선은 큰 것이 아니라 넓은 것이다.

눈은 쉴새없이 퍼부었다. 하지만 그가 내려 쌓이는 들판은 소리를 내지 않았다. 덕분에 사방 천지가 적요寂寥의 바다였다. 눈앞으로는 눈보라가 분주히 스쳐 갔지만 오히려 소리가 없으니 달을 삼키고도 파문조차 일지 않는 밤 호수와도 같았다. 그 아름다운 적요 속에서 부처님을 찾았다. 정강이까지 빠지는 눈길을 걸어 만난 그는 여여如如했다. 비록 지붕을 이고 있긴 했지만 들이닥친 눈을 무릎 위에 수북하게 쌓아 놓고도 그 자리에서 그대로였다. 어쩌다 그랬는지 얼굴은 깨진 채 간 곳이 없었다. 하지만 얼굴이 없다고 어찌 부처가 아니랴. 신라 52대 효공왕 때의 문신이었던 박인범朴仁範은 '범일국사영찬梵日國師影贊'에서

최상의 법은

깊고 깊어 아득하네
맑고 밝은 달이 흰 것과
장강長江이 맑은 것은
이미 상相이 있지만
이는 이내 형形이 없네
형이 없는 그 형을
단청으로 나타내리

라고 하지 않았던가.

눈에 보이지 않는다고 해서 진정 없는 것은 아니며 귀에 들리지 않는다고 해서 또한 소리가 없는 것은 아니다. 보이지 않는 것과 들리지 않는 것을 느꼈다면 그것은 알게 모르게 다른 곳에 나타내기 마련이다. 박인범이 본 법이 단청으로 나타났듯이 오히려 내 앞에 없는 것들이 나를 다스리는 것이다. 오늘 나는 이 큰 풍경 앞에서 잃어버린 말을 구태여 찾지 않았다. 비록 미필적 고의이긴 했지만 종일토록 묵언默言이었다. 열두어 시간 남짓이었지만 말을 놓고 고요의 눈밭을 걸을 수 있다는 것이 또 얼마나 아름다운 일이던가. 눈 녹은 물이 흐르고 새싹들이 돋아나면 다시 갈 참이다. 혹시 아는가. 오늘 내가 잃어버린 말이 선풍禪風을 맞으며 짙은 보랏빛 제비꽃으로 피어날지 말이다.

내려오는 길에 관동대학을 지나 소방서 뒤편의 신복사 터(神福寺址)에 들렀다. 한쪽 무릎은 세우고 다른 무릎은 꿇어앉은 궤좌상詭坐像의 보살상이 궁금했기 때문이었다.

신복사 터 삼층 석탑과 석조 보살 좌상.

그 까닭은 몇 년 전부터 오대산 월정사 팔각 구층탑 앞의 석조 보살 좌상을 더 이상 볼 수 없게 되었기 때문이다. 오랜 세월 풍상을 겪은 탓에 수리를 해야 할 지경이 되었지만 그마저도 원만하게 마무리가 되지 못해 어쩔 수 없이 성보박물관 안으로 들어가시고 말았다. 하지만 그것은 난감한 문제이다. 성보는 제자리에 있을 때 더욱 빛나는 것이며 불교 미술이 담고 있는 경전의 이야기들을 잃어버리지 않는 것이니까 말이다. 대개의 성보들은 경전의 내용을 바탕으로 만들어지는 것이며 월정사나 신복사 터에서 만날 수 있었던 탑 앞의 공양 보살 좌상은 약왕보살藥王菩薩로 알려져 있다.

그러니 이제 「법화경」의 내용을 고스란히 담보하고 있는 탑 앞의 석조 보살 좌상은 나라 안에서 신복사 터밖에 남지 않은 셈이다. 월정사와 더불어 강릉의 한송사 터(寒松寺址)에도 그렇게 있었다고 하나 한송사는 진즉에 폐사가 되어 그 온전한 모습은 보지 못했으니 신복사 터의 그것이 더욱 그리운 것이다.

「법화경」 '약왕보살본사藥王菩薩本事' 품의 소비공양탑燒臂供養塔 설화에 나타나는 이야기는 이렇다. 부처님이 열반에 들자 일체중생一切衆生 희견보살喜見菩薩이 전단나무로 소산燒山을 만들어 다비를 치르는 것에서 시작된다. 다비를 마친 후 희견보살은 사리를 거두어 8만 4천 보배 항아리에 담아 8만 4천 탑을 세우는 공양을 올렸으나 마음이 흡족하지 않았다. 이에 다시 자신의 두 팔을 잘라 7만 2천 년 동안 태워서 부처님에게 공양을 올렸다는 것이다.

구례 화엄사의 각황전 뒤에 있는 사사자 삼층 석탑 앞에도 공양상이 있지만 그것은 이들과는 조금 다르다. 공양을 올리는 것은 같으나 그 대상이 부처님이 아니라 부모님이다. 사사자 삼층 석탑의 그것은 손에 찻잔과 같

신복사 터의 보살 좌상은 다소곳하다. 그러나 월정사 팔각 구층탑 앞에 있던 석조 보살 좌상
은 이와 달리 왜 고개를 위로 들고 있을까. 월정사의 탑이 신복사 터의 탑보다 월등히 높으며
가까이 있기 때문이다. 그것은 제자리에 있지 않으면 이해하지 못할 자세이다.

은 것을 들고 있으며, 월정사의 석조 보살이나 이 곳 신복사 터의 보살은 아마 연꽃을 들었던 듯 꽃대가 꽂혔던 구멍만 남아 있다. 한송사에 있었던 보살상은 두 곳과는 달리 가부좌로 앉았지만 손에는 역시 연꽃 가지를 들고 있다. 그것은 사사자 석탑 앞의 공양상은 화엄사를 창건한 연기 조사이며 탑 안에 계신 스님은 연기 조사의 어머니를 형상화한 것이기 때문이다.

그처럼 애틋한 공양심으로 탑 앞에 앉아 공양을 올리는 모습이 형상화된 것이니 그들은 서로 떨어질 수가 없는 것이다. 서로 떨어지면 한낱 탑일 뿐이며 대상이 없는 공양을 올리는 보살상이 되고 마는 것이다. 그러니 지금 하염없는 눈을 맞으며 있는 신복사 터의 저 보살상이 어찌 아름답지 않을 것이며 그립지 않을 것인가. 볼이 따가울 정도로 들이치는 세찬 눈보라 속이지만 얼굴에는 가득 미소를 머금은 채 미동도 않는 그의 모습은 숭고하기까지 했다.

이럴 때는 사진조차 찍지 않고 그저 그 모습만 하염없이 바라보면 좋겠다는 생각을 지우지 못했다. 움직이면 생각은 흩어지고 그것을 다시 모으려면 여간 힘들지가 않기 때문이다. 얼른 서너 장의 사진을 찍고 나도 눈밭에 앉았다. 내 어깨에 쌓인 눈이 절로 떨어질 때까지 꼼짝하지 않았다. 그러나 나는 미소를 짓지 못했다. 눈보라가 들이치면 이내 찌푸린 얼굴이 되고 말았으니 말이다.

나라 안에 있는 약왕보살들 상호는 모두 미소를 머금었다. 그것도 슬며시 감춘 것이 아니라 드러내 놓고 짓는 것이다. 참 아름답다. 이 곳이나 한송사의 보살상은 그 미소가 더욱 매혹적이다. 전체적인 비례로 봐서 입이 상대적으로 작으며 그마저도 앙다물었으니 어긋나는 것처럼 보이지만 그 고혹적인 모습은 결코 다른 곳에서는 볼 수 없는 것이다. 형식을 떠나 입술이나 두툼한 눈썹의 모습만으로도 한송사의 그것과 신복사 터의 보살상은 마치 한 사람의 솜씨인 듯하다. 물론 한송사의 그것이 좀더 섬세하지만 둘은 무척이나 닮아 있다. 그런가 하면 월정사의 그것은 고개를 뒤로 젖힌 채 흥에 겨워 어쩔 줄 몰라 하는 모습이 환희심에 젖은 듯해 말 그대로 희견보살의 성격이 잘 드러난다.

점점 차가워져 오는 엉덩이가 자꾸 일어나라고 보챘다. 겨우 몇십 분을 앉아 있었을 뿐이지만 나는 눈사람처럼 되고 말았던 것이다. 천 년을 앉아 계신 보살에게 겨우 몇십 분 말벗이 되었을 뿐인데도 말이다. 그러나 돌아서는 내 걸음이 쓸쓸하지는 않았다. 어느덧 내 얼굴에도 그의 미소와 같은 것이 스밈을 느꼈으니까 말이다. 굴산사 터에 보랏빛 제비꽃을 보러 가는 날 다시 이 곳 신복사 터도 들를 참이다. 그 때는 글도 사진도 모두 놓아 두고 마음만 들고 가야지 싶다. 그러면 신복사 터의 보살님이 나에게 말할지도 모르겠다. 왜 이리 늦었느냐, 오랫동안 너를 기다렸다고 말이다.

매년 음력 4월 15일이면 대관령 국사 성황당에서 산신제와 함께 성황제가 열린다. 5월 단오를 위해 성황신을 강릉으로 모셔 가기 위한 것이다. 산신제가 먼저 치러지고 연이어 성황제를 치르는데 신의 모습으로 성황당 뒷산의 나무를 잘라서 내려간다. 그러니 사진 속에 울긋불긋한 천을 두른 신목神木이 범일 국사인 셈이다. 산을 내려온 일행은 구산 성황당에 들렀다가 굴산사 터가 있는 학산 마을에서 다시 성황굿을 치른다. 사진은 굿을 치르기 전 범일 국사의 부도가 있는 곳으로 인사드리러 가는 길이다. 일행이 지나는 곳이 범일 국사를 잉태했다는 석천石泉이 있던 곳이다. 하지만 태풍으로 쓸려나가 제 모습을 잃었다.

강원도 강릉의 굴산사는 영동고속도로 강릉 나들목으로 나가면 된다. 나들목에서 강릉 시내 방향으로 5분쯤 직진하다가 관동대학 방향으로 우회전하여 10여 분쯤 가면 구정면 학산 마을 이정표가 보인다. 그 학산 마을 일대가 굴산사 터이다.

굴산사는 언제 누구에 의해 만들어졌는지 정확히 알 수 없다. 「조당집」에는 명주 도독 김 공이 충남 회덕의 백달산에 머물던 통효 범일에게 굴산사에 주석하기를 청했다고 하니 이미 절이 있었던 것이라고 볼 수 있다. 때는 문성왕 13년인 851년이며 이로써 나말 여초 불교의 큰 흐름인 구산선문 중 하나인 사굴산문이 열렸다고 볼 수 있다. 하지만 「삼국유사」에는 범일이 굴산사를 창건하고 선법을 전했다고 되어 있으니 둘 중 어느 것이 옳은지는 알 수 없다. 그러나 범일의 출신 성분이나 지방 호족들과의 관계를 헤아려 보면 「조당집」의 기록이 현실적인 것이지 싶다.

범일은 태화 연간에 왕자인 김의종金義琮의 도움으로 그와 같은 배를 타고 당나라로 가서 선종의 견문을 넓혔다. 그는 마조 도일의 제자인 염관鹽官 제안에게서 선법을 전해 받고 문성왕 8년인 846년에 돌아왔다. 그러나 그가 입적한 889년을 정점으로 굴산사는 쇠퇴의 길로 접어들었던 듯하다. 그의 법을 이어받은 낭원 개청의 탑비인 '낭원대사 오진탑비朗圓大師悟眞塔碑'에 다음과 같은 글이 있기 때문이다. "문덕文德 2년 여름에 통효 대사가 입적하니…여러 차례 초구草寇들의 동구洞口 차단을 크게 힐책하였다.…이 때 명주溟州의 모법慕法 제자인 민규 알찬閔規閼湌이란 사람이…보현산사普賢山寺를 희사하여 주지하도록 청하였더니 …그 곳으로 나아갔다."

여기서 눈여겨볼 것은 여러 차례에 걸친 초구들의 동구 차단이다. 초구는 도적들을 일컫는 것이니 그들에 의해 굴산사의 출입이 자유롭지 못했던 것 같다. 그래서 좀더 깊은 산 속에 보현사를 마련하고 낭원 개청은 그 곳으로 옮겨 간 것이라는 짐작이다. 범일은 진귀 조사에게서 부처가 법을 이어받았다고 하는 진귀조사설眞歸祖師說을 주장했다고 알려져 있다. 그러나 범일이 입적하고 사백여 년 뒤의 기록인 「선문보장록禪門寶藏錄」에 처음 나타나는 이야기여서 사실 확인은 쉽지 않다.

절터에는 보물 86호인 당간 지주와 범일의 것으로 알려진 보물 85호인 부도탑 그리고 강원도 문화재자료 38호인 석불이 있다. 2002년 태풍 루사로 절터가 드러났지만 발굴을 마친 후 무슨 까닭에서인지 지난 해에 다시 덮어 버렸다.

굴산사가 있었던 학산 마을에 전해 오는 전설에 따르면 범일은 그의 어머니가 우물에서 물을 뜨다가 잉태했다고 한다. 마을에 있던 석천石泉이라는 우물에서 물을 뜨는데 마침 바가지 안에 해가 들어 있어 그 물을 마시고 나서 범일을 임신한 것이다. 그러나 처녀의 몸으로 아이를 낳은 것을 부끄럽게 여긴 어미가 아기를 학산이라는 곳에 갖다 버리고 괴로워하다가 며칠 후에 가 보니 학이 범일을 품고 있어 상서로운 일로 여기고 다시 집으로 데려와 키웠다는 이야기이다. 그는 입적한 후 대관령 국사 성황신이 되어 아직까지도 강릉 지방을 보살펴 주고 있으며 해마다 열리는 강릉 단오굿의 주신主神이기도 하다.

대관령 국사 여성황당.

굴산사와 같은 시기에 범일 국사가 세웠다고 전해지는 신복사 터는 굴산사 터를 향해 가다가 관동대학 조금 못 미처에 있다. 왼쪽으로 소방서가 보이고 그 뒤로 제법 큰 유치원이 있는데 바로 그 뒤이다. 절터는 아주 작으며 보물 87호인 고려 시대의 삼층 석탑과 보물 84호인 석조 보살 좌상 그리고 그 곁으로 절터에서 나온 것으로 보이는 장대석이 놓여 있다.

삼층 석탑은 지대석부터 눈길을 끈다. 연잎이 아래로 쳐진 복련의 지대석이기 때문이다. 하층 기단에는 안상이 각 세 구씩 사면에 새겨졌으며 상대 갑석 위부터 각각의 지붕돌과 몸돌이 만나는 곳에 판석의 굄돌을 놓아 전형적인 고려 시대의 탑임을 보여 준다. 일층 몸돌 가운데에 직사각형의 홈을 파 감실을 표현하였으며, 앞에 앉은 석조 보살 좌상과 마주 본다. 감실을 만든 대신, 통일신라의 탑에서 흔히 볼 수 있는 문비는 없다.

석조 보살 좌상은 팔각의 지대석을 놓고 올린 원형의 앙련 좌대 위에 앉아 있다. 머리에 원통형의 긴 보관을 쓰고 있으며 그 끝에 다시 팔각의 갓을 쓰고 있다. 갓의 끝 모서리에는 풍탁을 달았던 듯 그 흔적이 남아 있으며, 가슴에 모은 손에 쇠꼬챙이가 꽂힌 것은 쇠로 만든 연꽃대가 부러져 남은 것으로 보인다. 백호와 삼도가 분명하고 어깨에 땋아 내린 머리며 옷자락의 표현이 매우 사실적이다. 또 독립적인 상인 까닭에 앞뒤를 가리지 않고 섬세한 조각을 베풀었는데 상호와 몸매가 풍만하여 넉넉한 모습이 빼어나다.

굴산사 터 비로자나불.

부처님 앞에서 상처 없는 이, 그 누구인가

따가운 햇살을 피해 스님들의 진영을 모셨을 조사당 터의

주춧돌에 올라앉아 생각에 잠겼다.

부처님에게로 가는 사람, 누군들 삶의 상처 없는 이가

있겠으며, 또 그에게로 가서 그 상처마저 아름답게

아물지 않을 이가 또한 있겠느냐고 말이다. 우리 모두는

상처 입은 사람들이며 그 마음 끌어안고 찾아들면 부처님은

언제나 따뜻한 미소로 맞아 주지 않던가.

절집에 도량석이 울려 퍼질 시간, 도시는 밤늦게까지 이어진 환락의 흔적을 감추려는 듯 짙은 안개 속에 싸여 있었다. 한 치 앞도 보이지 않는 길은 마치 토막 난 장면들을 꿰매 놓은 만화경처럼 이어졌고 서울을 빠져 나갈 무렵에야 겨우 앞이 트였다. 강을 벗어나 산길로 접어들자 까닭모를 향기가 넘실대며 마음을 설레게 했다. 열흘 남짓한 시간이 흐른 후 다시 찾는 길이건만 밤나무들이 어느 새 국수 가락 같은 긴 꽃술을 늘어뜨린 채 진한 향기를 뿜어 내고 있었던 것이다. 듬성듬성하던 벼포기들도 짙은 색을 띠며 촘촘하게 논바닥을 메우기 시작했으니 마음 설레게 하던 봄은 물러가고 여름이 닥치는 것이지 싶었다.

여주를 지나 문막 읍내에 들어서자 다시 안개가 가득했다. 그가 팔에 닿으면 쪼르르 소름이 돋아나며 이내 상쾌한 기분이 들긴 했지만 앞이 보이지 않는 것은 곤혹스러운 노릇이었다. 더듬더듬, 안개가 삼켜 버린 무채색의 시가지를 빠져나와 부문재를 넘어 다다른 법천사 터(法泉寺址), 들머리의 느티나무는 여전했다. 발굴을 하느라 엉망진창이었지만 아직 걷히지 않은 안개는 그마저도 고즈넉한 정경으로 바꾸어 놓았으니 이른 새벽의 호젓한 절터는 아름다운 자태를 뽐내며 순례자를 맞이하는 듯했다. 잠시 느티나무 아래에 앉았다가 무성한 개망초 위로 날고 있는 너덧 마리 까치들과 함께 지광국사 현묘탑비智光國師玄妙塔碑가 있는 탑비전塔碑殿으로 올랐다.

탑비 앞에 부도탑이 놓였던 자리를 발굴한다고 파헤쳐 놓아 어수선하기는 아래와 매한가지지만 그나마 절터라고 다리 쉬며 마음 놓을 곳은 그 곳밖에 없었다. 그러나 이맘때면 피어나던 불두화는 어디로 갔는가. 그라도 있었으면 소담한 꽃송이에 눈길 한 번이라도 머물렀으련만 그는 까닭도 모른 채 잘려 나가고 없었다. 작업하는 데 거추장스러우면 옮겨 심으면 될 일을. 그 단순한 안목마저도 지니지 못한 이들이 역사의 흔적으로 과거와 현재를 잇는 발굴을 한다는 것이 몹시 못마땅했다. 더욱 화가 치밀어오르는 것은, 그것이 비단 이 곳만의 문제가 아니라는 것이다. 번듯한 절집의 나무는 귀한 것이고 옛 절터의 멀쩡한 나무는 함부로 대해도 좋은 것은 아닐 터이다. 그 어느 곳에서든 나무 한 그루에게서 받는 위안은 아름다운 석조 유물에게서 받는 위안과 다르지 않으니 말이다.

이윽고 주변에 흩어져 있던 들꽃들이 밤새 오므렸던 봉우리들을 펼치기 시작했다. 안개가 걷히고 햇살이 찾아든 것이다. 그 시간이 되면 꽃잎이 열리는 속도에 비례해 나의 입은 닫히고 만다. 언제나 그랬다. 그 무렵의 찬란함에 대해서는 천번 만번을 이야기해도 다 하지 못할 것이니 아예 입을 다물고 마는 것이다. 동살과 자연이 어우러지는 모습도 그렇거니와 그 순한 빛을 받은 석조 유물들이 보여 주는 아름다움을 어찌 말로 다할 수 있겠는가. 부드럽지만 힘차기만 한 아침 기운과 강한 화강암이 서로 뒤엉킨 모습은 나를 그 근원으로 데리고 가서는 툭 하고 던져 놓고 만다. 그 곳은 석공들이 돌을 떨어 내며 했을 생각의 언저리이다.

부처님을 마음 속에 담고 머리로는 빛을 생각하며 그들이 만들어 낼 그림자를 짐작하여, 생선 비늘을 벗기듯 돌을 저며 내고 쪼아 놓고는 저만치 물러나서 물끄러미 바라보다가 다시 다가들어 다듬고 매만졌을 그 순간 말이다. 그것은 기계가 할 수 없는 일이다. 오로지 사람의 손으로만 가능한 일이다. 다른 곳 모두 놓아 두고 유독 이 곳에서 그 생각의 나래를 펼치는 것은 지광국사 현묘탑비의 조각 때문이다. 통일신라의 표현 양식에서 벗어나 고려의 모습을 분명히 보여 주는 그것을 물끄러미 바라보노라면 절로 머리가 숙여지는 것은 어쩔 수 없다. 받침돌인 귀부는 부드러우며 유쾌하고, 경악하리만치 섬세함의 극치를 보여 주는 몸돌, 그리고 날렵하며 경쾌한 머릿돌인 이수를 만들었을 석공의 손을 지금 다시 만날 수 있다면 지그시 그 두 손을 부여잡고 이마를 대어 경의를 표하리라.

몇 년 전, 집을 크게 수리한 적이 있었다. 일을 하러 오는 사람들은 한결같이 기계를 앞세우고 들어왔으며 그들이 가장 먼저 찾는 것은 그 기계를 구동시킬 전기였다. 적어도 집을 짓거나 수리할 사람들이 지니고 다니는 연장이라고 하기에는 너무도 거대하고 요란스러웠다. 그들은 못 하나도 망치로 박지 않았고 드라이버조차도 손으로 돌리지 않았다. 더군다나 이미 만들어 놓은 모양에 대해 내가 조금이라도 까탈을 부릴라치면 그들의 대답은 한결같이 기계가 그렇게 하지 못하니 어쩔 수 없다는 것이었다. 목수가 지녀야 할 눈대중과 안목은 간곳없고 획일화되고 규격화된 기계의 능력에 자신을 내맡겨 버린 것이다. 그들은 사람의 손이 만들어 내는 창조적인 섬세함에 대해서는 안중에도 없었으니 그들을 향해 뭐라 할 수 있겠는가. 몇 차례 실랑이를 하다가 도리어 내가 입을 닫을 수밖에 없었다.

그렇기에 부처님을 찾아서 가는 길은 더욱 값진 걸음이다. 내 본래의 근원으로 가려면 몸과 생각을 움직이지 않고는 가 닿을 수가 없기 때문이다. 몸을 다스리지 못하면 결코 가 닿을 수 없는 곳이 그 곳이 아닌가. 정신은 몸과 함께 다스려지는 것이거늘 옛 사람들이 만들어 놓은 빼어난 석조 유물들이 아름다운 것은 비단 눈에 보이는 화려함이나 섬세함뿐만은 아니다.

법천사 터 들머리에 서 있는 느티나무는 국보 59호인 지광국사 현묘탑비 못지않게 아름답다. 절집이 융성할
때는 절 마당 안에서 대접받는 나무였고, 그 또한 법향에 젖어 새벽마다 울리는 도량석 소리에 깨어났으련만.
그 때부터 지금까지 같은 자리에 서서 날마다 조금씩 스스로를 비워 내는 수행이라도 한 양 둥치가 텅 비었
다. 그에게 기대어 보라. 혹 그가 옛 법천사를 추억하는 이야기를 들을 수 있을지도 모를 일이니까 말이다.

지광국사 현묘탑비, 국보 59호.

그것은 몸과 정신이 함께 다스려진 사람의 손이 일구어 놓은 또 하나의 결정체이기 때문이다. 그러니 우리 땅 곳곳에서 만나는 그들이 참으로 고맙고도 감사하다. 나는 그들에게서 언플러그드의 위대함을 본다. 사람이 자연에게서 얻은 도구로 자신의 몸을 움직여 아름다움을 만들어 내는 행위는 안거安居에 들어 본성을 참구하는 것이나 다르지 않을 것이다. 비록 군데군데 깨지고 조각이 문드러진들 어쩌랴.

그마저도 미루어 헤아리면서 어루만져 보라. 버릇처럼 시대를 가늠하지 않고 양식을 따지지 않으며 말이다. 나라 곳곳에 남아 있는 석조 유물을 보며 우리가 감탄해야 할 것은 그 자체의 아름다움이 아니라 그것을 새기던 사람들의 진정한 마음이다. 그러나 우리에게 남은 것은 무엇인가. 학교에서 받은 미술 교육의 구태를 벗어나지 못하고 있지 않은가. 그림의 내용은 전혀 몰라도 그것이 어느 시대의 누가 그린 것이라는 것쯤은 달달 외워야 하는 그런 우스꽝스러운 교육 말이다. 그것이 세상 속에서 소용에 닿지 않는다는 것을 잘 알면서도 다시 그 우를 범하고 있는 것은 무엇인가. 그것부터 하지 마라. 오히려 그것은 안중에 두지 말고 돌덩이를 매만지던 사람들의 마음부터 헤아리라.

아이들과 함께 그 앞에 서서 자기 자신이 스스로 느낀 것에 대해 말하지 못하고 안내판에 쓰여 있는 것을 되읽어 주는 것은 자신이 스스로 느낌을 지니고 있지 못하기 때문이다. 외운 것은 잊어버리기 마련이지만 느낀 것은 사라지지 않는 법이다. 그것은 많이 보는 것과도 다르고 공부를 많이 하는 것과도 다르다. 제 깜냥대로 느끼는 것은 그 어떤 것이라도 소중하다. 그렇게 깨달은 아름다움이 진정한 것이며 그 아름다움이 쌓여 자신만의 안목이 생기는 것이다. 안목이 남들과 다르다고 해서 주눅이 들거나 부끄러워할 필요는 없다. 안목이란 내가 즐겨 입는 옷과 같은 것이며 즐겨 마시는 차와도 같은 것이기 때문이다. 어찌 처음부터 안목이 깊어질 수 있을까. 하지만 문제는 누구나 처음부터 깊은 안목을 가지려고 한다는 것이다. 자신의 안목은 감추어 둔 채 다른 사람이 이미 헤아려 놓은 안목에 편승하여 마치 자신의 것인 양 행세한다는 것이다. 그것은 나를 돋보이게 하려고 내게 어울리지도 않는 명품을 고집하며 덕지덕지 걸치는 것과 다를 바가 없는 것이다.

그렇게 명품을 걸친다고 그것이 내 것이 되느냐 하면 불행하게도 그렇지 못하다. 그것이 워낙 강렬하기 때문에 그는 나와 조화를 이루지 못하고 그는 제 갈 길을 묵묵히 갈 뿐인 것이다. 자신의 눈에는 보이지 않을지 모르지만 어긋버긋 이상한 모습이 꼴불견인 경우가 태반이다. 경제적 능력은 고려하지 않은 채 명품을 반복적으로 구하는 사람들의 공통점은 그것을 지니지 않으면 불안하다는 것이다.

석조 유물을 대하는 것 또한 이와 다르지 않다. 학교에서 그것에 대한 아름다움을 가늠하고 헤아리는 방법을 배우지 않았으니 부끄러워할 필요도 없다. 그와 맞닥뜨리면 그저 자신이 생각하는 아름다움을 찾아 내면 그만이다. 하지만 그것의 시작이, 마치 명품을 걸치듯이, 누구나 다 함께 외우고 있는 안내판의 상투적인 내용이나 잘 알려진 사람들의

안목을 빌리는 것이어서는 안 된다는 것이다. 열 명의 사람이 같은 곳을 가서 다 함께 같은 아름다움을 느끼고 오는 것은 슬픈 일이다. 더구나 그것이 교과서나 백과사전에 나오는 빤한 아름다움의 확인에 불과하다면 더더욱 그렇다. 열 명이 가면 적어도 서로 다른 아름다움 서넛은 지니고 돌아오는 것이 자연스럽다. 그렇게 서로 미처 깨닫지 못한 것들을 두고 함께 이야기할 수 있어야 우리의 아름다움은 더욱 풍요로워지고 깊어지는 것 아니겠는가.

따가운 햇살을 피해 스님들의 진영을 모셨을 조사당 터의 주춧돌에 올라앉아 생각에 잠겼다. 부처님에게로 가는 사람, 누군들 삶의 상처 없는 이가 있겠으며, 또 그에게로 가서 그 상처마저 아름답게 아물지 않을 이가 또한 있겠느냐고 말이다. 우리 모두는 상처 입은 사람들이며 그 마음 끌어안고 찾아들면 부처님은 언제나 따뜻한 미소로 맞아 주지 않던가.

조선 초기의 유학자인 태재泰齋 유방선(1388-1443), 그가 1409년부터 1428년까지 연이은 유배 생활로 지친 몸과 마음을 쉰 곳이 법천사 언저리이다. 1431년, 그는 아예 법천촌사法泉村舍를 짓고 가족과 함께 이 곳에 머물다가 1443년 숨을 거두었지만 그의 상처는 서거정이나 권람, 한명회와 같은 당대를 풍미하던 제자들을 길러 낸 것으로 아물지 않았던가. 유방선이 이 곳에 자리를 잡은 까닭은 알려지지 않았다. 하지만 그는 경북 영천에서 유배 생활을 하던 중에도 청송에 있는 백련암白蓮庵의 기문을 지었으며 그의 시 곳곳에서 불가와 깊은 인연이 있음을 내보이고 있으니, 그가 법천사 언저리에 터를 잡은 것이 우연만은 아닐 것이다.

법화경에서 이르는 법왕을 말하려 함인가. 아니면 왕사였던 것을 강조하기라도 하려는 것일까. 고려 왕실과 돈독한 관계를 형성했던 지광국사현묘탑비의 귀부에는 임금 왕자가 빼곡하다. 그러나 생각한다. 이것이 지광의 생각이었을까 아니면 그 제자들의 생각이었을까? 스승이 되기보다 스승을 잘 모시는 것이 더 어려운 법이다.

오래 전, 이 곳을 처음 찾았을 때 이 돌 앞에서 입을 벌리고 말았던 기억이 있다. 쓰임새가 무엇이었는지는 막연하기는 하지만 아름다움 하나만은 비길 데가 없었기 때문이다. 돌을 천이나 종잇장 구기듯 주물렀으니 석공의 손 맵시가 여간 야무진 것이 아니었지 싶다. 하지만 솜씨는 손끝이 부리는 재주만은 아니다. 그 뒤에는 안목이 있다. 그것은 대개 자연을 거스르지 않는 것이다.

탑비 앞에 모아 놓은 석물들 중 광배 정수리에 새겨진 화불이다. 칠팔 년 전만 하더라도 이 광배 앞에는 고졸한 석불이 놓여 있었다. 갈 때마다 조금씩 몸을 틀고 있을 만큼 작았던 그가 어느 날 사라져 버리고 말았다.

그런가 하면 또 한 명의 선비가 법천사 언저리에 깃들었으니 그는 조선 중기를 바람처럼 떠돈 손곡蓀谷 이달(1561-1618)이다.

그는 법천사 터로 향하는 들머리인 손곡리에 머물렀다. 서자였던 그는, 기생 홍랑洪娘과의 사랑 이야기로 뭇 사내들을 설레게 했던 고죽孤竹 최경창(1539-1583), 그리고 해미海美 백광훈(1537-1582)과 함께 삼당시인 三唐詩人으로 불렸던 인물이다. 그들은 손곡리에서 백광훈의 스승인 사암 思菴 박순(1523-1589)에게서 당시唐詩를 익혔으며 시사詩社를 만들어 서로 교류했다. 그 후, 오 년 동안이나 손곡리에서 두문불출하며 당시에만 몰두하던 이달에게 초당草堂 허엽(1517-1580)이 매료되고 말았다. 허엽은 그의 자식인 허균과 허난설헌을 그에게로 보내 수학하게 했으니, 이달은 허균의 혼인을 축하하여 '교산최장시蛟山催粧詩'를 지었다. 또 허균은 이달이 자식도 남기지 않고 죽은 뒤에 그의 글을 모아「손곡집」을 펴냈는데 그 때 서문과 함께 그의 전기인 '손곡산인전蓀谷山人傳'을 썼다.

허균은 '손곡산인전'에서 그의 시를 두고 "맑고도 새로웠으며, 아담하고도 고왔다(淸新雅麗)"고 했으니 이달이 서자로서 겪었을 한과 애상哀傷이 어찌 아름답게 아문 것이 아니라고 하겠는가. 그들 모두 유자이긴 했지만 손곡리에서 엎어지면 코 닿을 듯 가까이에 있는 법천사의 부처님에게 기댔으리라. 또한 스스로 불도佛徒임을 밝힌 몇 안 되는 선비인 허균은 법천사를 찾아 기문을 남겼으니 '유원주법천사기遊原州法泉寺記'가 그것이다. 때는 1609년 9월 28일이었으며 이미 법천사는 폐사가 되고 난 다음이었다. 그는 난리통에 절이 불에 탔다고 밝히고 있으며 지광국사 현묘탑비는 두 동강이 난 채 잡초 사이에 뒹굴고 있었다고 했다.

허균 또한 탑비의 오묘한 아름다움에 취해 해가 저물도록 어루만졌다고 하니, 오늘 내가 바로 그 꼴이었다. 새벽부터 머문 서른 평 남짓한 탑비전에 늦은 오후 햇살이 들 때까지 떠나지 않고 있었다. 따가운 햇살을 피해 자리를 옮기기를 서너 차례, 주춧돌에 앉아 잠시 명상에 젖었다가 불현듯 일어나 서성거리기를 너덧 차례, 잠시 당간 지주가 있는 마을에 다녀온 것을 빼면 줄곧 한곳을 거닐며 내가 보려 했던 것은 무엇일까. 그것은 눈에 보이는 아름다움 그 뒤였다.

법천사 터

강원도 원주시 부론면의 법천사 터는 거돈사 터와 산 하나를 사이에 두고 있다. 영동고속도로 문막 나들목으로 나가 부론면으로 좌회전하여 부문재를 넘으면 손곡리이다. 그 곳에서 5분가량이면 왼쪽으로 한창 발굴중인 절터가 보인다.

한때 법고사法皐寺로 불리기도 했던 법천사는 신라 성덕왕 24년인 725년 창건되었다고 전하기도 하지만 그 근거를 찾을 수는 없다. 폐사 연도 또한 정확하게 알 수는 없지만 허균의 '유원주법천사기'에 나와 있듯이 임진왜란을 겪으며 불타 사라진 것으로 짐작할 뿐이다. 절집이 컸던 만큼 다시 중창하기에도 버거웠던 탓인지 그 뒤로 절 자리에는 민가가 들어서 마을을 이루었으나 이번 발굴로 모두 철거되었다.

절터에는 11세기 부도탑비의 걸작이라 일컬어지는 국보 59호인 법천사지 지광국사 현묘탑비가 있다. 글은 고려 초에 빼어난 문장을 자랑하던 문하시랑평장사門下侍朗平章事 정유산이 지었으며 글씨는 안민후安民厚가 썼다. 또 이영보李英輔와 장자춘張子春이 글씨를 새겨 아름다움을 더하였다.

조각이 화려하기로 둘째 가라면 서러울 국보 101호인 지광국사 현묘탑은 경복궁 뜰에 있다. 그 외에도 강원도 문화재자료 20호로 지정된 당간 지주가 절터에서 빤히 바라보이는 원촌 마을에 있으며 지주를 받치던 간대竿臺까지 잘 남아 있다. 그 밖에, 탑재와 광배 그리고 배례석 등을 탑비 앞에 모아 놓았다. 모두 돌을 매만진 솜씨가 빼어나 고려 시대 석물들에 대한 새로운 안목을 갖기에 충분한 것들이다. 몇해 전만 해도 광배 앞에는 고졸한 석불 좌상이 놓여 있었으나 어디론가 사라지고 말았다.

지광 국사 해린海鱗(984-1070)은 여덟 살에 법천사에 주석하던 관웅寬雄 대사를 찾아가 가르침을 구했으며, 그 후 개경의 해안사海安寺 준광俊光 방장方丈에게서 머리를 깎고 불문으로 들어섰다. 스물아홉 살에 숭교사崇敎寺를 창건할 때 감독을 맡았던 은공으로 그 절의 초대 주지를 맡기도 했다. 고려 현종

지광국사 현묘탑비, 국보 59호.

법천사의 당간 지주, 강원도 문화재자료 20호.

은 그를 중대사, 삼중대사로, 정종은 승통僧統으로 받들었으며, 문종은 왕사로 모셔 어가御駕를 함께 타고 다니며 법화경과 유식학 강의를 들었다. 특히 문종은 뒤에 대각국사大覺國師 의천義天이 된 자신의 넷째 아들을 지광 국사가 머물던 현화사玄化寺로 보내 불문에 들게 하기도 했다. 국사가 법천사로 돌아온 것은 문종 21년인 1067년이었으며 문종 24년인 1070년 10월 23일 입적했다.

이렇듯 법상종의 종풍을 드날리던 법천사 일대에는 다른 절집과는 달리 유난히 선비들이 많이 살았다. 마을 이름이 서원말인 것도 그와 무관하지 않을 것이다. 태재 유방선과 손곡 이달이 그랬는가 하면, 조선 후기의 문신이자 정조正祖대의 최고의 문장가였던 해좌海左 정범조(1833-1898)도 이 곳에 살았다. 그는 1686년 3월 13일 법천리를 출발하여 청주 공림사와 속리산 법주사와 같은 삼남 일대의 명산 고찰을 두루 돌아보고 1688년 9월 19일 집으로 돌아온 기록인 「산중일기」를 남긴 우담愚潭 정시한(1625-1707)의 고손자이다. 또 서산 청허의 제자 소요逍遙 태능太能의 시문집인 「소요당집逍遙堂集」에 서문을 쓰기도 했다. 다산 정약용 또한 문중의 어른인 정범조의 집에 자주 드나들었지만 법천사에 대한 시문을 남기지 않은 것은 이미 법천사가 폐찰이 된 지 이백여 년이나 흐른 후여서 그 흔적이 남아 있지 않았기 때문이지 싶다.

돌아가자, 지금 가지 않으면 언제 갈 수 있으랴

비는 절터가 있는 정산리 일대에만 퍼부었을 뿐이었다.

무지개가 걸렸던 정경은 내 마음 속에 스며든 채

아직도 뚜렷하게 남아 있다. 이제 그 무지개를 다리 삼아

내가 가야 하는 곳은 어디인가. 그 곳은 이미 떠나온

나의 본성이리라. 집으로 돌아오는 내내 되뇌었다.

가자, 가자. 돌아가자. 지금 가지 않으면 언제 갈 수 있으랴.

길을 나설 때부터 잔뜩 흐려 있었다. 한강을 지나 섬강蟾江으로 에돌아 들자 길섶에는 옅은 안개마저 자욱했다. 갓 모내기를 마친 논에는 열일곱 사내아이 수염처럼 벼포기들이 박혀 있었고 논틀은 그 어느 때보다 돋보였다. 안개 속으로 꼬리를 감추고 마는 그 아름다운 길, 논배미를 따라 이리 휘고 저리 구부러진 그들의 몸짓에 마음을 빼앗길 무렵 자작 고개 너머 거돈사 터(居頓寺址)에 다다랐다. 자동차 문을 열고 내리자마자 나는 짙은 새벽의 습기 속으로 '아!' 하고 탄식을 흘리고 말았다. 나도 모르게 흘러 나온 그 소리는 풀을 갓 베어 낸 듯 물씬 풍기는 풀 향기 때문이었다.

사실, 어스름 새벽에 길을 나서며 내가 기대한 장면은, 무성하게 자란 풀에 뒤덮인 절터 모습이었다. 탑과 주춧돌이며 견고한 아름다움을 뽐내는 축대마저 웃자란 풀 사이로 언뜻언뜻 보이는 장면 말이다. 깔끔하게 정돈된 아름다움이 아니라 오히려 잔폐殘廢의 농밀한 아름다움을 기대했던 것이다.

그러나 어쩔 것인가. 키 큰 풀들은 사라지고 향기만 남은 것을⋯. 무작정 걷기 시작했다. 포행이면 어떻고 행선行禪이면 또 어떨까. 축대를 오르내리고 또 주춧돌에 앉아 물끄러미 탑을 바라보다가 다시 걷기를 두어 시간, 솟구친 땀을 식히려 절터 한쪽의 느티나무 아래에 앉자, 땀은 제쳐 두고 또 솟아오르는 것이 있었다. 귀였다. 쫑긋, 귀가 곤두선 까닭은 바람에 살랑거리는 나뭇잎 소리 때문이었다. 그 어느 절집의 풍경 소리가 이만할까. 바람은 아직 깨어나지 않은 꿈결인 양 부드러웠으며 나이를 짐작하기 힘들 만큼 오래 묵은 나뭇가지에 돋아난 새잎들도 경박스럽게 흔들리지 않았다. 그 바람에 몸을 씻고 그 소리에 마음을 씻으니 무엇 부러울 것이 있겠는가. 뒷산에서 들려오는 뻐꾸기 소리를 죽비 소리 삼아 가부좌로 앉으니 그 곳이 곧 선방이며 세심대洗心臺가 아니고 어디겠는가.

느티나무 아래에 눈을 감고 앉으면 살랑거리는 나뭇잎 소리가 귀를 간질이는 듯했다. 부는 듯 마는 듯 바람이 한 차례 지나가고 나면 소리 또한 여운도 없이 사라졌지만 그 소리는 그 어떤 절집에서 듣던 소리보다 아름다웠다. 하지만 내가 이 곳에서 해야 할 일은 그 소리를 따라 돌아가는 것이 아니었다. 오히려 나의 현재를 멈추는 것이 급선무였다. 내가 가야 할 곳으로 가기 위해서 우선해야 하는 일은 되돌아서는 것이 아니라 멈추어야 한다는 것을 깨달았기 때문이었다. 어느 것이 먼저인지 그것을 깨닫는 데만도 숱한 세월이 필요했다. 그나마 눈을 감고 귀를 기울인 덕에 가능했으니, 오늘과 같은 날은 더없이 행복한 날이다. 사진의 오른쪽이 금당 터와 석불 대좌이며 왼쪽은 삼층 석탑이다.

비단 부처님을 따르지 않더라도 누구나 반드시 지녀야 할 것은 고요할 때의 기상을 헤아릴 줄 아는 것이다. 청정하게 마음을 씻는다는 것은 내 속의 고요함을 얻으려는 것이고 그 고요함의 깊이에 따라 사물을 분변하는 옳은 눈을 얻을 수 있기 때문이다. 하지만 분변이라고 해서 이것저것을 가리려는 것은 아니며, 더군다나 옳은 눈이란 「중용」에서 이야기하는 중中에서 그치는 것만도 아니다. 그 옳은 눈의 귀착점은 화和이니 그것은 선정에 들어 다다를 수 있는 것과 다르지 않을 것이다. 그것은 우리에게 아예 없었던 것이 아니라 누구라 할 것 없이 모두가 지녔던 것들이다. 다만 그것에서 멀어진 것은 그만큼 자신에게 소홀했다는 것이러니, 이젠 돌아가야 한다. 그러니 내 발길 닿는 절터마다 가부좌 틀고 앉아 참구하는 화두는 귀歸이다. 그 곳에서 앵무새처럼 되뇌는 것은, "돌아가자, 지금 가지 않으면 언제 돌아갈 수 있으랴(歸去來兮 今也不歸何日歸)"라는 것이다.

그러나 돌아간다는 것은 추억에 기인하는 것이건만 나에게 남아 있는 그것의 추억은 모호하다. 안개 속 먼 산처럼 보일락 말락 그 모습이 뚜렷하지 않으니 쉽사리 그것에게로 갈 수 없는 것이다. 나에게 그것이 있었는지조차 까마득하니 말이다. 내가 그토록 돌아가고 싶어하는 그것은 바로 나이다. 하지만 나의 모습을 제대로 알지 못하는데 어디로 갈 것인가. 그 탓에 마치 무르익은 봄날의 절터에 어김없이 나타나는 뻐꾸기들의 탁란托卵처럼 빈 절터를 헤매며 탁아托我를 꿈꾸고 있는 것인지도 모른다. 빈터에 가득했을 부처님의 말씀, 용기 있게 그것을 전체로 따르는 수고는 게을리하면서 그가 나를 가꿔 주리라는 막연한 믿음에 기대며 말이다.

눈을 뜨고도 한동안 일어서지 않았다. 금당 자리의 깨져 버린 불대좌에 눈을 맞춰 놓곤 그는 보지도 않았다. 허선虛線으로 시선을 감춘 채 내가 본 것은 무엇일까. 레이저로 만들어 낸 영상처럼 안개 자욱한 절터의 허공에 불쑥 나타나는 또다른 나의 모습이었다. 그는 뚫어져라 나를 보고 있었다. 그러나 나는 그를 눈 안에 담기만 했을 뿐 바로 보지 못했다. 그에게서 떠난 나의 길이 흐트러졌기 때문이다. 풀 죽은 곁눈질로 그를 보며 내가 그리워한 것, 그것은 나에게도 있었을 본성이었다. 살면 살수록 그 곳에서 멀어질 뿐이지만 되돌아가기는커녕 지금 이 자리에서 멈추려는 것조차도 힘에 부친다. 돌아가려면 먼저 멈추어야 하는 것이거늘 걸으며 되새기고 앉아서 다짐하지만 그마저 만만치 않다.

터벅터벅, 절터 오른쪽 끄트머리에 있는 원공국사 승묘탑비 앞에 섰다. 그는 이미 나의 고민을 모두 알고 있는 듯 대뜸 글의 시작에서 말한다. "망견妄見에 빠진 중생들이야 말로 점수漸修하지 않고는 그 몽매함을 벗어나지 못한다(漸無以發其蒙)"고 말이다. 그 몽매함에 빠져 허우적거리는 내가 어찌 나의 본성을 찾아 담적澹寂하며 초연한 선禪의 근원인 나에게로 갈 수 있겠으며, 방편의 힘을 빌어서 피안으로 가려 하겠는가. 망견의 눈을 꼭꼭 닫고 혜안慧眼의 눈을 활짝 뜨는 날, 그 날이 비로소 멈추는 날일 것이다. 그제야 조금 전에 본 또다른 나를 바로 볼 수 있을 것이며 그토록 그리워하던 나에게로 돌아갈 수 있으리라. 탑비에 "심성을 깨달으면 부처님이고 분별 망상을 잊는 것은 선禪이다(悟性爲佛 忘情曰禪)"라고 하지 않았는가.

정오가 되자 안개는 걷히고 먹구름 사이로 간간이 투명한 햇살이 비쳐 들었다. 침침하여 돋보이지 않던 탑은 하얗게 빛나고 금당 자리의 면석과 축대들까지 도드라져 보일 무렵, 한 떼의 답사객이 나타났다. 일순 고즈넉하던 절터가 소란스러워졌다. 그들이 두런거리는 소리는 조용했지만 상대

절터를 한 바퀴 휘돌아 한 쪽에 모아 놓은 석조 유구들 앞에 걸음을 멈춰 보라. 눈에 띄는 것이 한둘이 아니다. 그 중 유독 눈길을 끄는 것이 이 돌이다. 그 무엇의 대좌 중 중대석이나 혹은 작은 장식 탑의 몸돌쯤 되었을 것 같은 이 돌이 닳은 모습을 보면 절터의 부침을 어렴풋하게나마 짐작할 수 있다. 비록 깨지는 것은 면했지만 오죽 굴러다녔으면 각진 모서리마다 부러 그리 한 것처럼 닳았을까 싶었다.

적으로 새벽부터 조금 전까지가 너무도 조용했던 탓이다. 그러나 나는 그 가벼운 소란스러움이 삼십 분도 채 가지 않으리라는 것을 알고 있었다. 대개의 사람들이 절터로 향하는 까닭은 절터가 목적이 아니라 그 곳에 있는 석조 유물이 목적이기 때문이다. 그들도 다르지 않았다. 삼층 석탑과 금당 자리 그리고 원공대사 승묘탑비, 그 셋만 보고는 훌쩍 떠났다. 절터에 와서 그 터를 거닐어 보거나 한눈에 그 터를 조망할 수 있는 곳으로 올라 보지도 않은 채 말이다.

해거름이 되어서도 나는 절터를 떠나지 않았다. 부론면 소재지로 나가 저녁을 먹고 다시 돌아왔을 뿐, 땅거미진 절터를 거닐고 싶은 강한 욕구를 거스를 수가 없었다. 잠시 햇살이 들다가 먹구름에 가리기를 여러 차례, 간간이 비까지 뿌리더니 이윽고 먹구름 사이로 햇살이 비쳤다. 삼층 석탑은 그 순한 막바지 햇살을 고스란히 머금더니 찬란하게 빛나기 시작했다. 잿빛 하늘을 머리에 인 채 빛나는 탑을 나는 본 적이 없었다. 차라리 한 송이 꽃이 피어난 듯했다면 지나친 것일까. 그러나 내 보기에는 꽃이라 해도 모자람이 없어 보였다. 먼 산은 그늘이 드리우고 앞산은 햇살을 받아 더욱 또렷하였으니 마치 탑 앞에 거대한 조명등이라도 켜 놓은 듯했던 것이다. 그러나 그것도 잠시, 후드득 소나기가 쏟아지기 시작했다. 한여름처럼 무지막지하게 퍼붓는 비를 피해 느티나무 아래로 뛰어들었다. 하지만 숨 돌릴 겨를도 없이 다시 소나기 속으로 뛰쳐나갈 수밖에 없었다.

아! 저것이 무엇인가. 내 얼굴에는 미소가 번졌고 하늘에는 다리가 놓이기 시작했다. 무변 광대한 자연의 파노라마가 펼쳐진 것이다. 무지개였다. 온몸이 젖어도 좋았다. 몸은 비에 흠뻑 젖고 무지개는 내 마음에 스며들었다. 어린아이마냥 뛰어다녔다. 팔 벌려 그를 맞이하기에도 시간이 모자랐으니 그까짓 사진기가 젖는 것은 아랑곳할 틈이 없었다. 그러나 그는 한순간의 꿈이었다. 무지개는 순식간에 사라지고 비마저 그친 곳엔 희열에 찬 중년의 사내가 후줄근한 모습으로 숨을 고르고 있을 뿐이었다. 태양은 먹구름에 가리고 빗소리가 잦아든 절터로 햇살은 다시 찾아들지 않았다. 그뿐이었다. 소나기와 무지개, 그 전도 그 후도 없었다. 다만 존재했던 것은 그 순간뿐이었던 것이다.

비가 그친 후, 풀 향기는 더욱 짙어졌다. 이 곳에서 적멸에 든 원공圓空 국사가 오월국吳越國의 영명사永明寺에서 연수延壽 선사로부터 심인을 받고 다시 보림保任을 할 무렵, 그는 치자꽃 향기만을 맡았을 뿐 다른 잡된 향내는 맡지 않았다고 했다. 여름이면 가득할 그 진한 치자꽃 향기, 나는 그것 대신 찔레꽃 향기라도 찾았다. 그러나 찔레꽃은 이미 이울었고 풀 향기가 그 자리를 차지했다. 그런들 어떠랴. 새벽녘엔 안개에 젖은 향기가 물씬 풍겼으며 해거름엔 소나기에 젖은 향기가 그윽하니 아마도 원공국사를 위한 것이리라.

그 향기 크게 들이마시고 절터를 나섰다. 어둑해진 자작 고개를 넘자 거짓말처럼 구름 한 점 없었다. 그뿐인가. 아예 한 방울의 비도 내리지 않았던 것이다. 비는 절터가 있는 정산리 일대에만 퍼부었을 뿐이었으니 어찌 고마운 일이 아니겠는가. 그 덕에 무지개를 볼 수 있었으니 말이다. 그 정경은 내 마음 속에 스며든 채 아직도 뚜렷하게 남아 있다. 이제 그 무지개를 다리 삼아 내가 가야 하는 곳은 어디인가. 그 곳은 이미 떠나온 나의 본성이리라. 집으로 돌아오는 길 내내 되뇌었다. 가자, 가자. 돌아가자. 지금 가지 않으면 언제 갈 수 있으랴.

아침 안개가 걷히자 따가운 햇살이 드리우던 절터가 어느 새 검은 구름에 덮였다. 해거름에 한 차례 호된 소나기를 퍼붓는가 싶더니 이내 무지개가 만들어졌다. 세상의 다리 이쪽과 저쪽을 이어 주듯이, 무지개 또한 내가 있는 곳과 피안彼岸을 연결하는 다리와도 같았다. 얼른 무지개다리를 타고 피안에 닿고 싶었지만 무지개는 이내 사라지고 말았다. 결국 나에게로 가는 길은 스스로의 힘이 아니면 안 된다.

무지개가 사라지자 다시 먹구름이 밀려왔다. 간혹 구름 사이로 햇살이 비치면 선경이 따로 없었다. 절터는 온통 황금빛으로 물들고 모든 것이 두루뭉술하던 아침과는 달리 나뭇잎 하나, 모래 한 톨까지도 또렷하게 보였다. 새벽 안개와 땡볕 그리고 소나기와 무지개로 이어지며 천변만화하는 절터에서 나는 넋을 잃은 듯 망연하게 있었다. 모든 소리조차도 숨을 죽인 채 그 장면을 바라보고 있는 듯 해거름의 절터는 정적만이 감돌고 있었다. 이만하면 이 곳이 곧 독락獨樂의 선방이다. 높고 외로우며 가시 철망을 두른 곳만이 선방은 아니다. 비록 트이고 낮을지라도 마음 되새길 수 있으면 발길 닿는 곳마다 선방 아닌 곳이 있겠는가.

원주시 부론면 정산리에 있는 거돈사 터는 문막읍에서 가는 것이 좋다. 문막에서 홍호리의 홍원창지興原倉址를 지나 남한강을 따라 부론면 소에서 자작 고개를 넘으면 된다.

섬강과 남한강의 물길이 만나는 홍원창지는 고려 시대부터 조세미租税 米를 보관하려고 만든 수운창水運倉이다. 이 물길을 따라 섬강 가의 지정 면 안창리에는 흥법사가 세워졌고 남한강 가인 부론면 법천리에는 법천 사가 세워졌다. 이 모두 나말 여초에 세워진 사찰들이다. 그러나 물길을 따라 세워졌던 절집들은 모두 폐사지가 되었다. 부론에서 충주로 거슬러 올라가면 만나는 충주시 소태면 오량리의 청룡사 터까지도 폐사지가 되 고 말았으니 강을 따라 한때 융성했던 절집들의 애잔함이 묻어나는 곳들 이다.

거돈사의 창건은 정확히 언제 누구에 의해 이루어졌는지 알 수 없다. 다만 절터에 남아 있는 보물 750호인 삼층 석탑의 양식으로 미루어 통일 신라 후대에 세워졌으리라 짐작할 뿐이다. 탑은 대개 땅바닥에 지대석을 놓고 탑을 올리기 마련이지만, 거돈사 터의 삼층 석탑은 여느 탑들과는 달리 제법 높은 사각형의 단(方壇)을 만들어 그 위에 지대석을 놓고 탑을 세웠다. 그러니 삼층탑인데도 다른 탑보다는 다소 높이 솟아 있는 느낌 이 든다. 탑 앞에는 직사각형의 배례석이 있는데 봉로좌奉爐座에는 연꽃 문양이 선 명하다. 또 옆면에는 안상眼象을 앞뒤로 셋 씩, 좌우로 둘씩 새겼다.

삼층 석탑 앞의 배례석.

이 탑을 비롯하여 절터에 남아 있는 석조 유물은 1025년에 세워진 보물 78호인 원 공국사 승묘탑비圓空國師勝妙塔碑가 있다. 보물 190호인 원공국사 승묘탑은 경복궁 뜰로 옮겨 가 이 곳에서는 볼 수가 없지만 본디 자리에 모사품을 세울 것 이라고 한다. 금당 자리의 깨져 버린 불대좌는 규모가 결코 작지 않다. 그 것으로 미루어 위에 앉으셨던 부처님의 크기를 상상해 보기 바란다.

금당 자리 왼편에는 절터에서 나온 석조 유물들을 모아 두었는데 눈길을 끄는 것이 한 둘이 아니다. 절터를 받치고 있는 축대 또한 더할 나위 없이 웅장하여 볼 만하다.

길 건너 절터와 마주 보고 있는 창고와 같은 건물에도 들어가 보기 바란다. 그 곳은 폐교된 정산초등학교인데 지금은 농기구 창고로 쓰고 있다. 그 한쪽 구석에 거돈사의 당간 지주 한 짝이 누워 있다. 크기가 강릉 굴산사 터의 그것과도 견줄 만큼 거대하며, 표면의 정 자국이 마치 주름 살처럼 보여 느낌이 남다르다.

원공국사 승묘탑비, 보물 78호

원공국사 승묘탑비의 글은 고려의 문신인 성재惺 齋 최충(984-1068)이 지었으며, 양식은 탑비의 전형을 따랐다.

원공 국사(930-1018)는 인도의 홍범弘梵 삼장三藏이 와서 머물고 있던 사나사舍那寺에서 여덟 살에 머리를 깎았다. 그 후, 홍범이 인도로 돌아가자 황화사廣化寺 경철景哲 화상을 스승으로 삼아 가르침을 구했으며, 광종 6년인 955년 여름, 오월국으로 유학을 떠났다. 영명사의 연수 선사에게서 심인을 얻고 961년 중국 천태종의 본산인 국청사國淸寺의 정광淨光 대사에게서 우리의 불교를 가르치도록 허락을 받아 대정혜론大定慧論으로써 천태종지天台宗旨를 가르치는 교수사敎授師가 되기도 했다.

광종 21년인 970년에 귀국한 그는 광종의 비호 아래 금광선원金光禪院에 거처하며 법안종法眼宗의 종지를 심었으나, 975년, 광종의 죽음과 동시에 개혁 세력들과 함께 위축되고 말았다. 경종조에는 삼중대사, 성종조에는 적석사積石寺의 주지가 되었으며 현종 4년인 1013년에 왕사王師가 되었으나, 1018년 여름, 병이 깊자 거돈사로 돌아와 열반에 들었다.

아름다운 것과 추한 것의 차이는 무엇인가

진공대사 탑비의 귀부와 이수는 마치 꽃밭을

헤엄치는 듯했다. 웃자란 풀들이나 꽃에게 뒤덮여 있는

그는 말끔하게 단장된 곳의 그것과는 또다른 느낌을 준다.

나는 이 날 조각을 본답시고 함부로 꽃을 밟지 않았다.

탑비가 한 해에 한 번 받는 헌화 공양일 텐데 그것을

내가 망가뜨리고 싶지 않았기 때문이다.

돌아서는 길, 바람도 없는데 꽃들이 흔들렸다.

강을 따라 나섰다. 일산 집에서부터 단 한 차례도 강을 놓치지 않고 경기도 양평의 양동까지 다다를 수 있다는 것이 놀라웠다. 두어 차례 갈림길인 것을 빼면 길은 놀랍게도 곧고 반듯했다. 몇 년 동안이나 공사를 한답시고 있던 길을 파헤치고 강변을 따라 다리를 놓으면서까지 넓히더니 그 지경으로 만들어 놓은 것이다. 21세기의 다리는 반드시 강을 건너는 것만이 아니다. 강변을 따라서도 다리가 놓일 수 있으며 새로 생기는 도로에는 산과 산을 잇는 다리 또한 무수히 놓이고 있으니 말이다. 그것은 문명이라는 강력한 보톡스의 힘이다. 그는 휘어진 길을 곧게 펴는 것뿐 아니라 높낮이조차도 들쑥날쑥한 것을 용납하지 않고 평평하게 만든다. 적어도 길 위에서의 문명은 직선과 평면, 그것만을 원하는 듯하다. 그렇지 않고서야 어찌 길이 모두 이 지경으로 달라질 수 있단 말인가.

직선과 평면은 일면 편리하기는 하지만 그것을 내내 견디기란 여간 힘든 노릇이 아니다. 직선은 머물 곳이 마땅하지 않을뿐더러 속도를 강요하기 때문이다. 그러나 길을 걷는 사람은 길의 속도에 자신을 맞추는 것이 아니라 자신의 속도로 걸을 뿐이며 정해진 곳에서만 머물지 않는다. 마음 내키는 곳이라면 그 어느 곳이라도 머물러야 하며 눈앞에 펼쳐진 정경을 시간의 흐름을 잊고 바라보고 싶어하는 것이다. 겨우 팔당에 이르러서야 그 직선 곁으로 세월의 주름인 양 옛 길이 옹색하게 남아 있었다. 자동차의 길이 아닌, 사람의 길을 그리워하는 이들일까. 물비린내가 훅 덮쳐 오는 그 길에도 더러 사람들이 오가고 있었다. 그 곳, 다산 정약용이 태어난 소내(苕川), 마현리 강변에 잠시 앉았다. 두물머리는 옅은 안개를 머금은 채 그윽했으며 족자도는 그 어느 때보다 아름다웠다.

잠에서 갓 깨어난 강은 흐르는 듯 마는 듯 고요했지만 그는 자동차가 이 땅에 들어오기 전에는 그 어떤 길보다도 빠른 길이었다. 그를 따라 오가던 숱한 배들은 사람들만 실어나른 것이 아니라 문화도 덩달아 실어날랐다. 두물머리에서 남한강을 거슬러 오르면 여주 신륵사 앞을 흐르는 여강麗江이며, 그 곳에서 멀지 않은 곳이 섬강蟾江과 만나는 강원도 원주시 부론면 홍호리이다. 조세를 보관하던 홍원창지興原倉址가 있던 그 곳과 잇댄 법천리에는 법천사, 정산리에는 거돈사가 있었으며 문막으로 더 거슬러 올라가면 지정면 안창리에 오늘 가는 흥법사興法寺가 있었다. 모두 배로 닿을 수 있는 곳이니 불법 또한 물길을 따라 오르내리며 굽이진 강가나 곁의 산기슭에 도량을 베풀었던 것이다.

툭툭, 엉덩이에 묻은 흙을 털어 내고 다다른 양동, 그 곳에서 반듯한 길을 벗어나 송치松峙를 넘었다. 길은 비록 구불거리지만 마음이 아늑해지는 것은 곡선의 길에게서 받는 위안일 것이다. 마을 가까이 다가가면 여염집 담에 기대어 심어 놓은 대추나무 잎이 유난하게 반짝이고, 마을을 벗어나면 산에는 막 꽃을 피우기 시작한 밤나무 천지였다. 비단 그 향기만이 아니었다. 봄의 새 기운을 얻은 산과 들이 내놓는 뭇 향기가 코를 간질이는가 싶더니, 멀리 튼실한 축대 위에 올라앉은 삼층 석탑 하나가 보였다. 흥법사 터였다. 가까이 다가가자 무성한 개망초가 절터를 뒤덮어 묘한 분위기를 자아내고 있었다. 꽃이 피어 오히려 처연해진 것이다. 진공대사 탑비의 귀부와 이수도 개망초에 둘러싸였고 부지런한 농부의 발자국 소리를 듣고 자란다는 고추밭 곁을 따라 걸으면 풀숲에는 더러 메꽃이 수줍은 듯 분홍빛 얼굴을 한 채 웃고 있었다.

홍법사 터의 삼층 석탑은 남루하다. 하지만 남루함을 감추지 않고 당당하게 쌓아 놓아서 더욱 정감이 간다. 더러 새 돌을 끼우긴 했지만 그도 세월을 머금어 거슬리지 않는다. 아래 기단에는 각 면마다 안상을 세 구씩 새겼으며 일층 몸돌에는 문비도 남아 있다. 하지만 나는, 이 날, 탑의 고졸함에 눈길을 주기보다 그 아래 피어 난 개망초 꽃에게 마음을 빼앗겼다. 그 둘이 어울려 있는 모습은 폐사지가 아니라면 볼 수 없는 아름다운 장면이었기 때문이다.

이 집이 흥법사의 주존불이었던 철불을 모셨던 금당 자리였다. 철불은 나말 여초의 선종 사찰을 중심으로 유행한 불상 조성 방법이었다. 재질이 돌에서 쇠로 바뀐 것이 혹시 더욱 강한 정신성의 표현은 아니었을는지 궁금한 일이다. 꼭 들어맞는 것은 아니지만 대개 석불은 통일신라, 철불은 고려 그리고 목불은 조선이라고 보면 된다. 또 석불이나 철불은 금칠을 하지 않은 채 재질의 맛을 살리는 것이 대부분이지만 목불은 금칠을 했다.

주춧돌 두엇이 맨몸으로 드러나 있고 중문中門을 떠받쳤을 축대가 밭두둑이 되어 버린 그 곳, 거침없는 햇살을 피해 느티나무 그늘로 한 발 물러나 앉은 탓인가. 건등산建登山 아래 절터가 한눈에 들어왔다. 군데군데 지붕돌이 깨진 채 삐뚤빼뚤 솟은 탑은 무성한 풀들 사이에 무뚝뚝한 모습으로 서 있고, 당우가 있었을 법한 곳의 쓰러져 가는 폐가 풍경까지 더하니 그 스산함은 애잔하기 이를 데 없었다. 나무에 기대어 고개를 외로 젖힌 채 물끄러미 바라보는 장면, 그것은 오히려 폐사지에서 조우하기를 기대하며 그리워하던 장면이었으니 나의 탐닉은 간단없이 이어졌다. 때로 몇 걸음 움직이면 피폐하며 거친 정경은 간데없고 불현듯 아취雅趣마저 느껴지기도 했으니 무슨 까닭일까.

다산茶山 정약용(1762-1836)도 그랬다. 그가 어느 가을날 양평의 용문사龍門寺에 갔던 모양이었다. 폐허가 되어 버린 그 곳에서 '용문사'라는 시를 한 수 지었는데 그 시작이 이러하다.

　용문의 보찰이 폐허에 버려져 있어라
　객이 이르니 빈 산에 목탁 소리만 들리네
　옛 전각엔 평중의 잎새가 누렇게 비추고
　황량한 대엔 무후의 채소가 새파랗네

평중平仲은 은행나무를 일컫고 무후武侯의 채소는 제갈채諸葛菜, 곧, 무를 말하는 것이다. 그는 문득 맞닥뜨린 폐허의 정경을 먼저 봤다. 그 다음에야 그는 말한다.

세조가 하사한 것은 은 주발이 남아 있고
고려의 불교는 옥 섬돌에 보이는구나.

그뿐인가. 조선 중기의 문신인 택당澤堂 이식(1584-1647) 또한 불타 버린 해남 대흥사大興寺에 들러 '대흥폐사'라는 시를 남겼다.

염불 소리 끊어진 지 오랜 불전
놀러 오는 사람도 어쩌다 눈에 띌 뿐
뜰에 가득 쌓인 붉은 낙엽들
가을날 석양 빛이 혼자서 비춰 주네.

그들 모두 황량한 절터와 맞닥뜨려 먼저 본 것은 그 장소이다. 대뜸 그 무엇을 정해 놓고 그에게로 다가가지는 않지만 그것을 모두 포함하는 장면을 넌지시 바라본 것이다.

그것은 '멀리보기'이다. 나는 그 멀리보기에 동의하는 편이다. 적어도 절터로 걸음을 나누었다면 속도는 잊어버리고 시야는 넓게 가져야 한다. 그렇게 바라보기에 오늘 홍법사 터는 썩 알맞았다. 그저 넌지시 바라보고 있으려니 마음 속에 가득 차오르는 것은 잔멸殘滅의 장소에서는 돋아나지 않을 것만 같았던 아름다움이었다. 그것은 바람에 흔들리는 풀포기처럼 잔망孱妄하지 않았으며 슬픔의 무게가 곧추 서 있는 단단한 아름다움이었다. 비록 그는 견고했지만 그 품에 안기지 못할 것은 또 없는 듯했다. 나 또한 피폐하게만 보이는 그 곳에 안겨 오히려 풍요로워지고 있었으니 그가 풍기는 아름다움은 진정 깊고 넓다.

진공대사 탑비의 귀부와 이수는 마치 꽃밭을 헤엄치는 듯했다. 웃자란 풀들이나 꽃에게 뒤덮여 있는 그는 말
끔하게 단장된 곳의 그것과는 또다른 느낌을 준다. 나는 이 날 조각을 보려고 꽃을 밟지 않았다. 탑비가 한 해
에 한 번 받는 헌화 공양일 텐데 그것을 내가 망가뜨리고 싶지 않았기 때문이다. 경운기를 탄 이는 탑비 너머
로 보이는 집에 산다. 흥법사 터의 대부분이 그이의 소유이며 집 안에는 절터에서 나온 장대석과 여러 석물들
이 있다.

근처를 지나는 길에 눈발이 흩날리기에 다시 들렀다. 더하지도 않고 덜하지도 않은 눈발이 스쳐 가는 귀부는 여름에 보던 것과는 사뭇 달랐다. 입가에 미소를 띠며 꽃밭을 헤엄치는 듯하던 귀부가 당당하고 패기 넘치는 모습으로 맞이했다. 용트림이 또한 대단하여 곧 하늘로 날아갈 듯했다. 이수의 가운데에 진공 대사眞空大師라 고 써 있는 부분은 제액題額이며 탑비 주인의 휘호를 새긴다.

노자는 묻는다. 아름다움과 추함이 어떻게 다른 것이냐고 말이다. 그러나 그는 그것을 서로 다른 둘로 나누지·않는다. 그저 같은 더미 안에 있는 것이라고 여기고 만다. 또한 그것들은 서로가 닿을 수 있는 끝에서 서로를 바라보는 대립적인 것이 아니라 어울려 있어야 하는 조화로운 것이라는 말도 잊지 않는다. 그것은 기쁨과 슬픔은 서로 대립적이지 않은 한몸인 것과도 같다.

아름다움과 추함은 언제나 함께 있으니 절터 또한 마찬가지이다. 국보나 보물과 같은 석조 유물은 눈여겨볼 만한 것이되 그를 포함하고 있는 그곳은 그렇지 않다는 편견은 버려야 한다. 그들은 서로 같이 있는 것이며 어느 하나로 인해서 다른 하나가 잠시 돋보일 뿐이다.

하지만 그것은 때때로 바뀐다. 오늘과 같은 날의 절터는 제 아무리 빼어난 석조 유물이라고 하더라도 그를 둘러싸고 있는 개망초 꽃에게 그 자리를 내줘야 한다. 그가, 돌보는 사람 드문 절터가 아니라 반듯한 절집 마당에 있었더라면 꽃에게 둘러싸이는 호사를 어찌 누릴 수 있었겠는가. 그 꽃이 근사한 모습으로 피어나는 귀한 꽃이 아니라 들판에 흔하게 피는 것이면 또 어떤가.

한 해에 한 차례씩 찾아오는 그의 벗이러니, 나는 석조 유물을 제대로 본답시고 함부로 꽃을 꺾거나 짓밟거나 하지 않았다. 바람이 불면 넘실거리는 꽃들의 아름다움은 말할 것도 없으려니와 그 속에 고즈넉하게 있는 석조 유물의 아름다움 또한 여느 때와는 달랐기 때문이다. 더군다나 그 둘이 서로 어울린 모습은 찾는 이 드문 절터에서만 느낄 수 있는 정취를 유감없이 뿜어 냈으니 시간 가는 줄 몰랐던 것이다.

몸돌을 잃어버린 채 한몸이 된 진공眞空 대사 탑비의 귀부와 이수는 마치 꽃밭을 헤엄쳐 가고 있는 듯했다. 진공은 이 곳을 길상지吉祥地로 여겨 종신지지終身之地로 삼았다고 했다. 그렇기에 적멸에 들고 나서도 그는 멈춤이 없이 계속 움직이는 것이지 싶었다. 그가 어느 날 학인들을 모아 놓고 이르되 "처마에서 떨어지는 작은 물방울도 계속 떨어지면 능히 돌을 뚫으며, 두 사람의 마음이 굳게 합쳐지면 능히 쇠도 끊을 수 있다(淺溜穿石 同心斷金)"고 했다. 그것은 깨달음의 길에서는 결코 멈추지 않는다는 말일 것이며, 대립이나 단절로 세상을 대하는 것이 아니라 조화를 말하는 것이지 싶다. 더불어 직선과 곡선, 아름다움과 추함은 같이 있어야 서로가 강화된다는 말을 에둘러 한 것이리라.

돌아서는 길, 바람도 없는데 꽃들이 흔들렸다.

흥법사는 언제 누구에 의해 세워졌는지 정확히 알 수는 없다. 다만 「고려사절요」 '태조 신성대왕 23년' 조에서 "가을 7월에 왕사 충담忠湛이 죽으니 원주 흥법사에 탑을 세우고 왕이 친히 비문을 지었다"라고 했으니 태조 23년인 940년에 이미 흥법사라는 절이 있었음은 알 수 있다. 그러니 창건 연대를 신라 말로 올려 잡아도 무난하지 싶다. 폐찰이 된 시기 또한 분명하지 않으나 임진왜란과 정유재란 당시였을 것으로 짐작한다. 폐찰이 된 후 조선 숙종 19년인 1693년에 절터에는 조선 중기의 문신인 관설觀雪 허후(1588-1661)를 모신 도천서원陶川書院이 들어섰으나 대원군 당시 서원 철폐령으로 사라졌다.

절터에는 보물 463호인 진공대사 탑비의 귀부와 이수가 있으며 보물 464호인 삼층 석탑이 있다. 탑은 하대석에 면마다 세 구의 안상을 새겼으며 그 가운데에 꽃이 피어 고려 시대 탑의 특징을 보여 준다. 전체 비례 또한 통일신라의 그것에 비해 홀쭉해 보인다. 탑비의 이수는 용이 생동감 있게 표현되었으며 제액篆額에는 진공 대사라는 네 글자가 선명하다. 귀부의 네 발은 힘이 넘치고, 그 곁에는 연화문이 새겨진, 석등 대좌였을 석물과 장대석들이 흩어져 있다. 탑 앞으로 나아가면 느티나무 왼쪽에 주춧돌 서넛이 뒹구는데 그 곳이 중문 자리이다.

석등 대좌.

진공 대사 충담(869-940)은 신라의 귀족 가문 출신이며 진성여왕 3년인 889년, 지금의 광주인 무주武州의 영신사靈神寺에서 비구계를 받은 후 법상종法相宗과 율장律藏을 공부했다. 그 후, 당나라에 가서 법을 구하고 918년 6월에 돌아와 고려 태조의 왕사가 되었으며, 흥법선원 또한 그의 힘으로 일군 것이다. 940년 7월 18일 이른 아침, 좌탈입망한 그를 위해 세운 탑비는 당 태종이 짓고 저수량楮遂良(596~658)이 쓴 「안탑대당삼장성교서雁塔大唐三藏聖敎序」에서 최광윤崔光胤이 글씨를 집자했다고 한다.

그 때문에 뭇 선비들이 다투어 비석을 보러 흥법사를 찾았으며 결국 탁본의 욕심을 억누르지 못하여 깨뜨리고 말았다. 그 시기는 1480년 이후 어느 날이었을 것이다. 「동국여지승람」에, 흥법사는 "건등산에 있다. 절에 비가 있는데 고려 태조가 친히 그 글을 짓고 최광윤에게 명령하여 당 태종의 글씨를 모아서 모사하여 새겼다"라고 했으니, 적어도 책이 간행될 무렵에는 비가 온전했던 것으로 보이기 때문이다. 또 조선 전기의 문신인 사가정四佳亭 서거정(1420-1488)이 한때 흥법사에서 공부했는데 그가 임지로 가는 민정閔貞을 전송하는 시의 첫머리에 말하기를, "치악

중문 터에 놓인 주춧돌.

산 속의 글 읽던 절, 젊을 때 노닐던 지난 때의 일 역력히 기억나네. 법천사法泉寺의 뜰 아래에서는 탑에 시를 써 놓았고, 흥법사의 대臺 앞에서는 먹으로 비를 탁본하였지"라고 했으니, 아직 그 시대에는 비석이 멀쩡했던 듯하다.

그 후, 조선 중기의 문신이자 퇴계 이황의 삼촌이기도 한 송재松齋 이우(1469-1517)가 흥법사를 찾았을 때는 비석은 이미 동강이 나고 말았던 것 같다. 그는 1506년 중종 반정이 일어난 후 당시의 공으로 강원도 관찰사를 제수받았으며 그 무렵 관동 일대를 유람하며 「관동행록關東行錄」이라는 글을 남겼는데 그 문집에 실린 '원주흥법사비原州興法寺碑'를 보아도 그렇고, 조선 후기의 문신인 동주東洲 이민구(1589-1670)가 남긴 '흥법사비가興法寺碑歌'를 보면, 그가 찾았을 때인 숭정崇禎 8년, 곧, 1635년 가을에는 이미 비가 두 동강이 나고 난 다음이었다. 둘 모두 이를기를, 비석은 원주의 관아로 옮겨졌는데 그 까닭은 한 관리가 탁본을 하다가 비석이 넘어져 깨진 때문이라고 했다.

더군다나 나라 안에 있던 금석문을 모아 펴낸 책인 「삼한금석록三韓金石錄」을 지은 오경석(1831-1879)은 그보다 더 험한 꼴을 보았다. 그가 1856년 흥법사를 찾았을 때는 폐사가 된 절터의 풀숲 사이에 불상과 경들이 있었고 이곳 저곳 찾아다니다가 비석의 귀부와 이수를 보았는데 이수의 전액은 이끼에 덮여 그것을 떼어 내고야 볼 수 있었다고 한다. 비석은 원주의 동헌인 학성관鶴城館에서 두 조각을 봤으며 또다른 작은 조각 하나는 백성들이 빨래판으로 사용해 마멸이 심했다고 전한다. 가슴 아픈 일이 아닐 수 없다. 어찌 생각하면, 왕이 글을 짓고 왕희지의 글자를 집자

한 비석 조각을 빨래판으로 썼으니 아마도 세상에서 가장 겁 없는 백성들인 셈이며, 요즈음의 은나노 드럼형 세탁기와도 견줄 수 없는 값비싼 빨래판이었겠다.

한편, 경복궁 뜰에 있는 국보 104호인 염거화상탑이 본디 이 곳에 있었다고 전해진다. 844년에 만들어진 그것은 팔각원당형의 석조 부도로는 가장 오래 된 것이지만, 진전사의 도의 국사에게서 선법을 이은 염거의 부도가 어떻게 흥법사에 있었는지는 의아한 일이다. 다만 그것을 반출하려던 일본인이 흥법사에서 가져온 것이라고 진술한 것을 토대로 흥법사에 있었을 것이려니 추정하는 것이다. 그렇기에 그를 두고 '전傳흥법사지염거화상탑'이라고 하는 것이다. 더욱 의아한 것은 고려나 조선을 통해 흥법사를 찾았던 선비들의 글에 염거화상탑은 단 한 차례도 등장하지 않는다는 것이다.

강원도 원주의 지정면 안창리에 있는 흥법사 터는 영동고속도로로 가면 문막 나들목으로 나가 우회전하여, 간현 유원지 방향으로 20분만 가면 닿을 수 있다. 조선 시대부터 강원도로 가던 길을 따라 가려면 우선 양평까지 가야 한다. 경기도 양평에 다다라서 홍천 방향으로 가다보면 양동면으로 들어가는 328번 도로가 나온다. 그 곳으로 우회전해 양동면에 닿으면 다시 88번 도로를 따라 간현 방향으로 간다. 간현 조금 못미처 오른쪽으로 흥법사 터로 가는 시골길이 보이는데 양평 큰길에서 40분 정도면 닿을 수 있다.

그 곳에서는 산이 곧 부처님이었다

대좌의 부처님 자리에 올라앉은 것은 산이었다.
산은 가까이 있기도 했으며 멀리 있기도 했다. 또 불거져
모난 봉우리가 있는가 하면 부드럽고 유장한 능선으로
있기도 했다. 더러 빼어난 바위 봉우리 위의 소나무는
마치 누진의 경지에 다다른 듯 그저 바람 불면 부는 대로
안개가 덮치면 안개에 가린 대로 가만히 서 있을 뿐이었다.
부처님 또한 그렇지 않은가. 그는 아주 가까이 계시기도
하지만 때로는 멀리 있는 산과 같으며,
존재의 빼어난 아름다움을 결코 뽐내는 법이 없다.

내가 한계령 고갯길을 처음 넘었던 것은 1974년 겨울이었다. 그 후 숱하게 그 길을 오갔으며, 1978년 여름에는 원통에서 한계령으로 오르는 흙먼지 길을 걸어 장수대 못미처에 있는 석황사釋皇寺에 간 적이 있다. 절앞을 가로막고 선 미륵봉의 바위 벽과 소나무가 매혹적인 그 곳에 머물며 바위 봉우리들을 등반하기 위해서였다. 근처 안산의 암벽을 오르내리기도 하며 며칠을 지내자 퍼붓는 비 때문에 옴짝달싹 할 수 없는 지경이 되는 경우가 잦았다. 그럴 때면 장수대로 내려와 사람 구경을 하며 무료한 시간을 달래곤 했는데 그 때 근처에 절터가 있는 것을 처음 알았다. 하지만 그 곳이 한계사 터(寒溪寺址)인 것은 몰랐다. 당시 사회의 문화적 환경은 척박하여 문화 유산이나 절터를 기웃거릴 만큼 성숙되어 있지 못했을뿐더러 절터임을 알리는 팻말조차 없었으니 그저 돌덩이 몇 개 뒹구는 곳이 있다는 이야기를 전해 들은 것이 전부였다. 더군다나 나는 산행이나 암벽 등반에 모든 정열을 집중시켰을 뿐이었으니 더 말해 무엇 하겠는가. 그 해 겨울도 마찬가지였다. 다시 장수대로 갔지만 얼어붙은 대승폭포에 매달려 아등바등거렸을 뿐, 지척에 있는 절터로 걸음을 나누는 것에는 인색했다.

그 후, 박정희 정권이 무너지고 5공화국이 들어서던 험한 시절을 고스란히 군대에서 보내고, 다시 한계령을 찾았다. 흙먼지 폴폴 일던 길은 생뚱맞게도 포장이 되어 버려 서먹했지만 그제야 눈에 차오른 것이 절터였다. 그가 있는 것을 안 지 오 년 만이었다. 하지만 당시 절터의 모습은 그저 어렴풋할 뿐이다. 눈여겨보지 않은 탓이다. 아니 볼 줄 몰랐다는 것이 옳겠다. 그러나 아련한 기억 속의 그 때도 이맘때였다. 햇살이 비쳐 들면 막바지 철쭉은 연분홍빛으로 빛나고 새로 돋은 연한 잎들이 한껏 그 투명함을 뽐내던 때였다.

오늘도 그와 다르지 않다. 새벽 운무는 먼 산등성이에서 아침 햇살과 뒤엉켜 선경을 자아내고 아직 그늘진 절터에 발을 디디자 쏜살같이 달려드는 것들이 있었다. 백초두로百草頭露, 무성한 풀들이 그 끝에 이슬을 매달고 있었던 것이다.

모든 소리를 삼킨 듯 적요가 감도는 절터에는 머리를 잃은 채 법의法衣마저 낡은 듯 흔적으로만 걸친 부처님이 계셨다. 마치 절터를 둘러싸고 있는 바위들처럼 그는 천 년의 선정에서 깨어나지 않으신 듯 묵묵했다. 그 앞, 연화문이 선명한 주춧돌에 올라앉아 눈을 감고 기다렸다. 어느 새 멀리 풀잎 끝에서 반짝이던 햇살이 다가왔다. 어른거리는 안화眼花를 견디지 못하고 눈을 뜨면 그는 환하게 빛나고, 나는 그가 머금었을 미소를 상상하며 다시 눈을 감았다. 그의 미소는 절터에 가득한 소나무 향기와도 같이 은은했을 것이며, 그의 눈은 이슬과도 같이 맑고 투명했을 것이다. 그런 눈을 담고 있는 그의 눈꼬리는 풀잎 끝의 매무새와도 같이 부드러우면서도 날렵했으리라. 또 그의 목소리는 어땠을까. 간혹 풀잎을 흔들고 지나가는 새벽 바람처럼 순하며 나직하지 않았겠는가. 하지만 눈을 뜨면 아무것도 보이지 않았다. 다만 형체를 가늠하기조차 난감한 모습을 한 부처님이 눈앞에 계실 뿐이었다.

조선 후기의 사상가인 혜강惠岡 최한기(1803-1879)는 「기측체의氣測體義」의 '추측제강推測提綱' 편에서 말한다. "마음이 할 수 있는 일은 본 것을 미루어 보지 못한 것을 헤아리고, 들은 것을 미루어 듣지 못한 것을 헤아리고, 익숙한 것을 미루어 익숙하지 못한 것을 헤아리고, 있는 것을 미루어 없는 것을 헤아리는 것이다"라고 말이다.

한계령을 넘어온 동살이 막 부처님에게 비쳐 들고 있었다. 비록 문드러지고 머리마저 잃었지만 부처님은 부처님이다. 그 앞 주춧돌에 올라앉아 뭐 그리 할 이야기가 많은지 시간 가는 줄 몰랐다. 나라도 그리 하지 않으면 안 될 것 같은 것이, 그를 기억하지 못하는 사람들은 다만 스쳐 갈 뿐 그 앞에 멈추지 않을 것이기 때문이었다. 그러나 우리는 기억할 필요가 있다. 폐사지 순례는 온전한 것들을 위한 것이 아니라는 것을 말이다.

폐사지의 매력 중 하나는 마구 자란 풀이 뒤덮은 석조 유물을 찾는 것이다. 긴 장대석이나 주춧돌들이 풀숲에 가려지고 그를 찾으려는 발걸음이 이슬에 젖을지라도 말이다. 땅에 낮게 엎드려 있는 주춧돌이나 장대석들은 아침 첫 햇살에 만나는 것이 좋다. 낮게 있는 것은 낮은 햇살로 보아야 그가 지닌 굴곡을 느낄 수 있기 때문이다.

단아한 남탑南塔이다. 탑은 땡볕에 놔 두고 나는 나무 그늘에 있었다. 묵은 돌과 옛 돌을 섞어 짜 맞추었지만
상륜부를 새로 만들지 않아 그나마 다행이었다. 계곡에서 주워 왔을 법한 호박돌을 복발인 양 올려놓아 고졸
한 맛을 잃지 않았으니 말이다. 먼 산, 주걱처럼 삐죽 솟아 오른 봉우리는 주걱봉이다.

그렇다. 지금 내 앞에 부처님의 모습이 보이지 않는다고 해서 그가 없는 것은 아니다. 다만 형상이 보이지 않을 뿐이니 보이지 않는 그 모습을 미루어 짐작하는 것만으로도 그에게로 가는 일이리라. 제대로 그 형상이 갖추어지지 않았다고 해서 그를 외면하는 것은 다분히 오만한 미술사의 접근 방식이다. 국보나 보물로 지정된 문화재가 아니라고 해서 허튼 눈짓으로 지나치고 마는 것 또한 그런 방식에 길들여진, 고쳐야 할 버릇이다.

못난 것을 알지 못하는데 어찌 잘난 것 앞에서 환희에 찬 미소를 지을 수 있으며 감동을 받을 수 있겠는가. 지금 우리 사회에 팽배한 미술사는 늘 아름다운 것에만 집중할 뿐 부서지거나 깨진 것 그리고 성긴 것들에게는 눈길조차 주지 않는다. 그런 태도가 쌓은 성이 지나치게 견고하다 보니 국보나 보물이 아니면 취급하지 않는 명품 백화점 같이 되었다. 국보나 보물 앞에서 그것이 왜 아름다운지도 모르는 채 난감해한 적이 없는가. 분명히 있을 것이다. 그것은 병폐다. 영문도 모른 채 그것이 명품이라고 하니까 하나쯤 지녀야 하는 속물 사회의 명품 소비처럼, 문화 유산 또한 그렇게 소비하고 있는 것이다. 그러나 절터에서의 미술사적 눈길은 통상적인 아름다움에 길들여진 편협함을 거부한다. 그 곳에서의 눈길은 모든 것에게 골고루 닿아야 한다. 비록 형체조차 문드러져 알아볼 수 없거나 깨져서 초라한 주춧돌에게까지 소홀해서는 안 되는 것이다.

가부좌를 풀고 절터를 거닐었다. 밤새 산짐승이 다녀간 흔적이 이곳 저곳에서 보였다. 산이 깊은 탓이다. 깊은 골짜기에 바위 봉우리들이 줄을 지어 박혔으니 옛 사람들 또한 이 곳을 거닐지 않았겠는가. 조선 후기에 곡운谷雲 김수증(1624-1701)이라는 사람이 있었다. 그는 조선 중기의 강직한 선비인 청음淸陰 김상헌(1570-1652)의 장손이자 노론의 영수인 문곡文谷 김수항(1629- 1689)의 맏형이었다. 그는 지금 강원도 화천인 낭천현狼川縣에 곡운정사谷雲精舍를 짓고 은거한 적이 있었는데 그 무렵 김수항의 셋째 아들이자 조카인 삼연三淵 김창흡(1653-1722)과 함께 한계산 일대로 유람을 떠났다. 당시의 기록을 문집인「곡운집谷雲集」에 '한계산기寒溪山記'로 남겼는데 그들이 떠난 날은 1691년 5월 6일이었다. 원천에서 하루를 묵고 다음 날 방천을 지나 지금의 양구읍인 함춘역에서 또 하루를 묵었다. 이윽고 셋째 날인 5월 8일, 산회수곡山回水曲의 진부령에 올라서서 설악산을 바라본 후 백담사 들머리인 남교역을 지나 한계사에 다다랐다.

그가 맞닥뜨린 한계사 들머리는 송림 속으로 난 좁은 길로 이어졌는데 그 길은 금강산의 장안사로 오르는 길과도 같다고 했다. 또 계곡을 이리저리 건너고 나니 북쪽의 골짜기 아래 절집이 있었으며, 뒤로 바위 봉우리를 둔 절집에는 스님이 열 분쯤 머물고 있다고 했다. 절은 나무를 깎아 모두 새로 지었으며 법당은 이제 막 다시 짓는 중이며 자신은 그 동쪽의 요사에서 묵었다고 했다. 하지만 절에는 별달리 볼 것이 없다고 했으니 알 수 없는 일이다. 지금 한계사 터에는 석탑 두 기와 마멸이 심한 석불 한 기, 사자와 향로가 새겨진 불대좌 그리고 연화문과 화불이 선명하게 남은 광배와 탑 앞에 용도를 알 수 없는 직사각형의 대좌가 남아 있는데도, 그는 볼 것이 없다고 했으니 묘한 일이 아니겠는가.

그러나 의문은 다음날인 5월 9일의 기록에서 풀린다. 그는 아침을 먹은 후 빼곡한 솔밭 사이로 길을 나서 일대의 바위 봉우리들이 빚어 내는 빼어난 정경에 둘러싸인 대승폭포를 구경하고 대승암에서 묵는다. 그런데 그가 한계사의 옛 터를 봤다고 한 것이다. 드디어 5월 10일, 그는 한계사 옛

절터에 남아 있는 광배의 오른쪽 가운데에 계신 화불이다. 광배에는 부처님 머리 부분이 닿았을 부분에 연화문이 새겨져 있다. 어림으로 광배의 오른쪽 곡선을 따라서 정수리까지 가고 또 광배의 폭을 가늠해 보면 광배의 크기를 짐작할 수 있을 것이다.

터를 찾았는데 절집은 상년上年에 불탔다고 했다. 상년이란 지난 해를 일컫는 말이니 1690년을 말하는 것이지 싶다. 그 곳은 불에 타 깨진 와편들이 뒹굴고 타다 남은 나무며 재가 난무했으며 석불 세 기와 탑이 있었을 것으로 짐작되는 곳에는 작약 꽃만 무성하게 피어 있다고 했다. 그 육 년 후, 1696년 8월 곡운 김수증의 조카이자 삼연의 둘째 형인 농암農巖 김창협(1651-1708)도 이 일대를 유람하여 '동정기東征記'를 남겼다. 그는 8월 28일 새로 지은 한계사에 들렀으며 그 때까지도 건물은 다 지어지지 않았다고 전한다. 또 김수증이 하룻밤을 묵었던 대승암도 몇 안 되던 스님들마저 떠나 버려 아무도 머물지 않는 황량한 모습임을 기록에 남기고 있으나 그 다음 부분은 결락이 되어 더 자세한 내용은 알 수 없다.

하지만 이렇듯 안동 김씨들의 부지런한 발걸음으로 한계사의 옛 이야기라도 들을 수 있으니 그 얼마나 다행한 일인가. 그러나 김창흡이 큰아버지 곡운을 따라 길을 떠났을 1691년, 그는 몹시 슬펐을 것이다. 그 무렵은 아버지인 김수항이 1689년 기사환국己巳換局으로 인해 사사賜死되고 얼마 지나지 않았을 때였으니 말이다. 그는 당시 경기도 영평에 은둔해 있었고, 지금의 포천인 영평에서 산을 넘어 화천에 사는 삼촌에게 향했을 것이다. 그러니 그들의 나들이는 흥겨운 일이 아니었다. 결국 삼연은 백담사 골짜기의 영시암永矢菴에 다다라 당쟁으로 찌든 세상사 모든 것 싫다 하고 머물지 않았던가. 암자 이름이 그리 된 것 또한 한 번 떠난 화살은 되돌아오지 않는다며 자신이 영영 험난한 세상을 떠났음을 알리고 있는 것이다.

대개 이런 기문記文은 들고 다니면서 그 현장에서 읽는 것이 좋다. 아무리 많이 다녀서 산세와 지리에 훤하다고 할지라도 책상에 앉아서 읽는 글은 현장과 연결시켜 받아들이기가 여간 어렵지가 않기 때문이다.

글을 읽는 동안 불어 대던 바람에 이슬이 마르고, 절터에 쏟아지는 무량한 햇살은 남아 있는 석조 유물 하나하나를 깨우고 있었다. 주춧돌은 저마다의 추억에 젖은 듯 풀잎의 그림자에 싸여 있고 팔각 대좌의 사자는 이제야 잠에서 깨어난 듯 그 앙증맞은 모습을 내보인다. 광배의 연화문이며 화불조차도 선명하게 드러나는 시간, 광배에 기대어 앉아 앞산을 바라봤다. 이 곳을 지나던 선비들 누구나 앞다투어 그 빼어남에 매료되었던 봉우리들, 내 눈에는 그들이 마치 부처님과도 같았다.

　아예 광배에 기댄 몸을 좀더 누이고서 보니, 비록 깨졌지만 팔각 대좌의 부처님 자리에 올라앉은 것은 산이었다. 산은 가까이 있기도 했으며 멀리 있기도 했다. 또 불거져 모난 봉우리가 있는가 하면 부드럽고 유장한 능선으로 있기도 했다. 더러 빼어난 바위 봉우리 위의 소나무는 마치 누진漏盡의 경지에 다다른 듯 그저 바람 불면 부는 대로 안개가 덮치면 안개에 가린 대로 가만히 서 있을 뿐이었다. 부처님 또한 그렇지 않은가. 그는 아주 가까이 계시기도 하지만 때로는 멀리 있는 산과 같으며, 존재의 빼어난 아름다움을 결코 뽐내는 법이 없다. 산에서는, 다만 그를 지나가는 비바람과 눈보라며 천둥과 번개 그리고 그 안에서 사는 산짐승이나 새들만이 소리를 낼 뿐, 산이 스스로 소리를 내는 법은 없다. 부처님 또한 그 스스로 요란한 소리를 내는 법이 결코 없다. 다만 그를 지나가는 사람들만이 시끄러운 소리로 시비를 가리려 애를 쓰는 것이지, 그는 그저 여여如如할 뿐이다.

　드문드문 바람만이 선물처럼 산에서 내려올 뿐 모든 소리가 잦아든 적요의 한계사 터, 적어도 그 곳에서는 부처님 자리에 산이 대신 앉아도 모자람이 없었다.

부처님 계시지 않으니 내가 광배에 기대어 있었다. 물끄러미 팔각 대좌를 바라보고 있으려니, 이게 웬일인가.
부처님 자리에 산이 올라앉아 있었다. 그러나 그것은 뭐 없는 곳에서 뭐가 행세를 하는 꼴은 아니었다. 어쩌
면 그리도 잘 들어맞는지, 지그시 눈을 감았다 떠도 마찬가지였다. 적어도 한계사 터의 부처님 자리에는 산이
올라앉아도 그가 곧 부처님이었다. 자연과 부처는 서로 다른 것이 아니다.

한계사 터

강원도 인제의 한계사 터는 원통을 지나 한계령으로 오르는 길목에 있다. 국립공원 설악산 장수대 매표소에 자동차를 세우고 걸으면 된다.

한계령은 본디 소동라령所冬羅嶺이나 오색령五色嶺으로 불렸던 곳이다. 그 곳에 언제 한계사가 자리를 잡았는지는 알 수 없다. 백담사百潭寺 사적기에 따르면 한계사는 백담사의 전신이며 진성여왕 1년인 647년 자장이 세웠다고 한다. 그러나 절터에서 발굴되거나 남아 있는 석조 유물들은 통일신라 말에서 고려 초로 이어지는 즈음의 양식을 띨 뿐 그 전의 양식을 지닌 것은 볼 수 없으니 의아한 일이다.

폐찰 또한 언제였는지 알 수 없다. 고려의 문인인 백운거사白雲居士 이규보(1168-1241)는 한계사의 주지를 만나 밤새 술을 놓고 이야기를 나누었으며 그와 지낸 밤이 썩 좋았던 모양인지 시 한 수를 남겼다. 그는 시의 말미에서

다시는 한계를 그리워하지 않겠네
스님의 눈빛이 한계보다 더 푸른 것을
不須更憶寒溪遊
見公眼色奪溪碧

이라고 하고 있으니 혹 그가 한계사로 찾아들었던 것은 아닌가 싶다. 그 후, 조선 중기의 이름난 선비 어우당於于堂 유몽인(1559-1623)이 금강산을 다녀오던 중에 한계사에서 하루를 묵었다고 한다. 하지만 그 또한 그가 묵은 곳이 한계사 옛 터와는 다르다고 했다.

절터에는 보물 1275호인 남 삼층 석탑과 보물 1276호인 북 삼층 석탑이 있다. 남 삼층 석탑은 금당 자리 앞에 놓여 있으나 원래의 부재와 새로 깎아 넣은 부재들의 부조화가 돋보인다. 북 삼층 석탑은 절터에

팔각 대좌.

들어서자마자 보이는 마멸된 석불이 있는 뒤편 돌계단으로 20미터쯤 오르면 있다. 둘 모두 통일신라 후기의 양식을 충실히 따르고 있는 평범한

모습이다. 그 외에도 마멸된 석불, 앙증맞은 돌사자의 조각이 선명한 팔각 불대좌와 연화문과 화불이 새겨진 광배가 깨진 채 남아 있으며, 갖가지 모양의 주춧돌과 석등의 지대석이었을 법한 받침돌과 장대석들이 산재해 있다.

그 중 눈길을 끄는 것은 남쪽의 석탑 곁이자 금당 자리 앞에 놓인 직사각형의 대좌이다. 사면에 돌아가며 안상을 새겼으며 윗면에는 무엇의 받침이었을 법한 연화문 넷을 돋을새김으로 새겨 놓았다. 이 위에 무엇이 있었을까. 「묘법연화경」 약왕보살본사품에 나오는 희견보살인 약왕보살이 앉았을까. 혹자들은 그렇게 보기도 하지만 나는 아니라고 본다. 오대산 월정사나 강릉의 신복사 터 그리고 한송사 터의 보살들과 비교해 보면 그 비례

남탑 앞의 석물 대좌.

가 탑과는 맞지 않는다. 너무 큰 것이다. 비록 모습은 없지만 그 자리로 미루어 보아도 한눈에 크다는 생각이다. 물론 탑 자리가 지금 자리가 아니며 수 차례의 화재로 절터 자체가 교란된 점을 인정하더라도 탑과 보살의 비례는 어긋나 보인다.

또 위의 연화문 넷이 대칭되는 것이 아니라 조금씩 다른 모양인 것을 보면 그 곳에 보살의 발이 놓이고 엉덩이가 바닥에 닿았다 하더라도 이해가 되지 않는다. 굳이 엉덩이가 닿을 부분에까지 발이 닿는 곳과 같은 문양을 새길 필요가 있었을까 하는 것 때문이다. 또한 월정사나 강릉 신복사 터에 있는 보살상들이 무릎은 꿇었지만 그들은 모두 원형의 연화 좌대위에 앉아 있다. 한송사 터의 석조 보살 좌상 또한 가부좌는 했을지언정 둥근 좌대나 방석을 깔고 있다. 더구나 그들은 탑을 향해 공양을 올리는 모습으로 탑과 아주 가까운 거리에 있으며, 그 곳은 모두 '1탑 가람' 들이니, 궁금증만 더한다.

더불어 강릉의 한송사나 신복사 그리고 월정사의 그것들은 명주溟州 문화권의 지방화된 양식으로 볼 수 있지만, 한계사의 지역적 조건은 그와는 동떨어진 문화권이다. 하지만 김수증의 글에 나타났듯이 석불이 모두

세 구였다면 마멸이 심한 석불 한 구 그리고 팔각 불대좌 위에 올랐을 석불 한 구와 함께 이 사각형 대좌 위에도 보살상이나 석불이 있지 않았을까 미루어 짐작해 볼 수도 있겠다.

대구 비슬산의 대견사 터에도 이와 유사한 사각형의 석물이 있다. 삼층 석탑 바로 곁에 놓여 있어 그 용도가 궁금하지만 무엇인지 정확히 알지 못한다. 하지만 그 곳에는 잘 다듬은 사각형의 판석 위에 정확히 대칭으로 구멍이 뚫려 있으며 받침의 다리인 듯한 돌기둥이 끼워져 있다. 그것은 지리산 화엄사 원통전 앞의 보물 300호, 사사자 석탑의 기단부와 연결지어 생각해 볼 만한 것이다.

하지만 한계사 터의 그것은, 정적인 모습을 한 무엇의 받침이 아니라, 역동적인 모습의 동작을 취하고 있는 그 무엇의 받침이었을 가능성이 크다. 정적이었다면 새겨진 연화문이 정확한 대칭을 이루고 있었을 것이기 때문이다. 이것은 우리에게 남겨진 숙제인 셈이다. 혹 한계사 터에 가거든 눈여겨보며 상상의 나래를 한껏 펼쳐 보시기 바란다.

뒤돌아 앉으신 부처님, 무엇을 보시는 것인가

부처님, 뒤돌아 앉아 삼매에 젖으셨다.

무엇을 보는 것인가.

벽은 자신의 본래자리를 찾아가는 지름길이며 침묵은

그 곳으로 향하는 오솔길과도 같은 것이다.

물걸리에 갈 때마다 간화는 간 곳 없고 묵조만이 남는

까닭은 불상 대좌의 중대석에 새겨진 이 부처님 때문이다.

홍천군 내촌면의 물걸리 절터로 갈 때마다 그랬던 것 같다. 간화看話는 간곳없고 묵조默照만이 남았던 것이 말이다. 오늘이라고 다를까. 별이 쨍쨍한 새벽에 나서서 다다른 절터, 부처님 앉으셨던 빈 자리에 붉은 기운 완연한 햇살이 머물기 시작했다. 이윽고 아름답게 빛나기 시작하는 그를 처음 대했을 때 그랬듯이 아예 생각을 잊고 말을 던져 버렸다. 홀로 거니는 절터에 말이 필요할 까닭이 없으며 부처님 자리 비었는데 새삼 무슨 화두이랴. 두어 시간 운전을 하며 깊어졌던 생각들은 찬 서리가 내려앉은 주춧돌 위에 잠시 내려놓았다. 더구나 안반수의安般守意하지 않는다고 나무랄 사람도 없으니 추위도 달랠 겸 마음대로 거닐다가 물끄러미 빈 자리를 바라보기를 되풀이했다.

물론 지금 내가 보고 있는 것은 벽이 아니라 부처님 계시지 않은 불대좌이거나 아름다운 조각이 베풀어진 광배이지만 적어도 물걸리 절터에서의 그것은 나에게 벽과 같은 존재이다. 곁에 비로자나 부처님과 또 석가 여래 부처님 한 분이 계시지만 향 한 자루 살랐을 뿐 기어코 눈길 맞추지 않았다. 다분히 의도적인 행동이지만 왜 그렇게 하는지 스스로 뭐라 설명할 수가 없다. 침묵이 그리운 까닭인가. 그저 물걸리에서는 그렇다. 역설적이게도 오히려 빈 자리가 지니는 존재의 강렬함에 마음을 빼앗긴 탓이리라.

벽관壁觀, 곧 벽을 본다는 것은 열린 곳을 버리고 막힌 곳을 향한다는 것이다. 그것은 두문杜門, 곧, 문을 닫는 것과도 엇비슷하며 그 둘이 지니는 공통점은 자기 스스로에게 천착한다는 것이다.

하지만 선비들의 두문은 세상을 향해 문을 닫아거는 것으로 스스로를 고립시키는 행위이다. 그것은 말을 하지 않을 뿐 글을 버리지 않으니 생각과 말을 포기한 것이 아니다. 또한 자신의 의견과 다른 세상의 의견에 반反하여 스스로를 굽히지 않는 행위일 뿐 침묵이라 할 수는 없다. 침묵은 침묵이되 스스로에게 향하는 침묵이 아니라 세상을 향한 침묵인 것이다. 그것은 뜻이 같은 사람들에게는 침묵하지 않는다는 것과 같다.

그러나 묵조의 침묵은 스스로를 향한 침묵이다. 그저 스스로를 바라볼 뿐 자신에게나 그 누구에게도 입을 닫는 것이다. 그렇기에 유교에서는 문을 닫아걸면 공간으로서의 폐쇄를 뜻하지만, 선禪에서는 공간적인 폐쇄만을 능사로 여기지는 않는다. 물론 무문관無門關 수행이 없는 것은 아니나 선에서의 침묵은 그 어떤 열린 공간에서도 가능한 것이라야 한다.

그 어느 곳에서라도 돌아앉으면 그 곳이 곧 천길 만길 치솟은 벽이며 발 아래는 깊이를 알 수 없는 낭떠러지가 아니던가. 그러나 아무리 높고 두터운 벽이 내 앞에 있더라도 그것은 뚫고 나가야 하는 무엇이 아니다. 오히려 그 곳에 반추되는 자신을 낱낱이 되새겨 본래마음으로 되돌아가려는 몸짓이어야 한다. 그러니 벽은 자신의 본래자리를 찾아가는 지름길이며 침묵은 그 곳으로 향하는 오솔길과도 같은 것이다.

하지만 이제야 겨우 선향이 머무는 언저리에 발을 들여놓은 습선자習禪者인 나로서는 벽이 앞에 있으면 그저 뚫고 나가거나 넘어서라도 그 곳을 벗어나려고만 한다. 마치 본능인 양 말이다. 그런 탓에 벽 앞에서 내가 투영될 때까지 진득하게 버티기가 쉽지 않다. 물리적인 고통이 따르기도 하지만 정작 견디기 어려운 것은 생각과 마음의 고통이다.

그러니 오늘과 같이 호젓한 절터를 거닐며 침묵을 배우는 것은 자신을 담금질하는 것이나 다르지 않다. 불어 대는 찬바람에 얼굴도 시려 오고 어디 한 곳 마땅히 앉을 곳도 없다. 하지만 아예 전화기조차 꺼 버린 채 쉬이 자리를 뜨지 못하는 것은 조금씩 젖어 드는 침묵의 유혹 때문이다. 말을 던지고 버릴수록 그것은 더 큰 메아리가 된다. 그러나 그 메아리는 귀에 들리지 않는다. 다만 마음으로 느낄 수 있을 뿐이다. 그는 고요한 연못에 던진 돌이 일으키는 파문처럼 그렇게 마음을 두드려 뒤섞어 버린다. 뒤죽박죽되어 버린 그 곳에 있다, 내가 미처 깨닫지 못하던 본래마음이 말이다.

그러나 그 언저리까지 닿은들 어쩔 것인가. 선뜻 그 본래자리를 움켜쥐지 못하니 답답하기만 할 뿐이다. 나의 현재를 부정하거나 버리기 싫은 까닭 때문일 것이다. 그것은 두려움이며 욕심이다. 하지만 욕심인 줄 뻔히 알면서도 털어 내기가 쉽지 않다. 침묵이 깊어지면 다다를 수 있을까. 욕심을 버리면 내 본래자리를 움켜쥘 수 있을까. 노자가 '폐기문閉其門'에서 이르기를, 탐욕의 문을 닫고 쾌락의 통로를 막으면 평생이 혼란스럽지 않다고 했건만, 나의 현재가 여전히 혼란스러운 것은 아직 욕심을 버리지 못한 탓이다.

삼층 석탑 앞의 팔각 대좌에 걸터앉으니 이내 엉덩이가 시려 잠시도 앉아 있을 수 없을 만큼 곤혹스러웠다. 자동차로 가서 추위를 달래곤 다시 전각 안으로 들어가 광배를 바라봤다. 완전하게 갖춘 것은 오히려 투박하며 부족한 듯 보이나 쓰임에는 아무런 결함이 없다고 하더니, 그 말이 하나 틀린 것이 없다. 비록 부처님 계시지 않아도 계신 것보다 더 꽉 차 보이니 말이다. 아예 쭈그리고 앉아 불대좌의 하대석이며 중대석에 베풀어진 조각을 보기 시작했다. 어느 것 하나 아름답지 않은 것이 없다. 모두 같은 시대의 것을 의심하지 않아도 될 만큼 조각 수법이나 양식은 같지만 그 내용이 서로 다르니 시간 가는 줄 모른다.

절터를 다니다 보면 유난히 자주 만나는 석조 유물이다. 이 곳 외에도 인제의 한계사 터와 합천의 대동사 터에 같은 모양의 대좌가 남아 있다. 대좌라고는 하지만 이는 불상 대좌의 하대석 가운데 땅에 가장 가까이 놓이는 지대석에 해당하는 것으로 보는 것이 옳을 것이다. 전각 안에 모셔진 부처님들 또한 이와 같은 지대석 위에 놓인 대좌에 앉았으며, 선림원 터로 가는 길의 상평초등학교 현서 분교의 비로자나불 지대석도 이와 같은 모양이다.

물걸리에 갈 때마다 간화看話는 간곳없고 묵조默照만이 남는 까닭은 불상 대좌의 중대석에
새겨진 이 부처님 때문이다. 뒤돌아 앉은 부처님으로는 나라 안에서 유일한 것이다. 부처
님 뒤돌아 앉아 삼매에 젖으셨다. 무엇을 보는 것인가.

물걸리 절터는 전각 안에 남아 있는 비로자나불을 주존으로 모셨으며 그 양쪽 곁에 있는 석가 여래를 협시불
로 모셨다고 한다. 그 협시불의 팔각 대좌 지대석의 가운데 면에는 향로를 새기고 나머지 일곱 면에는 인수
조신人首鳥身의 가릉빈가迦陵頻伽를 새겼다. 가릉빈가는 따로 선조仙鳥, 호성조好聲鳥, 묘음조妙音鳥, 미음조
美音鳥, 옥조玉鳥라고도 불렀으며, 울음소리는 마치 부처님의 음성과도 같았다고 하니 그것은 범음梵音이다.

맨 왼쪽의 것은 광배와 상대석 그리고 중대석과 하대석은 제대로 남았지만 정작 부처님은 간곳없다. 그러나 그 덕에 광배의 아름다움을 만끽할 수 있으니 그 또한 부처님이 남기고 가신 선물이지 싶다. 중대석에는 신장상과 불보살이 어우러졌으며 복련의 하대석에는 귀꽃들이 아름답게 피었다. 그 옆에는 석조 여래 좌상이 법의를 통견으로 걸치고 앉아 계시지만 상호와 나발은 알아보기 힘들만큼 상했다. 앙련의 상대석은 조금 전 것과는 달리 삼중의 연꽃잎을 새겼으니 그 아름다움이 퍽 빼어난다. 중대석에는 보살이 베풀어졌으며 복련의 하대석은 귀꽃이 더러 깨지기도 했지만 그 아름다움을 잃지 않고 있다.

그러나 눈길이 머무는 곳은 그 아래 팔각의 지대석이다. 정면에는 향로를 그리고 그 좌우로는 가릉빈가를 새겼는데 이는 가장 오른쪽에 부러진 광배가 놓여 있는 대좌와 빼다박은 듯 방식이 같다. 그것은 중대석이나 상대석 또한 마찬가지이다. 이것으로 미루어 이 둘이 협시불이었을 것으로 짐작한다. 그 가운데에 있는 비로자나불을 주존불로 모시고 있는 협시불 말이다.

비로자나불 또한 온전한 불대좌에 앉아 계시지만 전체적인 모습은 투박하며 조금 성기다. 상호는 마멸이 심해 뚜렷하지 않으며 턱이 다소 뾰족해 보인다. 통견으로 걸친 법의의 주름은 깊고 굵어 법의 자체가 무겁고 두꺼워 보이며 이는 옆의 석조 여래 좌상의 그것과도 같

물걸리 절터의 주존불이다. 비로자나불은 나말 여초 선종 사찰이 유행하면서 조성되기 시작했다. 그러니 이 곳 물걸리 절터 또한 다른 석조 유물들의 조성 연대와 비로자나불을 주존불로 모신 점 등을 보아 선종 사찰이었을 가능성이 크다.

부처님 간곳없는 빈 대좌와 광배. 마치 부처님이 머물고 있는 듯한 착각을 불러일으킬 만큼
숭엄한 아름다움이 넘친다. 종교와 예술은 본질적으로 아름다움을 추구하는 것에서 같다.
종교는 본디의 아름다움을 그리고 예술은 현재의 아름다움이라는 것이 다를 뿐이다.

다. 또한 오른손이 왼손의 검지를 감싸 쥐는, 비로자나불의 일반적인 손 모양인 지권인智拳印과는 달리 그 반대로 되어 있어 새삼스럽다. 중대석에는 공양상과 주악천인상 그리고 향로를 새겨 그 아름다움을 더했다.

　얼마나 지났을까. 조각의 아름다움에 취해 덤벙거리는 동안 햇살은 벌써 전각 밖으로 물러났다. 이른 아침 햇살에 눈부시도록 빛나던 조각들도 심드렁해져 조금 전과 같지 않았다. 그저 밋밋하여 스스로 지니고 있는 아름다움을 감추기라도 한 듯했다.

　절터 마당으로 나서자 간밤에 내린 서리가 햇살에 녹으며 반짝이고 있었다. 은행나무 아래에 모아 놓은 주춧돌이며 장대석은 낙엽에 뒤덮여 알아볼 수도 없었지만 팔각의 석불 대좌가 햇살을 듬뿍 받고 있었다. 규모로 보면 인제의 한계사 터나 합천의 대동사 터에 있는 그것보다 훨씬 크며, 한계사 터의 그것과 같이 각 면마다 안상을 베풀고 그 안에 사자를 새겼다.

　그 곁에 삼층 석탑이 우뚝 서 있다. 가만 생각해 보면 절이 만들어지고 다시 사라질 때까지 제자리를 지키고 있는 것은 이 탑밖에 없지 싶었다. 다른 것들은 모두 제자리를 잃고 옮겨졌지만 석탑만은 제자리를 지키지 않겠는가. 그것으로 법당의 위치를 가늠해 볼 수 있으니 그나마 다행이다. 그래도 여전히 의문투성이이다. 전각 안에 모셔진 넉 점의 유물 중 오른쪽으로 놓인 셋을 주존불과 협시불이라고 한다면 맨 왼쪽의, 부처님 계시지 않은 채 불대좌와 광배만 남은 것은 어디에서 온 것일까. 대좌며 광배의 조각이 오른쪽의 셋과는 서로 다르기 때문이다. 더구나 국립 춘천박물관의 발굴 조사 보고서에 따르면 절터에서 부처님이 놓였던 자리 셋만을 찾았다고 하니 더욱 궁금한 것이다.

맨 오른쪽의 부러진 광배는 화불이 생략되었으며 당초문으로만 장엄했지만 맨 왼쪽의 그것에는 서로 다른 수인을 하고 있는 아홉 구의 화불을 모셨다. 그러나 맨 오른쪽의 광배는 상대석인 연화좌에 비해 그 규모가 큰 듯해 제 짝이 아닐 수도 있다는 생각이 들기도 한다. 불상 대좌의 양식만으로는 석가여래 좌상과 함께 비로자나불의 협시불이었다고 짐작하지만 광배의 크기가 협시불의 그것으로는 너무도 크다. 더구나 주존불이었던 비로자나불의 머리 부분과 견주어 보면 오히려 비로자나불의 광배였을 수도 있겠다 싶었다.

의문에 의문이 꼬리를 물지만 그것을 낱낱이 파헤치고 싶지는 않았다. 오늘 내가 이 곳에 온 까닭은 부처님 계시지 않은 자리에 되비쳐 내 본래 자리를 보려 함이 아니던가. 다시 마음 가다듬고 바라보는 빈 자리, 그 자리로 인해 나의 번뇌는 깊어 가고 아프지만 그것이 곧 내 본래자리로 한 걸음씩 가까이 가고 있음을 뜻하는 것이지 싶기도 했다. 상처가 아무는 것은 붓기와 통증 그리고 곪을 대로 곪은 다음에야 가능하니 말이다.

강원도 홍천군 내촌면 물걸리物傑里 동창東倉 마을에 있는 절터는 이름이 분명치 않다. 그래서 마을 이름을 따서 물걸리 절터라고 부르지만, 이 곳이 홍양사洪陽寺였다는 주장도 있다. 그러나 2003년 발굴을 마친 국립 춘천박물관의 발굴 조사에서 명문이 새겨진 기와를 찾지 못해 그 이름을 정확하게 알 수 없다. 더구나 「동국여지승람」과 같은 책에도 그 이름이 나오지 않으니 더욱 알 수 없다.

다만 절터에 남아 있는 석조 유물만은 풍부하며 아름답다. 그로 미루어 사격寺格을 가늠할 수 있으며 그 규모가 홍천 일대에서는 가장 두드러진 곳이었으리라고 짐작할 뿐이다.

발굴 조사로 밝혀진 것은, 절터의 금당은 비로자나불을 주존으로 모신 대적광전大寂光殿일 것이라는 추측과 함께 모두 세 분의 부처님을 모셨으며 남향으로 자리잡았던 것이라고 한다. 또한 지금 남아 있는 비로자나불이 주존불이었으며, 그 왼쪽에 있는 석조 여래와 함께 오른쪽의 부러진 광배가 놓인 곳에 있던, 석불이 아닌 철불鐵佛이 협시였을 것이라고 짐작한다. 지금 남아 있지 않은 그 협시불의 하나가 철불이었을 것이라고 하는 것은, 1967년 국립 중앙박물관의 발굴 조사 당시 깨진 석불편은 찾지 못하고 다량의 철불편이 나왔기 때문이다.

절터에 남아 있는 석조 유물로는 보물 545호인 삼층 석탑, 보물 544호인 불대좌 및 광배, 보물 543호인 불대좌와 부러진 광배, 보물 542호인 석조 비로자나불 좌상, 보물 541호인 석조 여래 좌상이 있

좌협시 석가여래 좌상, 보물 541호.

다. 그 밖에 절터 마당에 팔각의 석불대좌가 있으며, 그 밖의 장대석과 주춧돌 그리고 와편들을 모아 놓았다. 이들 모두 통일신라 후기인 9세기의 조각 양식을 지녔으니 나말 여초에 성행한 선종 사찰이 아니었을까 짐작한다.

우협시의 불대좌와 광배, 보물 543호.

물걸리 절터로 가는 길은 44번 국도를 따라 양평을 거쳐 홍천으로 향하는 것이 좋다. 홍천에서 읍내로 들어가지 말고 설악산으로 향하는 우회도로인 44번 국도를 따라 가다가 철정 검문소에서 451번 도로로 우회전하면 이내 내촌면 소재지이다. 면 소재지를 지나자마자 와야리 삼거리에서 오른쪽으로 이정표를 따라 444번 도로로 들어가다가 왼쪽으로 기미만세운동 기념탑이 있는 팔렬공원이 보이면 그 곳에 자동차를 세우면 된다. 만세탑 뒤에 절터가 있으며 홍천에서는 40분 남짓이면 닿을 수 있다.

삼층 석탑, 보물 545호.

경상북도 성주 법수사 터

천 년 동안 꺼지지 않은 법등 앞에서 묻다

내가 오늘 법수사 터의 탑을 바라보듯 세상 또한 그렇게
바라보았는지 자문해 보았다. 늘 대롱을 통해 세상을 보면서
마치 전체를 다 아는 양 허튼 짓으로 세상과 사람들을
대하지나 않았는지. 말이나 글로는 '높은 것' 보다 '넓은 것' 이
더 중요한 것이라고 하면서, 정작 나는 그처럼 넓은 눈과
마음으로 세상 속에 서 있는지 나 자신에게 되물었다.

어제는 종일 경남 거창의 가섭암 터에 있었다. 자연 석굴 속에 새겨진 마애 삼존불의 감동이 그만큼 컸던 까닭이다. 그 황홀한 감동이 채 가시기 전에 어둠은 또 하나의 아름다움을 내놓았다. 구름 한 점 찾아볼 수 없는 금원산의 밤하늘이 어느 새 별로 뒤덮이고 말았던 것이다. 총총한 그들을 바라보고 있으려니 탑에 기대어 별을 헤아릴 수 있으면 좋겠다는 생각이 일었다. 해서, 본디 안의에서 다시 하루를 묵고 함양의 장수사 터(長水寺址)를 가려던 계획을 버리고, 거침없이 짐을 꾸려 밤길을 나섰다.

가조를 지나고 해인사 들머리를 지나 닿은 곳은 경북 성주의 법수사 터(法水寺址)였다. 부석사 무량수전에 기대어 바라보는 유장한 산능선, 덕숭산 자락의 수덕사 마당에서 내다보는 굼실거리는 비산비야非山非野의 정경 그리고 달마산 미황사나 서산 부석사 마당에 젖어드는 일몰의 아름다움은 산사를 찾는 이들에게 잊히지 않는 정경일 것이다. 그들은 서로 어느 곳을 으뜸과 버금으로 가릴 것 없이 저마다의 아름다운 장면들을 지니고 있다. 그렇듯이 나에게는 법수사 터가 또한 잊을 수 없는 아름다운 장면으로 기억되는 곳이기도 하다.

폐사지 중에서 법수사 터는 제 나름의 빼어난 전경을 지닌 흔치 않은 곳이다. 그러나 내가 기억하는 법수사 터의 아름다운 장면은, 가을이 깊어가는 맑은 날 가야산을 휘감고도 넘쳐흘러서 절터 위를 융단처럼 덮는 밤하늘의 별이다. 탑에 기대어 바라보던 그 장면을 어찌 필설로 다하겠는가. 아무런 준비 없이 찾아갔다가 불쑥 만난 어느 날의 감동은 차라리 가혹했다고 하는 편이 옳을 것이다. 뜸하게 지나가는 자동차의 소란스러움만 아니었다면 내가 덮고 있던 별 이불이 들썩거릴 까닭이 없었으니 말이다.

거창에서 불현듯 달려온 어젯밤 또한 그 날과 다르지 않았다. 밤이 깊도록 별을 머리에 이고 절터를 서성이던 나는 밤 이슬에 축축하게 젖어야 했지만 푸른 기가 채 가시지 않은 새벽에 다시 절터로 나왔다.

샛별도 이울어 가는 짙푸른 하늘에는 구름의 유희가 펼쳐지고 있었다. 밤에는 보이지 않던 유장한 능선들이 어슴푸레 윤곽을 드러내고, 하늘은 시시각각 형용할 수 없는 색으로 물들며 살아서 움직였다. 그 아름다운 장면에 취해 넋을 놓고 있을 무렵, 갑자기 먼 산능선 한 곳이 벌겋게 달아오르기 시작했다. 해가 돋으려는 것이다. 탑에 기대고 있던 몸을 일으켜 멀리 물러났다. 탑과 여명을 한눈에 담을 수 있는 으늑한 곳에서 마치 해돋이를 처음 보는 수줍은 소년인 양 가슴 벅차하며 기다렸다. 이윽고 온갖 나무와 바위 그리고 강과 산을 물들인 오묘한 새벽빛이 나에게도 드리우기 시작했다. 눈부시도록 아름답다는 것은 이를 두고 이름일 터, 나는 마치 안개 속을 뛰어다니는 소년처럼 새벽빛에 휩싸인 황홀함에 어쩔 줄 몰라했다. 그러나 순간순간 변화하며 돋아오르는 그와는 달리, 나는 모든 기능이 멈추어 버린 듯 꼼짝할 수가 없었다.

이 아름다운 새벽빛에 휩싸인 것은 비단 나뿐이 아니었다. 빈 절터에 홀로 서 있는 삼층탑, 그 또한 온몸으로 동살을 받고 있었으니 그 숭엄한 장면은 말로 다하지 못한다. 천 년이 넘도록 이토록 찬란한 새벽빛을 머금었을 테니 그는 이미 광물성의 돌이 아니었다. 그는 그 자체로 법등法燈이었던 것이다. 천 년 동안 꺼지지 않은 법등, 그것만으로도 모자람이 없건만 그는 날마다 이렇듯 빛나고 있었다.

나는 그에게 가까이 다가가지 않았다. 때로 가까이에서 그것만 봐야 하는 것이 있는가 하면 멀리서 다른 것들과 더불어 봐야 하는 것도 있는 법이다. 코앞에서 탑만 바라보는 것과, 탑의 뒤를 에돌아 눈부시게 떠오르는 태양을 탑으로 가린 채 산능선과 함께 그를 보는 것은 사뭇 다르다.

등불로 주위를 밝혀 책을 읽을 수도 있겠지만 멀리에서 보면 그 등불 하나가 집 전체를 밝히고 있는 것이 아니고 무엇이겠는가. 모든 것에 제격이 있다면, 법수사 터의 탑은 결코 가까이에서 그것만을 봐서는 안 된다. 또 전체를 본답시고 금당 자리의 축대 아래로 내려가 가야산과 함께 봐서도 안 된다. 그렇게 하면 탑은 보이지 않고 강렬하게 불거진 가야산이 먼저 달려들 테니까 말이다. 그는 금당에 앉으셨던 부처님이 그랬던 것처럼 부처님의 자리만큼 떨어져서 성주와 고령 땅을 베푼 뭇 산들의 유장한 능선과 함께 봐야 하는 것이다. 그래야 제격이다.

절터에서는 때로 지식이나 이성보다 감성이 앞서도 부처님은 용서하실 것이다. 선사들의 말씀 한 마디나 경전 몇 줄보다 절터에서만 볼 수 있는 장면의 감동이 뭇 사람들에게는 더욱 큰 것이지 않겠는가. 그 감동은 자신의 속 깊은 느낌으로 남을 테니 결코 지워지지 않을 것이다. 그러나 허튼 지식은 날마다 지워지고, 지워진 그 자리에 다시 쓰려고 전전긍긍하지 않던가. 지금껏 살아오면서 내가 받은 감동적인 장면들에 대한 느낌은 단 한 번도 잃어버리지 않았다. 그것이 아주 오래 된 유년 시절의 것이었더라도 말이다. 참으로 신기하게도 그것들은 미처 내가 정리해 놓지는 못했어도 언제나 꺼내 볼 수 있도록 스스로 정리되어 있다. 그러나 지식은 그렇지 못했다. 늘 잃어버리고 다시 그것을 찾느라 끙끙거렸을 뿐이다.

옛 사람들은 여행을 떠나는 지인들에게 해낭奚囊을 선물하곤 했다.

자정이 넘어 숙소로 돌아왔다가 새벽 별이 총총할 때 다시 절터로 나갔다. 여명의 아름다움에 취해 사진조차 찍지 않고 우두커니 있었다. 시시각각 달라지는 새벽의 흐름을 놓치지 않고 따라가려면 나의 속도가 느려야 한다. 같이 덤벙거리다 보면 어느새 그는 간 곳이 없으니 말이다. 또 더러는 눈으로만 보고 마음에 새기는 것이 사진보다 나은 것도 있는 법이다. 사진이라는 것은 연속성이 떨어지기 때문이다. 순간을 기록하는 장점이 곧 단점이 되기도 한다. 그것은 사람에게도 마찬가지여서 얻는 것이 있으면 잃어버리는 것이 있기 마련이다. 얻으려면 그만큼 버릴 줄도 알아야 하지만, 그 단순한 논리를 행동으로 옮기기는 왜 그렇게 어려울까.

불상의 대좌 중 하대석이었던 듯하다. 아래로 핀 복련의 연꽃 위에 중대석 받침만 남았으며 곁에 상대석이었던 듯한 돌이 심하게 깨진 채 거꾸로 놓여 있다. 본디 법수사의 주존불은 비로자나불이었다고 하는데 혹 지금의 해인사에 봉안된 비로자나불이 이 불상 대좌 위에 앉아 계셨던 것은 아닌지 모를 일이다. 탑이 제자리를 지키고 있는 것이라면, 금당은 도로 위 어디였었지 싶다.

해낭은 스물여섯의 나이로 요절한 당나라의 시인인 창곡昌谷 이하(791-817)가 길을 나설 때마다 지니고 다녔던 주머니이다. 아침에 나갈 때는 빈 주머니였지만 저녁에 돌아올 때쯤이면 주머니 속에는 길 위에서 지은 시편들과 시구들이 가득했으며, 그는 밤마다 해낭을 열어 미처 완성하지 못한 시를 마무리짓곤 했다는 것이다. 그 주머니 속에 들어 있는 것은 무엇이었을까. 미루어 짐작컨대, 그것은 길 위에서 보거나 느낀 경이로움이나 감동에 관한 짧은 생각들이었을 것이다. 법수사 터 또한 해낭을 찬 선비들의 발걸음이 분주했던 곳 중 하나이다.

고려 말과 조선 초를 풍미한 선비인 독곡獨谷 성석린(1338-1423)이 이곳 법수사를 찾아 글을 남겼는데 마지막 두 구는 망실되었다.

푸른 물은 문 앞을 흐르고
절 뒤로는 높은 봉우리가 둘렀구나.
봄이면 붉은 꽃 안개처럼 가득하고
여름이면 초록빛 나무들이 빼곡하네.
눈앞은 삼천 리나 열렸고
하늘 끝에는 수많은 봉우리가 첩첩하네.
……
……

그 또한 절 마당에서 바라보는 정경에 넋을 잃은 듯하다. 한편 독곡 선생과 동갑나기인 척약재惕若齋 김구용(1338-1384)은 '제가야산법수사'라는 시에서 법수사가 높고 험한 곳에 있음을 암시하고 있다.

종일 말을 타고 덤불숲을 헤치며 왔더니
온 산 가득한 누각의 문은 구름에 맞닿아 열렸네.
들은 지는 오래나 처음 이 곳을 찾으니
한 발 내디디기가 어려워 말머리를 아홉 번이나 돌렸네.

또 그들과 동시대를 살았으며 성주 사람으로 알려진 형재亨齋 이직
(1362-1431)은 법수사에 두 번이나 오른 듯 '법수사 남루에 올라' 라는 시
를 이렇게 시작하고 있다.

예전에 한 번 올랐으며 다행히 오늘 다시 올랐다.
두 손을 모아 읍을 함은 기이한 경관이 모여 있기 때문이요.
쉬이 떠나지 못하고 주저함은 고의古意가 깊기 때문이다.

누각에 올라 바라볼 곳은 어디일까. 그것은 툭 트인 앞이다. 그 곳을 내
다보며 두 손 모아 읍을 했다고 하니 그 정경은 도무지 얼마나 빼어난 것
이겠는가. 그들 모두 유자들이긴 하지만 한결같이 이야기하고 있는 것은
절이 자리잡은 곳의 자연 경관이나 그 곳에서 내다뵈는 정경들에 관해서
이다. 그것은 비단 이들뿐이 아니다. 고려나 조선을 통틀어 수많은 유자들
이 절집을 찾아 시를 짓기를 위와 같이 했으니, 이는 텅 빈 절터를 찾는 나
그네들이 무엇을 소홀히 하지 말아야 하는지를 넌지시 일러 주는 것이기
도 하다.

여름에 찾았을 때는 참깨가 무성하여 보이지 않던 것이 막 가을걷이를 끝내고 나자 모습을 드러냈다. 지금은
참깨 밭의 밭두둑 역할을 하지만 그도 한때는 향연이 그치지 않던 법당을 떠받치는 받침돌이었을 것이다. 폐
사지에서의 눈길은 야무져야 한다. 오히려 안내판 앞세우고 있는 것들은 흘깃 볼지라도, 사람 손길 닿은 듯한
돌덩이가 있다면 무조건 걸음 멈추고 살펴야 한다.

어느덧 맑고 투명한 새벽 햇살이 절터를 비추고 있었다. 막 가을걷이를 마친 참깨 밭에 묻혔던 장대석이 붉은빛을 머금은 채 드러났다. 그 곁으로 부처님 앉으셨던 자리였을 불상 좌대가 땅 속에 박힌 채 있어 그 위에 올라앉았다. 햇살의 뜨거움과 눈부심을 견딜 수 없을 때까지 부드러운 동살을 마주하고 앉아, 내가 오늘 법수사 터의 탑을 바라보듯 세상 또한 그렇게 바라보았는지 자문해 보았다. 늘 대롱을 통해 세상을 보면서 마치 전체를 다 아는 양 허튼 짓으로 세상과 사람들을 대하지나 않았는지. 말이나 글로는 '높은 것' 보다 '넓은 것' 이 더 중요한 것이라고 하면서, 정작 나는 그처럼 넓은 눈과 마음으로 세상 속에 서 있는지 나 자신에게 되물었다.

생각이 깊어 갈 무렵 새들의 지저귐이 분주했다. 무르익은 새벽이 아침이 된 것이다. 새 한 마리가 복발만 남은 탑의 정수리에 내려앉았다. 그가 세상 소식을 물고 오지는 않았을 터, 부처님 말씀을 얻어 가려는지 잠시 머물다 훌쩍 날아오르고 나 또한 절터 아래 중기中基 마을로 내려갔다. 마을 끝까지 내려서는 데 오 분이 채 걸리지 않았다. 무턱대고 내려가다가 되돌아서니, 왼쪽 느티나무 아래에 당간 지주가 보였다. 마을 끝이 곧 절터 들머리였던 것이다. 그러니 탑이 있는 법수사의 금당 자리는 중기 마을 맨 위에 있으며, 중기 마을은 그 옛날 절에 딸린 부속 건물들이 있던 곳에 터를 잡은 셈이다. 온통 미나리 밭인, 당간 지주가 있는 곳으로 가니 할머니 한 분이 미나리를 다듬고 있다.

팍팍한 살림살이에 보탬이라도 되라고 미나리를 기르지만 노동만큼 돈이 나오지 않으니 마지못해 하는 것이란다. 푸념과도 같은 하소연을 한동안 듣고 나서 물으니 당간 지주가 기대고 있는 나무는 마을의 당산 나무라

고 한다. 전에는 정월이면 제를 지냈지만 요즈음은 그것마저도 시들하단
다. 당간 지주의 기단부는 땅에 묻혀 알아볼 수 없지만 복련의 연화문이
새겨진 간대竿臺까지 잘 남아 있었다. 또 봉로좌의 연화문이 희미한 사각
형의 배례석이 당간 지주 앞에 있으나 나무 둥치가 그를 머금어 세월의 흐
름을 이야기하고 있었다.

미나리를 다듬는 촌부에게 작별을 고하고 마을을 벗어나 고령 쪽으로
무작정 내려갔다. 황금 물결로 넘실대는 들판을 마주하며 가을빛을 즐기
다가 되짚어 법수사 터의 금당 자리로 오르기 시작했다. 그 옛날 법수사를
찾던 사람들처럼, 가야산을 보며, 탑을 보며 오르고 나서야 비로소 깨달았
다. 옛 사람들이 왜 그렇게도 입을 모아 절 마당에서 내다뵈는 전경에 대
해 말했는지 말이다. 그것은 말이나 글로 해서 모르는 일이니 여기에 쓸
수도 없다. 직접 해 봐야만 깨달을 수 있는 일이 세상에는 참으로 많다.

탑 자리와 금당 자리를 돋우기 위해 쌓아올린 축대이다. 허튼 쌓기로 마구 쌓아 올렸지만 튼실해 보이기만 한
다. 권한다. 축대를 끼고 이삼십 분쯤 무턱대고 내려가기를 말이다. 그러다 되돌아서서 절터로 올라 보라. 먼
곳에서 보이는 축대와 탑의 머리 부분이 얼마나 매혹적인지 알 수 있을 테니까 말이다. 가까이에서 보는 것도
나쁘진 않지만, 멀리서 보는 법도 배움직하다.

축대를 끼고 내려가다가 마을의 마지막 집을 만나면 왼쪽을 보라. 미나리 밭 너머 키 큰 느티나무 아래에 당간 지주가 있다. 하지만 그가 눈에 띄었다고 해서 성급하게 달려가지 마라. 본디 당간 지주란 멀리서 보는 것이다. 당幢과 간竿이 없다고도 하지 마라. 저토록 풍성한 느티나무 가지를 당으로 삼고 굵은 둥치를 간으로 삼지 않았는가. 지금껏 떠돌며 이만한 당간과 지주를 본 적이 없다. 나라 안에서 으뜸일 것이다.

법수사 터는 경북 성주군 수륜면 백운리 가야산 기슭의 중기 마을에
있다. 성주라고는 하지만 해인사가 있는 경남 합천의 가야면에 더 가까
운 곳이다. 법수사 터를 찾아가는 가장 무난한 방법은 경부고속도로 서
대구 나들목에서 88고속도로로 갈아타고 해인사 나들목으로 내려가는
것이다. 나들목에서 해인사 방면의 1084번 지방도로를 타고 가다가 59
번 국도와 만나는 지점에서 성주 방면으로 6킬로미터 남짓 가면 된다. 해
인사 나들목에서 30분가량이면 닿을 수 있다. 아예 국도가 좋은 사람들
은 김천 - 성주 - 수륜면으로 향하는 59번 국도를 따라 가야산 순환도로
를 타면 된다. 절터는 삼층탑이 빤히 보이는 길가에 있어 찾기가 쉽고, 탑
아래 마을이 중기 마을이다.

법수사는 신라 애장왕 3년인 802년에 세워진 화엄 사찰이었다. 창건
당시에는 금당사金塘寺라 했다지만 언제부터 법수사가 되었는지는 알지
못한다. 전하는 이야기로는 1,000여 칸이 넘는 건물이 빼곡하게 들어서
있었고 주변 암자만도 100곳이 넘었다지만 그 흔적을 가늠하기가 쉽지
않다.

신라의 마지막 왕인 경순왕의 막내아들인 범공梵空이 스님이 된 후 머
물렀는가 하면, 고려 광종 대에는 의상 대사로부터 이어지는 화엄의 큰
인물이자, 성상性相 융회融會의 화엄종풍을 드날리던 균
여均如도 귀법사와 개태사 그리고 법수사에 머물며 화
엄종을 진작시켰다. 그 후, 고려 예종 때 왕사를 지낸 원
경元景 스님이 주지를 지낸 것으로 알려져 있다.

삼층 석탑 앞의 대좌.

유학자들이 법수사를 찾아 글을 남긴 시기가 고려
말, 조선 초에 집중되어 있는 것으로 봐서 그 즈음이
법수사의 법등이 가장 활활 타올랐던 시기라고 봐야 할
것이다. 그 후, 조선 중기 임진왜란 후로는 글을 찾을 수
없으니 임란 당시 폐찰이 된 것으로 보인다. 더구나 법수사는 승병들의
근거지로 알려졌으니 온전하게 남기가 힘들었을 것이다.

지금 해인사 대적광전의 주존불인 비로자나불이 본디는 이 곳 법수사
의 주존불이었다. 폐사가 되자 불상은 인근의 용기사龍起寺로 옮겨졌으

나, 그마저 폐사되자 고종 광무 1년인 1897년에 당시의 해인사 주지인 범운梵雲 선사에 의해 다시 옮겨졌다고 한다. 또한 절터 뒤의 용기골로 들어가는 입구의 미륵당에 있던 불상은 1967년 경북대학교박물관으로 옮겨졌으니 절터에는 경북 지방문화재 67호인 삼층 석탑과 86호인 당간 지주 그리고 탑 근처에 불상 좌대였을 연화문이 새겨진 석물만이 남아 있다. 탑의 기단부는 큼지막한 안상을 각 면마다 세 개씩 새겼다. 당간 지주 앞에는 연화문이 새겨진 배례석, 탑 앞에는 석등 받침이었을 법한 석물이 있으며, 또 천도재를 마친 후 잡귀에게 음식을 나누어 주며 경을 읽던 연화문이 새겨진 시식대施食臺가 인근의 식당 마당으로 옮겨졌다고 하나 찾지 못했다.

삼층 석탑의 기단부에 새겨진 안상.

경상북도 포항 법광사 터

들국화 향기 짙은데 부처님은 어디 가셨는가

아! 부처님은 어디 가셨는가. 당신이 앉으셨던

연꽃 자리는 텅 비어 있었다. 짙은 잿빛 구름만 좌대 위를

오갈 뿐 부처님은 간 곳이 없었다. 좌대의 상대석은

부처님 떠나신 곳을 향해 절을 하는 것인가.

아예 거꾸로 박힌 채 바닥을 하늘로 드러내 놓고 있었다.

아직 별이 총총한 새벽 다섯시에 집을 나섰다. 문경 새재를 지날 즈음, 자동차 안의 온도계는 섭씨 0도. 서서히 밝아 오는 여명에 다시 물드는 매혹적인 단풍과 하늘을 보려 창문을 여니 알싸하게 찬 기운과 함께 마른잎 냄새가 들이닥쳤다. 들판에는 하얀 무서리가 동살에 녹아 내리며 반짝이고, 갓 피어난 구름은 저 홀로 분주했다. 여명의 장면들은 언제나 급격하다. 한낮의 정체된 하늘과는 판이하게 다른, 시간이 물 흐르듯이 지나가는 모습을 몹시도 적나라하게 보여 준다. 그러나 하늘과 대지를 물들이는 동살의 아름다운 색과 그 빛을 받고 깨어나는 자연의 순결함에 취하여 그 찰나와도 같은 시간의 흐름은 망각하고 만다. 눈앞에 보이는 것이 너무도 찬란하여 그것을 가능하게 하는 시간의 흐름까지는 미처 헤아리지 못하는 것이다.

절터 또한 다를 바 없다. 지금의 절집들이 아름다울 수 있는 것은 무수히 많은 절터들이 함께했기 때문은 아니었을까. 그러나 그들은, 우리가 미처 이 새벽을 가능하게 한 시간을 헤아리지 못하듯이, 잊혀지고 만다. 전각이 무너지고 부처님이 계시지 않다는 까닭만으로 발걸음이 끊어진 것이다. 포항의 법광사 터(法廣寺址) 또한 다르지 않다. 남아 있는 석조 유물로 보면 여느 큰 절집 못지않게 거대한 도량이었을 터이건만, 지금은 바람 소리와 새 소리만이 머무는 곳이 되고 말았으니 말이다.

아침 아홉시 무렵에 다다른 절터, 곱게 가을 옷으로 갈아입은 비학산을 마주 보며 오르자 이제 막 가을걷이를 마친 논에 당간 지주가 우뚝하다. 당幢과 간杆은 잃어버렸지만 붉게 물든 담쟁이를 당인 양 덮어썼으니 들머리부터 퇴락한 절터의 분위기를 물씬 내며 순례자를 반긴다.

쇠락해 가는 모습이 역력하지만 그것이 더욱 스산한 맛을 풍기며 절터를 절터답게 하니 오히려 아름답기까지 하다. 절터로 향하는 마음이 기대하는 것은 무엇이겠는가. 그것은 부지런한 스님이 신새벽부터 싸리비 자국 선명하게 쓸어 놓은 마당처럼 정갈한 모습이 아니다. 그렇다고 억지로 흩어 놓은 것도 아닌, 그저 그대로의 모습이면 더할 나위 없는 것이다.

그러므로 절터는 모든 것으로부터 자유로운 곳이다. 정갈하게 화병에 꽂힌 꽃이 금당에 놓이는 대신 논틀에서 눈부시도록 빛나는 억새가 헌화 공양을 하고, 법당이 있었을 법한 곳에 제 마음껏 피어난 노란 들국화가 짙은 향기로 향 공양을 올리는 그런 곳 말이다. 부처님 앉으셨던 자리에는 새들이 머물다 떠나고, 부처님 사리 모신 탑에는 바람이 부딪쳐 부서지곤 할 뿐인 것이다. 그것을 보아야 한다. 탑에 머무는 햇살이며 부처님 자리에 떨어진 빛 고운 감잎 한 장의 아름다움을 눈치 채지 못하면 절터는 그저 허망한 곳이며 더 이상 머물 까닭이 없는 곳이 되고 말기 때문이다.

당간 지주 곁에는 아침 햇살을 머금은 억새들이 하늘거리고 있었다. 한쪽은 부러진 채 기우뚱 박혀 있어 볼품은 없지만 그가 아니었다면 논틀마다 빛나는 억새 물결을 볼 수 없었을 터이니 그 또한 고마운 일이다. 아직 손으로 모를 심고 낫으로 가을걷이를 하던 시절에는 당간 지주가 있는 자리가 새참 먹는 장소로는 그만이었겠다 싶었다. 나무라도 한 그루 있어 그늘이라도 생겼다면 전라도 너른 들판에 놓여 있는 모정과도 같았으리라. 당간 지주 아래 축대에는 연화문이 새겨진 받침돌이 깨진 채 박혀 있었다. 그 곁에도 정질을 한 주춧돌인 듯한 것과 장대석인 듯 반듯하게 손을 댄 석물들이 함께 있었으니 혹여 다른 것도 있을까 싶어 논배미의 축대를 둘

당간 지주 아래의 논둑에 곱게 연화문을 새긴 대좌가 박혀 있다. 그 바로 옆에도 엇비슷하게 생긴 것이 박혀 있지만 둘 다 깨진 채였다. 일반적인 절집 구조로 보면 당간 지주 곁에 다른 건축물을 세우는 경우는 드물다. 그러니 이것들은 모두 위에서 굴러 내려온 것이 아닌가 싶다. 절터에 남은 석조 유물들 가운데에 아래에 있던 것이 위로 올라가는 경우보다 위엣것이 아래로 굴러 내려오는 경우가 많으니 그렇게 생각하는 것이다.

본디 절터 아래에 있는 법광사에도 반드시 들르기를 권한다. 삼층 석탑 앞의 배례석이며 또
원통전으로 오르는 계단 연봉蓮峯의 석주들은 옛 것이다. 계단 왼쪽으로 보면 복련의 연화
문과 안상眼象이 뚜렷한 석등 대좌를 시멘트로 발라 섬돌로 이용하고 있다.

러보다가 금당 자리로 올랐다.

금당 자리가 가까워지자 나는 그만 짙은 국화꽃 향기에 취하고 말았다. 지천이었다. 샛노란 국화꽃이 햇빛을 받으면 그토록 윤이 난다는 것을 처음 느꼈으니 오늘 부처님은 나에게 무엇을 깨달으라고 하시는 것인가. 엄벙덤벙, 그 향기에 휩싸였다. 주춧돌이나 고막이돌 그리고 신방돌이 제자리를 지키며 잘 남아 있었지만 사실 그것이 있건 말건 눈에 들어오지도 않았다. 그저 국화꽃 지천인 절터를 바라보거나 거니는 것만으로도 법광사터는 나에게 아름다운 존재였다.

그러다 문득 고개 돌린 곳. 아! 부처님은 어디 가셨는가. 당신이 앉으셨던 연꽃 자리는 텅 비어 있었다. 짙은 잿빛 구름만 좌대 위를 오갈 뿐 부처님은 간 곳이 없었다. 좌대의 상대석은 부처님 떠나신 곳을 향해 절을 하는 것인가. 아예 거꾸로 박힌 채 바닥을 하늘로 드러내 놓고 있었다. 꽃 향기에 취해 경쾌하기만 하던 눈길이 그 곳에서 벗어날 줄 몰랐다. 두어 시간, 꼼짝 않고 눈앞에 펼쳐진 슬픈 장면을 뚫어져라 바라볼 뿐이었다.

부동의 나를 깨운 사람은 산수유를 따던 마을 아낙이었다. 그녀는 내가 이상한지 다가와 말을 걸었다. 어디서 왔는데, 여기서 무엇을 하고 있느냐는 것이다. 대답하기를, 부처님이 어디 가셨는지 그것 생각하고 있다고 했더니, 별 싱거운 사람 다 봤다는 식으로 피식 웃으며 돌아섰다. 그러곤 같이 산수유를 따던 아낙들과 힐끔힐끔 나를 보며 말을 나누는 꼴이 지루한 노동에 내가 새참거리라도 된 모양이었다. 그도 그럴 것이다. 자신들이 생각하기에 볼 것 하나 없는 절터에, 그것도 부처님 계시지도 않은 자리를 하염없이 바라보고 있는 사람은 본 적이 없을 테니 말이다.

지금의 법광사를 에돌아 뒤로 가면 만나는 삼층 석탑이다. 이래저래 부침이 있었지만 지금은 전형적인 통일
신라의 양식을 지닌 제 모습을 찾았다. 1992년 이 곳을 처음 찾았을 때는 탑이 사층이었다. 이는 새롭게 절을
일으킨 스님이 석가불사리탑비에 오층의 탑이 있었다는 기록을 보고 잘못 복원한 탓이었다. 상층 기단의 갑
석을 지붕돌인 양 알고 일층으로 계산해서 그리 된 것이지 싶었다.

부처님 앉았던 자리이나 부처님은 간 곳이 없다. 하대석은 돌을 두 개를 맞대어 놓았는데 지름이 2.4미터에
이르며 높이가 70여 센티미터에 이른다. 맨 아래에는 안상을 한 면에 둘씩 열여섯 개를 새겼으며 그 위로 연
꽃 잎 또한 열여섯 장을 새겼다. 그 위로 중대석을 받치는 팔각의 받침을 만들었는데 그 중 뒤쪽의 한 부분이
40센티미터가량 평평하게 패여 있다. 그 곳이 광배를 받쳤던 자리이다. 중대석은 팔각의 기둥이며 지름은 1.5
미터가량이다.

그러거나 말거나 나의 부동의 몸짓은 계속 이어졌다. 어디로 가셨을까. 아무래도 부처님은 서붓서붓 걸어서 우리가 사는 세계로 내려오신 것이지 싶었다. 산골 생활 적적하셔서 속인들 사는 꼴 어떠한지 만행을 떠나신 것이라고 생각했다. 그러나 가슴이 아린 것은 어쩔 수 없다. 휴정休靜 서산대사가 법광사를 지나며 노래했다.

비바람은 하늘 사이 천 칸 집에 몰아치고
금빛 부처는 이끼와 먼지로 뒤덮였구나.
이제야 알겠구나, 이 곳에 찾아든 선객들이
눈물을 금치 못하던 것을.

휴정이 이 곳을 지나갈 때는 이미 절은 무너지고 폐허였던 듯 행간에 녹아 있는 쓸쓸함이 지금과 다름없다. 그나마 먼지를 덮어쓴 부처님이라도 계시면 덜하겠지만 그마저도 안 계시니 코끝에 닿는 국화 향기만 무심할 뿐 마음은 더욱 헛헛하기만 했다.

조금 전 나에게 말을 걸던 아낙에게 이번에는 내가 다가가서 물었다. 쌍거북이 있는 곳을 아느냐고 말이다. 그랬더니 그니들이 빙긋이 웃으며 되레 나에게 묻는다. "부처님 어디 가셨는지 알았니껴?" "모리겠네, 아지매들은 아능교?" 하고 능청스레 되물었더니, "그거를 우리가 우예 아니껴, 평생 여서 살아도 모리니더. 거북이는 저 짝에 숭안전 모티로 돌아가마 있는 거 같던데, 그기 쌍 거북인지는 모리겠니더. 그 거북이 머리도 없는데 그거도 어데 갔는지 한번 알아 보소" 하며 저네들끼리 키득거리며 웃는다.

"그거야 간단하지요. 구지가 한 번 부르면 금방 목을 내놓을 텐데…." "구지가가 뭔기요. 우리들은 모리니더." 결국 그니들 앞에서 구지가를 읊어주니 "그런 노래도 다 있었니껴, 진작에 알았시마 아저씨 오기 전에 그 거북이 머리 우리가 찾아 놨을 낀데, 우야꼬"라며 웃는다. 커지는 웃음소리를 뒤로 하고 숭안전崇安殿으로 찾아들었다.

하필이면 공사 중이어서 제대로 볼 수는 없었지만 숭안전은 신라 26대 왕인 진평왕의 신위를 모신 곳이다. 사역 안에 왕의 위패를 모신 사당이 있는 셈이니 묘한 일이지만 그 의문은 절터에 남아 있는 '법광사 석가불사리탑비'에서 풀린다. 앞면의 왼쪽 마지막 행에 "본사위진평왕원당本寺爲眞平王願堂"이라는 문구가 남아 있었던 것이다. 이에 따르면 법광사는 신라 24대 진흥왕 10년에 양나라의 사신인 심호가 가지고 온 불사리 스물두

드물게 보는 비석의 머릿돌이다. 대양大洋의 신 바로나縛魯拏가 타고 다닌다는 마갈어摩竭魚 또는 마가라磨伽羅라고 불리는 괴어怪魚를 표현한 것인가. 바로나는 물고기의 왕을 뜻하지만 머릿돌의 물고기는 오히려 잉어와도 같이 소박하다. 그러나 생경한 모습이 보는 이의 눈과 마음을 즐겁게 한다.

과를 모시려고 진평왕이 원효에게 명하여 세운 절이다. 그래서 진평왕의 신위를 모신 사당이 사역 내에 있는 것이다. 그 왼쪽 담 곁에 비석의 받침돌인 귀부가 놓여 있었다. 무참하게 깨져 형체를 알아보기가 쉽지 않지만 통일신라 시대에 유행하던 두 마리의 거북이가 한몸이 되어 비석의 몸돌을 받쳤던 모습은 확인할 수 있다.

다시 산수유를 따는 아낙들 곁을 지나쳐 불사리탑으로 향했다. 삼층 석탑은 흙으로 만든 담 안에 놓여 있으며 '법광사 석가불사리탑비' 또한 그 곁에 있다. 그러나 십여 년 만에 보는 불사리탑이 눈에 익지 않았다. 집으로 돌아와 사진을 확인해 보니 1992년에 그 곳을 찾았을 때는 분명 사층탑이었다. 짝수 탑은 보기 드문지라 눈여겨봤던 것인데 지금은 삼층으로 되어 있으니 어쩐 일일까. 그것은 절터 아래에 있는 지금의 법광사를 창건한 이벽허 스님의 실수 때문이었다. 쓰러져 있던 탑을 복원하는 것까지는 좋았으나, 그러면서 탑비에 오층이라고 되어 있으니 그에 따라 오층으로 만든다는 것이 그만 상층 기단의 갑석까지 한 층으로 계산하여 지붕돌을 네 개만 올린 때문이었다. 우여곡절 끝에 삼층으로 되긴 했지만 삼층 몸돌과 상륜부는 새 돌을 깎아 넣어 성긴 맛이 묘하다.

다시 들국화가 지천인 곳을 걸었다. 강당 자리였을까. 아니면 법당 옆을 감싸고 있던 회랑 자리였을까. 그 곳을 걸어 금당 터를 서성거렸다. 부처님 가신 곳 어디인지 모르지만 법광사 터의 부처님은 나에게 들국화 향기로 남으셨다. 두어 송이 꽃을 꺾어 좌대에 올려놓고 삼배를 올리고 돌아서는데 아낙들이 소리친다. "아저씨 잘 가이시더."

법광사 터는 포항시 신광면 상읍리 비학산 동쪽 기슭에 있다. 경부고속도로로 대구를 지나면 포항으로 가는 고속도로가 얼마 전에 새로 뚫렸다. 그 길로 가다가 기계 나들목으로 나가면 된다. 그 곳에서 좌회전하여 2킬로미터를 채 가지 않아 사거리가 나오는데 신광, 청하 쪽으로 다시 좌회전하여 68번 지방도로를 따라 11킬로미터를 줄곧 가면 된다. 신광면에 다다라 소재지로 들어가지 말고 200미터쯤 직진하면 왼쪽으로 법광사 터를 알리는 표지판이 보이며 그 곳에서 마을길로 5분가량이면 절터에 닿는다.

당간 지주는 마을회관을 지나자마자 왼쪽 논 가운데 있으며, 당간 지주 바로 아래 축대에 연화문이 새겨진 깨진 주춧돌이 박혀 있다. 다시 마을 길로 들어서서 200미터 정도 가면 오른쪽으로 산불 감시 초소가 있고 그 위가 절터이다. 그 곳으로 곧장 올라도 되지만 작은 다리를 지나 공터에 자동차를 세우고 근래에 세워진 법광사부터 보는 것이 좋다. 법광사 마당의 삼층탑 앞에 연꽃 무늬 봉로좌奉爐座가 선명한 배례석, 연꽃 무늬 돌 기둥과 대좌가 있으며, 안상과 연화문이 뚜렷한 좌대가 계단에 박혀 있는 데 시멘트로 발라 놓았다.

법광사 들머리의 당간 지주.

법광사의 왼쪽 담을 끼고 50미터쯤 걸으면 오른쪽으로 불사리탑과 탑비가 있으며 그 곳에 올라서서 바라보면 한눈에 금당 자리가 눈에 들어온다. 그 곳에서 불상 좌대가 있는 곳까지 가는 50미터 남짓한 길에도 주춧돌과 장대석들이 무수히 많으니 눈여겨볼 만하다. 불상 좌대는 연화문이 새겨진 하대석과 팔각의 중대석이 제대로 남아 있으며, 상대석은 떨어져 땅에 박혀 있다. 눈여겨볼 것은 하대석 뒷부분에 움푹 파인 곳이다. 팔각의 한 모퉁이쯤을 파고 그 앞에는 따로 연꽃 잎을 새겼는데 그 곳이 광배를 세운 받침자리이다.

좌대를 둘러싸고 있는 고막이돌이나 신방돌 그리고 주춧돌의 유구는 비교적 잘 남아 있는 편이다. 불상 좌대의 앞으로 보이는 밭은 회랑 자리였으며 주춧돌이 군데군데 놓여 있다. 숭안전은 금당 자리에서 한눈에 찾을 수 있으며 그 왼쪽 담 곁에 깨진 귀부가 있다. 또 마을 사람들이 '부처 너들이'라고 부르는 금당 터 서북쪽의 밭둑에 세심당洗心堂의 부도 한 기가 있으며 그 산기슭에 또 귀진당歸眞堂 문익文益의 부도 한 기가 있다.

이렇듯 법광사 터는 석조 유물이 그 어느 곳보다 잘 남아 있다. 비록 그것이 국보이거나 보물은 아닐지라도 관심 있게 바라보면 사라져 버린 법당을 머리 속에서나마 다시 세울 수 있을 것이다. 특이하게 물고기를 머릿돌로 올린 불사리탑비에 따르면 법당은 5칸의 2층이었으며 모두 525칸의 건물이 있었다고 한다. 절은 임란 때 불탄 것으로 짐작되며, 조선 영조 2년인 1764년에 중창되었으나 철종 연간인 1860년대에 다시 불타 사라진 것으로 알려졌다.

숭안전 옆의 쌍 거북 귀부.

국립 경주박물관에는 법광사 석탑지法光寺石塔誌가 보관되어 있는데 모두 두 매이다. 그 중 한 매는 흥덕왕 3년인 828년에 세운 탑을 846년(문성왕 8, 회창 6, 병인)에 옮겨 세우며 만든 것이며, 또 다른 하나는 1747년(영조 23, 건륭 12)과 1698년(숙종 24, 강희 37)에 탑을 중수했다는 내용이 기록되어 있다. 그 중 한 매의 내용을 보면 다음과 같다.

법광사 석탑기法光寺石塔記

회창 6년 병인 9월, 옮겨 세우고 수리하다. 원컨대 대대로 단월은 정토에서 태어나시고 금상께서는 복과 수명이 길이 뻗치소서. 안에 사리 22매를 넣다. 상좌 도흥道興, 대화 2년 무신 7월 향조香照 스님과 비구니 원적圓寂이 재물을 희사하여 탑을 세웠다. 절의 단월은 성덕대왕成德大王이며 전전은 향순香純이다(會昌六年丙寅九月 移建兼脩治 願代代壇越生淨土 今上福命長遠 內舍利十二枚 上座道興 大和二年戊申七月香照師 圓寂尼捨財建塔 寺壇越成德大王 典香純).

– 「한국고대금석문韓國古代金石文」에서

경상북도 청도 장연사 터

그것만 보려 하지 말고 그것까지 헤아려라

이렇듯 허망하게 사라진 과거를 현재로 되살려 놓은 곳을

보지 못했다. 이 얼마나 아름다운 장면인가. 서로 힘을 모아

스산한 절터에 있던 배례석을 옮겨 마을의 얼굴로 삼은

이들이야말로 아름다운 사람들이다.

때마침 노란 은행잎마저 배례석 주위에 떨어져 쌓여 있으니

그 또한 얼마나 아름다운 정경인가. 아무래도

나는 눈앞에 펼쳐진 이 장면을 폐사지에서 만날 수 있는

아름다운 장면 중 열 손가락 안에 꼽고야 말 터이다.

읍내에서 자고 난 새벽, 먼 곳으로 눈길을 돌리자 거뭇한 감나무에 달린 청도 반시盤柿가 동살을 받아 반짝이고 있었다. 그 아래 떨어진 감잎은 막바지 붉은 기운을 내뿜고 있었으니, 늦가을의 청도는 살집이 두툼하고 얼굴은 햇볕에 마구 그을린 시골 아낙만이 지닐 수 있는 투박한 매력을 뽐내고 있는 듯했다. 햇볕에 그을렸기로서니 어찌 고운 색이 눈에 차지 않겠는가. 오랜만에 나선 나들이 길에 붉게 익어 가는 감마냥 선홍빛 마다하지 않고 칠한 입술의 어색함을 감추지 못하는 순박한 아낙네들의 농밀한 아름다움, 청도의 새벽은 그니들의 순정한 모습처럼 그렇게 밝아 오고 있었다.

밤새 내린 무서리는 아직 푸른 기운을 잃지 않은 풀들이며 논틀 밭틀을 하얗게 물들이고, 군불을 지피는 연기와 맑은 동창천에서 스멀스멀 피어나는 물안개가 어우러져 눈에 보이는 모든 것이 아련하기만 했으니, 참으로 맑고 고운 정경이었다. 그것은 마치 나도 모르는 사이에 내 기억의 저편에 자리하고 있는 까닭 모를 한 장면과도 같았다. 눈에 익지만 그것이 언제 어느 때의 장면인지 미처 기억해 내지 못하는 정경처럼 말이다. 그 아름다움에 빠져 자칫하면 읍내에서 매전면을 에돌아 장연사 터(長淵寺址)로 가는 동안 내가 절터로 향하고 있다는 것조차 잊어버릴 뻔했다. 그것은 장연리로 들어서서도 마찬가지였다. 대뜸 절터로 가기는커녕 무서리가 지천으로 내려앉은 들판을 쏘다니고, 낙동강으로 흘러갈 동창천에서 피어나는 물안개에 취해 다리 위를 거닐 뿐이었다. 절집이 있었던 장수골에는 아직 해가 들지도 않았을뿐더러 서둘러 절터로 간답시고 이토록 아름다운 늦가을의 새벽 정취를 모른 체할 수가 없었기 때문이었다. 더군다나 해가 비치기 시작하면 순식간에 사라지고 말 아름다움이니 더더욱 그랬던 것이다.

절터를 거닐다가 이 아름다운 다리를 만났다. 비록 떨어진 감잎은 고운 빛이 바랬지만 지금껏 내가 만난 다리 중 가장 짧고 가장 아름다운 다리임에 틀림없었다. 성큼 발을 내디디면 다리를 밟지 않고도 건널 수 있으련만 나는 헤아릴 수도 없을 만큼 이 다리를 밟으며 건넜다가 돌아오기를 되풀이했다. 이쪽으로 건너면 저쪽이 피안彼岸인 것 같고 저쪽에 닿으면 이쪽이 피안 같았기 때문이다. 아직 내가 욕심이 큰 탓이다.

이윽고 다다른 절터, 막 동살이 비쳐 들기 시작한 삼층 석탑이, 자신의 고독한 그림자는 아직 서리가 녹지 않은 차가운 바닥에 드리운 채, 감나무 그림자를 제 몸에 받아들이고 있었다. 한 폭의 수묵화처럼 그렇게 말이다. 탑을 에워싸고 있는 감나무에 주렁주렁 붉은 감이 달렸을 때를 맞춘다고 별렀건만 올해도 여의치 않았다. 감은 한 알도 남은 것이 없고 잎마저 떨어져 제멋대로 뻗은 앙상한 가지만 무성할 뿐이었다.

언젠가 가을이 깊어 갈 무렵 조우한 경주 숭복사 터(崇福寺址) 삼층 석탑을 둘러싸고 있던 감나무들의 붉은 모습을 잊을 수가 없다. 감이며 잎모두가 붉게 물든 그 장면은 무척이나 아름다웠다. 마치 황량한 절터를 지키고 서 있는 고독한 탑을 위한 장엄을 베풀어 놓은 듯 황홀하기만 했다. 이 곳 장연사 터에 오면서도 굳이 붉은 감이 달린 시기를 맞추려 한 것은 그 때문이었다. 이제 찬 서리와 눈보라를 견뎌야 하는 탑이기에 앙상한 나무들만이 내놓는 스산함 속에서 만나고 싶지 않았던 것이다.

빈 절터에 홀로 서 있는 탑의 고독을 어찌 짐작이나 하겠으며, 밀밀의密 密意, 그가 지닌 깊고 깊은 뜻을 어찌 간단하게 헤아릴 수 있겠는가. 그가 이렇듯 천 년의 세월을 견디며 서 있는 것을, 눈에 보이는 겉모습으로 헤아리고 마는 것은 섣부르다. 어느 날, 조주 선사를 찾아온 비구니가 물었다. 깊고 깊은 뜻이란 어떤 것이냐고. 그러자 조주는 대답 대신 비구니에게로 다가가 그녀의 어깨를 어루만졌다. 그러자 놀란 비구니가, 노스님은 아직도 그것이 남아 있느냐고 묻는다. 조주는 되레 오히려 그것이 남아 있는 것은 내가 아니라 네가 아니냐고 했다. 그들이 이야기한 그것은 서로 달랐다. 비구니의 그것은 색정이었으나 조주가 베푼 것은 불성이었던 것이다.

만해 한용운의 상좌이기도 했던 춘성 스님 또한 그랬다. 어느 날, 갓 대학

생이 된 내로라하는 집안의 딸이 춘성 스님을 찾아왔다. 좋은 말씀 한 마디 들려 달라는 그녀 어머니의 간절한 부탁 때문이었다. 스님은 그녀를 보자 대뜸 말한다. "네 작은 그 곳으로 어찌 나의 그 큰 것이 들어갈 수 있겠느냐?" 그러자 그녀는 화들짝 놀라 자리를 박차고 나가 버렸다. 내 큰 것은 무엇이고 네 작은 곳은 어디인가. 헤아려 보라. 그것을 헤아리듯이 빈 절터를 지키고 서 있는 탑을 어루만져야 한다. 그저 탑의 양식이나 시대 그리고 아름다움만을 가늠하는 잣대로 그들을 대하고 돌아서는 것은 마뜩치 않다. 그것은 앞서 이야기한 비구니나 그 여대생의 좁은 소견에 따른 행동과 다르지 않기 때문이다. 사람을 만나 그의 겉모습만 보지 않듯이, 또 글을 읽을 때 행간의 의미를 놓치지 않듯이, 절터로의 순례 또한 그래야 한다.

굳이 이른 새벽부터 절터를 찾아드는 까닭 또한 그와 다르지 않다. 도량석이 울려 퍼지지 않는다고 절터가 깨어나지 않은 것 아니며 사물 소리 울리지 않는다고 부처님 말씀 사라진 것은 아니다. 절터에 남아 있는 석조 유물들의 아름다움 또한 새벽 첫 햇살에 가장 돋보이니, 돌의 입자들이 한 알 한알 솟구치듯 돋아나고 그 곳에 베풀어진 조각들이 살아 움직일 듯이 빛난다. 바로 그런 시간에 그를 마주하여 그들이 지닌 깊고 깊은 뜻을 되새기려는 것이다.

그런데 낯선 사람이 새벽부터 마을 한가운데에 있는 절터를 서성이는 것이 이상해 보였던 모양이다. 동탑의 기단에 걸터앉아 맞은 편 감나무 밭 안의 당간 지주를 찾느라 분주하게 눈길을 돌리는데 할머니 한 분이 불쑥 나타났다. 물안개를 구경한다고 다리 위를 서성일 때 자전거를 타고 면소로 나가던 분이었다.

보물 677호인 장연사 터 삼층 석탑이다. 오른쪽이 동탑, 왼쪽의 좀더 흰 탑이 개울에 무너져 있던 것을 1980년에 복원한 서탑이다. 당간 지주가 있는 곳에 서서 탑이 있는 곳을 보면 도무지 건물의 배치가 가늠이 되지 않는다. 탑 바로 뒤로 금당이 있을 만한 공간이 없기 때문이다. 또한 건물이 있었다면 주춧돌이나 장대석이라도 있을 법하건만 그마저도 찾지 못했다. 그러니 지금 탑이 놓인 곳이 제자리인지 확신할 수 없다. 절터가 자리 잡은 장수골의 들머리는 작은 개울을 두고 오른쪽에 집들이 있는 반면 탑은 개울 왼쪽에 덩그마니 있으니 더욱 그런 것이다. 오히려 고성 이씨들의 재실인 사원재가 자리 잡은 일대가 금당 터로는 알맞아 보였다.

탑전을 서성이다가 개울 건너 밤나무 숲을 바라보면 보일 듯 말 듯 당간 지주가 있다. 그것에 기대어 자란 나
무 또한 오래 묵은 탓인지 둥치만 남고 가지와 줄기는 잃어버렸다. 묘한 장면이었다. 부러진 것들 셋이 옹기
종기 모여 옛 이야기를 하고 있는 것도 아닐 텐데 말이다. 절터를 지키고 있는 탑과 비록 부러지긴 했지만 이
당간 지주의 규모로 그 옛날 장연사의 사격寺格이 만만치 않았음을 가늠해 볼 수 있다.

쪽진 머리가 하도 단정해서 유심히 뒤태를 바라봤었는데 그분이 앞에 나타난 것이다. 탑 앞에 서서는 날더러 비키라고 하더니 낙엽을 쓸어 내고 삼배를 하고 나서야, 어디서 왔느냐고 묻는다. 더불어 뭣 하는 사람이며 뭘 하러 이 새벽부터 이 곳에 왔느냐고 한다. 대답 대신 할머니는 새벽 일찍 어디를 다녀오시느냐 오히려 되물었더니 농협에 볼 일이 있어 다녀오는 길이라고 한다. 그러던 끝에 아예 탑에 걸터앉아 이야기를 나누었다. 그니는 열아홉에 결혼을 해서 스물에 장수골에 들어왔으니 오십 년 남짓한 세월을 이 곳에서 살았다고 했다.

그 옛날 절터 이야기를 해 달라고 했더니 기억나는 것이 없단다. 그저 돌멩이나 바위 덩어리 보듯 하며 다녔지 눈여겨본 적이 없단다. 먹고 살기 바쁜데 다 무너진 것들을 돌아볼 시간이 어디 있느냐는 것이다. 그러면서도 기억은 잘 나지 않지만, 탑이 하나는 제대로 있었고 하나는 개울에 처박혀 있었다고 했다. 우리가 걸터앉은 동탑은 제대로 남은 것이고 서탑이 무너져 있었던 것인데 한 이십 년 전에 새로 세웠다고 했다.

그니는 모른다고는 하지만 절터에 대해서 아주 소상히 알고 있었다. 탑 앞에 있는 장대석이며 고성 이씨들의 재실인 사원재 마당에 '물 담는 사각형 통'과 '등불 켜는 받침대'가 있으며, 저 건너 맞은 편 감나무 밭에 돌기둥이 서 있는데 모두 부러졌으며, 마을 안 쪽에 가면 다리 앞에 '절돌'이 있고 그 앞집에 또 '돌기둥'이 마당에 세워져 있다고 알려 주었다. 절터의 오른쪽 위에는 몇 해 전에 그림 그리는 사람이 들어와 사는데 그 자리가 미륵님이 있던 자리며 그 미륵님은 지금 매전초등학교 운동장으로 모셔 갔다고 한다.

길명 마을에도 뭐가 있다는 이야기를 들었다고 말을 건넸더니, 길명 마을에 가면 마을 입구 은행나무 밑에 하얀 돌이 하나 있는데 가운데 연꽃이 새겨져 있는 것이라고 했다. 그야말로 지금 장연사 터에 남아 있는 모든 석조 유물을 꿰고 있는 셈이었다.

사원재까지 그니가 안내해 주는 대로 따라가니 과연 석등 받침과 한 변이 1.5미터는 됨직한 정사각형 석조가 마당 한쪽에 놓여 있었다. 아예 그니를 따라 장수골 끝까지 걸었다. 예닐곱 대의 자동차를 세울 수 있을 정도의 공터가 나타나자 할머니가 다리 옆에 있는 돌기둥을 가리킨다. 용도는 알 수 없지만 절에서 사용했던 것은 분명했다. 바로 그 앞에 새로 지은 듯한 집이 한 채 있는데 그 마당에도 반듯하게 잘 생긴 돌기둥이 세워져 있었다.

그니의 집은 그 곳에서도 더 올라간다며 헤어졌다. 괜히 그 손을 잡고 싶었다. 불쑥 손을 내밀며 건강하시라는 인사를 하고 탑이 있는 곳으로 걸어 내려오는데 그리 기분이 좋을 수가 없었다. 할머니가 이끄는 대로 따라가면서 그니가 해 주는 이야기를 듣는 것이 무엇보다 흐뭇해서였다. 절터 순례는 군이 학술적이지 않아도 좋다. 그것이 마을에 있으면 마을 사람들과 함께 살아온 이야기가 더욱 소중한 것이다. 아마도 절터는 마을 사람들에게 성가신 존재였을지 모른다. 탑이 있는 곳에는 함부로 나무도 심지 못했을 테니 그만큼 수확이 줄어들었을 것이다. 그 탓에 천덕꾸러기 신세를 면하지 못했을 수도 있지만, 장연사 터는 장수골 사람들의 순박한 마음 덕분에, 또 탑 자리가 논이 아닌 감나무 밭인 덕분에 그나마 지금껏 잘 남아 있지 싶었다.

장연사 터의 석조 유구들은 뿔뿔이 흩어졌다. 여느 절터나 다름없이 절이 무너지고 난 다음 세운 여염집들에
서는 앞다투어 절터의 석재들을 가져다 자재로 사용했을 것이다. 그 중 잘 다듬어 놓은 긴 장대석들은 여염집
의 땅을 돋우어 집을 올리기에 안성맞춤이었을 테니까 말이다. 그 탓인가. 절터에는 장대석조차 변변히 남아
있지 않았다. 겨우 탑 전에 뒹굴고 있는 이것이 전부이다.

탑 앞으로 난 길을 에돌아 길명 마을로 들어서자 입가에 절로 웃음이 번졌다. 분명 탑 앞에 놓였을 배례석이건만 그것이 세로로 우뚝 서 있었기 때문이었다. 비록 모퉁이가 깨지긴 했지만 할머니가 말한 대로 봉로좌奉爐座에 연화문이 새겨진 그것은 마치 마을 입구에 세워 놓은 장승과도 같이 순례자를 향해 활짝 웃고 있었다.

여태껏 여러 절터를 다녀 보았지만, 이렇듯 허망하게 사라진 과거를 현재로 되살려 놓은 곳을 보지 못했다. 이 얼마나 아름다운 장면인가. 그대들이여, '무지하게 배례석을 세워 놓았다'고 탓을 할 양이면 아예 장연사 터에 가지 마라. 속으로라도 미술사가 어떻고 가람 건축이 어떻고를 들먹이며 그들을 비웃지도 마라. 서로 힘을 모아 스산한 절터에 있던 배례석을 옮겨 마을의 얼굴로 삼은 이들이 어찌 아름다운 사람들이 아니겠는가. 때마침 노란 은행잎마저 배례석 주위에 떨어져 쌓여 있으니 그 또한 얼마나 아름다운 정경인가. 아무래도 나는 눈앞에 펼쳐진 이 장면을 폐사지에서 만날 수 있는 아름다운 장면들 중 열 손가락 안에 꼽고야 말 터이다.

장연사 터는 경북 청도군 매전면 장연리에 있다. 경부고속도로 경산 나들목으로 나가서 자인을 지나 20번 도로를 타고 청도를 향해야 한다. 동곡을 지나고, 매전면 소재지에서 밀양 쪽으로 좌회전하여 10분 남짓이면 매전초등학교가 나오고, 학교를 지나자마자 왼쪽으로 온정떡방아간이라는 간판이 보이면 좁은 길로 좌회전하여 가면 된다. 2킬로미터쯤 직진해서 제법 긴 다리 하나와 짧은 다리를 연이어 건너면 곧 길명 마을과 장수골이 갈라지는 삼거리이며, 그 곳에 자동차를 세우고 걸어 다니는 것이 좋다. 경산 나들목에서 1시간 남짓이면 닿을 수 있으며, 대구에서 청도와 밀양을 거쳐 부산으로 가는 새로운 고속도로가 개통되면 그 곳으로 청도까지 가는 것이 훨씬 수월하다. 청도읍에서 매전면까지는 15분 남짓한 거리이다.

장연사는 언제 세워지고 언제 사라졌는지 정확하게 알지 못한다. 이 곳을 두고 미륵불을 주존불로 모시던 흥경사興景寺 자리라고도 하지만 그도 확실치 않다. 다만 절터에 남아 있는 탑의 양식으로 보아 통일신라 후기에 세워진 것이 아닌가 짐작한다. 보물 677호인 삼층 석탑은 장수골과

보물 677호인 동탑과 서탑.

길명 마을이 갈라지는 삼거리에서 왼쪽을 보면 개울 건너 감나무 밭에 있다. 한 쪽이 부러진 당간 지주는 그 맞은편인 오른쪽 감나무 밭에 있다. 탑은 두 기가 있으며 오른쪽이 동탑, 왼쪽이 서탑이다. 전형적인 통일신라 석탑 모양을 하고 있으며, 서탑은 1980년 2월에 복원했고 동탑은 1984년 12월에 해체 복원했다. 당시 일층 몸돌 상단에서 사리 장치가 나왔는데 드물게 나무로 만든 사리함이었다. 그 안에 푸른 유리로 만든 사리병이 있었다고 한다. 당간 지주는 끝이 부러지긴 했지만 왼쪽 것은 그나마 잘 남아 있으며 겉에는 문양이 새겨져 있다.

사원재 안에 있는 석조.

동탑의 오른쪽 위로 집이 한 채 있는데 그 자리가 미륵전이 있던 자리며 미륵은 매전초등학교 운동장에 다른 돌기둥과 함께 있다. 탑에서 개울을 건너 골짜기를 따라 50미터쯤 오르면 바로 오른쪽에 사원재가 있는데 그 마당에 사각형의 석조와 석등 받침이 있다. 대개의 석조가 직사각형인데 이 곳의 석조는 정사각형이어서 눈길을 끈다. 마을 안쪽으로 5분 정도 걸으면 개울을 건너는 작은 다리가 있고, 그 앞 상수도 보호 간판 아래에 절에서 사용했을 돌이 두 개가 세워져 있다. 개울 건너 잘 지은 집 마당에 있는 돌기둥 또한 절에서 사용한 것이다.

길명 마을은 삼거리에서 10분 남짓 걸으면 되는데 자동차를 타고 불쑥 들어가서 배례석과 조우하는 것보다 천천히 걸어가다가 문득 그를 만나는 맛이 좋다. 마을로 들어서는 입구 키 큰 은행나무 아래에 세워져 있다. 가운데에는 연화문이, 옆에는 안상이 새겨져 있다.

이 세상에서 어떤 것이 가장 고맙고 기쁜 것이냐

부처님 터에 아예 나도 자리를 잡았다. 그 곳에서 바라보는

눈앞의 정경이 심상치 않았기 때문이다.

멀리 해인사가 깃들어 있는 가야산이 우뚝 솟았는가 하면

낙동강이 굽이치는 고령 땅이 한눈에 들어왔다.

그 유장한 능선들에게 내가 물었다. 이 세상에서 어떤 것이

가장 고맙고 기쁜 것이냐고 말이다.

이른 새벽 동살을 받고 있는 대견사 터의 삼층 석탑이다. 절터로의 만행이 거듭되는 동안 눈앞에 펼쳐진 그 어느 장면이 아름답거나 숭엄하지 않았을까. 아름다운 장면들은 내 속에 쌓이고 또 잊혀지기를 거듭했지만 유독 이 장면만은 지워지지 않는다. 때로 이런 장면을 만날 때면 차라리 사진을 찍을 줄 모르면 싶기도 하다. 사진을 찍느라 덤벙대다 보면 어느 새 전체에 대한 집중의 강도가 떨어지고 곧 생각의 경계가 허물어지니까 말이다. 얼른 너덧 장의 사진을 찍고 가부좌를 하고 앉았다. 적어도 이 장면 앞에서만은 나를 흐트러뜨리고 싶지 않기 때문이다.

현풍에서 눈을 뜬 새벽, 어젯밤과 다를 바 없이 안개 천지였다. 그 탓에 더욱 고즈넉하게 가라앉은 거리에는 밤을 밝히던 네온 사인조차 지친 듯 가물거리고 술 취한 취객 서넛이 고래고래 소리를 지르며 지나가고 있었다. 시내를 빠져 나오자 안개는 더욱 짙어졌다. 엉금엉금 기다시피 비슬산 언저리로 찾아들어 산기슭에 다다르자 언제 안개가 있었냐 싶도록 말끔하게 개어 있었다. 다만 볼에 와 닿는 공기가 맵고 시릴 뿐이었다.

아직 어둠이 깃든 산길을 걷기 시작했다. 간혹 바람이 불면 떨어져 쌓인 낙엽들이 곤두서서 이리저리 굴러다니는가 하면 상수리나무에서는 그나마 몇 남지 않은 빛바랜 잎이 힘없이 떨어지곤 했다. 땀이 흐르는가 싶어 윗옷을 벗어 제치면 그 바람이 바로 나에게로 왔다. 마치 내 속에 자라고 있는 헛된 생각들을 떨어뜨리려는 듯 그가 세차게 덮치면 이내 소름이 돋아 켜켜이 껴입은 옷매무새를 가다듬으며 걸음을 재촉해야 했다.

한 시간 남짓이나 걸었을까. 가쁜 숨을 고르려 고개를 들자 여명 속으로 눈에 차오르는 것이 있었다. 몽당연필보다 더 작게 보이는 그것은 처음 산길을 걷는 사람들에게는 그저 삐죽 솟은 바위로 보이겠지만 분명 탑이었다. 길은 강파른데 눈 앞에서는 탑이, 뒤돌아서면 운해에 잠긴 달성군 일대가 걸음을 붙들곤 했다. 대견사 터(大見寺址), 그는 새벽녘부터 나를 힘겹게 만들고 있었다. 게다가 "홀로 대웅봉에 앉아 있다(獨坐大雄峰)"라는 백장 회해百丈懷海 선사의 말 한 마디를 마음 속에 품고 그에게로 가고 있었으니 그 무게가 만만치 않았다.

계곡을 빠져 나와 능선에 올라서자 발 아래에서는 연신 뭉실뭉실한 구름이 피어나고 그제야 절터에 동살이 비쳐 들기 시작했다. 아무도 없는 절터에서 아침 첫 햇살을 받으며 머물 수 있는 것처럼 자못 통쾌하며 아름답고 고마운 일이 또 있을까. 기쁘기 그지없었다.

탑은 바로 눈앞에 있었지만, 그저 멀리서 아직 검은 그림자를 벗지 못한 산과 운해 그리고 푸른 하늘과 함께 그를 바라볼 뿐이었다. 마치 바위를 보듯, 한 떨기 겨울나무를 보듯 그렇게 말이다. 불현듯 그래야만 할 것 같았다. 산마루에 우뚝 솟은 탑은 결코 저 홀로 있지 않았다. 스스로가 품은, 혹은 그를 품고 있는 자연과 함께, 마치 그것인 양 있었다. 그가 그런지라, 다른 것은 못 본 체하며 무작정 그에게로 달려가는 것은 차마 못할 일이었다. 가부좌를 하고 앉았다가 다시 바위 위를 서성이며 그를 바라보는 시간이 길어짐에 따라 나는 그도 잊고, 나도 잊고, 부처님마저 잊고 말았다. 나와 너의 경계조차 허물어진 그 곳, 내가 바람이 되었는가 하면 탑이 되고, 바위가 되었는가 하면 서걱거리며 얼어붙은 얼음이나 산새가 되기도 했던 그 순간은 영원토록 잊혀지지 않을 것만 같다.

대견봉 정상에서 맞이한 새벽은 그렇게 내가 지닌 모든 경계를 허물어 버리고 있었다. 텅 비어 버린 몸과 마음, 나라 안 어디에서 이토록 숭엄한 장면과 조우할 것이며 이제 또다시 어느 즈음에 이처럼 환희에 찬 깨달음의 순간을 맛볼 것인가.

백장 선사가 대웅봉에 머물 때 한 납자가 그를 찾아와서 물었다고 했다. 어떤 것이 이 세상에서 가장 고마운 것이며 기쁜 것이냐고 말이다. 백장이 답하기를 "이렇게 대웅봉 꼭대기에 홀로 앉아 있는 것이다"라고 했다. 나 또한 누군가가 그 순간에 똑같이 물었다면 이렇게 홀로 대견봉 꼭대기에 앉아 있는 것이라고 말했을 것이다. 절터로의 만행을 시작하고 난 후, 그

절집의 바람막이가 되었을 바위 벽 아래에 연화문을 새긴 불상 대좌가 다소곳하게 놓여 있었다. 하필이면 이 날따라 줄자를 지니고 가지 않아 그 정확한 크기를 재 보지는 못했지만 얼추 위의 지름이 60센티미터는 되어 보였다. 윗면을 다듬지 않은 것으로 봐서 대좌의 하대석이며 위로 중대석과 상대석이 놓이고 앉아 계신 부처 님을 모셨던 것이지 싶다. 더러 깨지기는 했지만 통일신라 하대의 양식을 충실히 따르고 있다.

자유자재한 순간만큼 내가 환희에 떨었던 적이 있던가. 없다. 적어도 그 순간만큼은 물아일체物我一體였으며 자연을 포함한 우주와 내가 한몸이 된 듯했으니 말이다.

모든 문제가 나에게서 비롯되고 또한 나에게로 되돌아오니 곧 스스로가 세상의 중심이라는 '천상천하 유아독존'이 바로 이것인가. 아! 나는 감당하기 힘들 만큼 밀어닥치던 대견봉에서의 새벽을 기억할 것이다. 그러나 시간은 흐른다. 미혹의 시간이 있으면 깨달음의 순간이 오고, 화살같이 빠른 그 순간이 지나고 난 다음, 나에게는 무엇이 남았는가. 고독이었다.

발 아래 운해는 차츰 걷혀 가지만 오히려 나는 스멀스멀 일어나는 외로움에 휩싸여 버렸다. 점점 멀겋게 드러나는 산 아래의 모습이 마치 나를 발가벗겨 놓은 듯 황량하기만 했으니 차마 바라보기를 저어했다.

나의 깨달음이란 것은 결국 나의 실존을 처절하게 깨우친 것에 다름 아니니, 홀로 텅 빈 절터에 앉아 나의 모습을 비춰 본 것이나 다르지 않았다. 비록 나의 존재, 그 자체의 본성은 아름다울지언정 그 존재로 세상을 지나오며 달라지고 말았으리라. 잃어버린 본성, 절터로의 순례를 시작하면서부터 지금껏 내가 참구하는 것은 바로 그것이다. 독존獨存의 고독을 감내하며 내 본성으로부터 내가 다시 설 수 있도록 말이다. 그리하여 진정 누군가가 물으면 "내가 여기 있다"라고 말할 수 있다면 더할 나위 없겠다. 그마저 욕심인가. 아예 말을 꺼내지 않았으면 좋을 테지만 이미 뱉어 버렸으니 어쩔 것인가.

가부좌를 하고 앉은 바위에서 그렇게 얼마나 있었을까. 한 떼의 등산객들이 줄을 지어 올라오는 모습이 보였다. 그들과 맞닥뜨리고 싶지 않아 서둘러 절터를 둘러보기 시작했다. 눈 밝은 사람이라야 겨우 가늠할 수 있는 계단의 흔적과 장대석 몇이 풀숲에 누워 있을 뿐, 우물만이 당시의 모습 그대로인 듯했다. 자연 석굴 앞 부처님 계셨던 대좌는 그 자리에 그대로이건만 부처님은 간곳없고 석굴로 들어가는 들머리 바위 벽에 선으로 새긴 조각이 있었다. 아무리 봐도 마애불은 아니건만 도무지 알 수 없던 그것은 나라 안에 드물게 남아 있는 유가심인도喩伽心印圖였다.

그것이 유가심인도라는 것을 알고 난 다음 불현듯 「삼국유사」 피은避隱편, '포산 2성包山二聖'의 한 장면이 스쳐 지나갔다. 비슬산은 「삼국유사」를 쓴 일연 선사가 오래도록 머물렀던 산이며 당시는 포산이라고 불렀다. 그 글에 관기觀機와 도성道成이라는 신라의 성사聖師가 포산에 살았는데 관기는 남쪽 고개에 암자를 짓고 살았고, 도성은 북쪽 굴에서 살았다고 되어 있다. 둘 사이의 거리는 십여 리쯤이었으나 구름을 헤치고 달을 노래하며 서로 왕래했다고 한다. 지금의 도성암이 도성이 머물렀던 곳이라

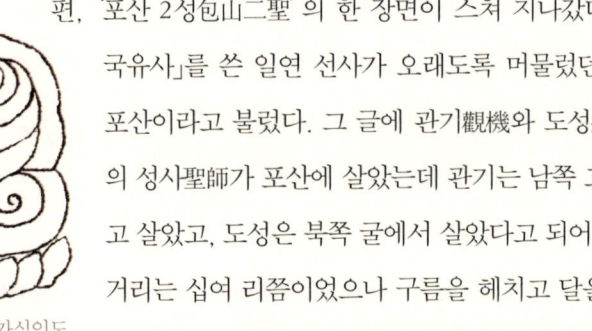
대견사 터 유가심인도.

하는데, 관기가 지은 암자는 어느 곳인지 분명하지 않다. 그러나 대략 4킬로미터쯤의 거리였다면 대견사 터가 관기 조사가 살았던 그 암자임직하다는 것이 무리한 추측은 아니지 싶다. 관기와 도성은 각각 반사와 첩사라는 호를 지녔으며 나뭇잎으로 옷을 대신했다고 한다. 그러다 어느 날, 도성이 그가 살던 뒷산의 높은 바위에 올라가 좌선을 하다가 홀연히 몸을 솟구쳐 떠나가 버렸는데 그 곳이 지금 대구의 수성구인 수창이었다. 그러자 관기 또한 허공으로 몸을 솟구쳐 날아갔는데 그 뒤 그들의 소식을 아는 사람은 없다. 이는 도가의 등선登仙과 같은 모티브로 봐도 좋을 것이다.

유가喩伽란 말을 처음 대한 것 또한 「삼국유사」 '의해義解' 편에서였다. 경주 남산의 용장사茸長寺에 살던 대현大賢 스님과 황룡사黃龍寺에 살던 법해法海 스님의 이야기를 다룬 글에서, 대현은 유가의 「금광경金光經」을, 법해는 「화엄경」을 공부한 스님으로 등장한다. 그들은 왕에게 나아가 서로의 수행을 강설했는데 유가보다는 화엄이 법력이 높은 것으로 판가름났다. 당시 비가 오지 않아 왕은 두 스님을 불러 비를 기원하는 법회를 열었는데 대현은 우물의 물을 일곱 길이나 치솟게 했다. 그러나 법해는 다음 해에 바닷물을 움직여 궁궐의 내전 오십 칸을 떠내려가게 하고 감은사 법당의 섬돌 앞에까지 바닷물을 끌어들였다고 한다. 이는 당시의 불교가 유가 수행의 법상종에서 황룡사를 중심으로 한 화엄종으로 옮겨 가고 있다는 중요한 사실을 시사하는 이야기이다.

어쨌거나 비슬산 마루에는 도성암이 있고 기슭에는 유가사喩伽寺라는 절집이 있으니 유가 심인 수행의 흐름이 이 곳까지 닿았음을 말하는 것이지 싶다. 그것이 「능엄경」에서 말하는 유가 심인인지 아니면 「삼국유사」에 나오는 법상종의 수행 방법인지에 대해서는 더 살펴봐야 하겠지만 말이다. 또 대견사 터에 남아 있는 유가심인도로 미루어 짐작하건대, 자연 석굴은 대견사가 세워지기 전에 이미 관기 조사로부터 이어져 온 유가 수행의 밀법密法을 닦는 도량이 아니었을까 싶기도 하다. 절터에 남아 있는 삼층 석탑의 양식으로 미루어 보면 고려 전기의 절터인 것은 분명하지만 그것은 이 곳에 대견사라는 사찰이 들어서며 세운 것일 테니 자연 석굴과는 다르게 봐야 할 것이다.

그러나 그 아래 석굴로 들어서자 난감한 장면이 눈앞에 펼쳐졌다. 대견사가 멀쩡했을 때는 분명 수행 공간이었을 그 곳에 하얀 페인트로 십자가를 긋고 예수라는 글씨를 군데군데 써 놓은 것이다. 반목이다. 예수는 결코 그렇게 하라고 하지 않았을 터이다. 그 또한 더불어 살기를 말했을 뿐, '네가 없는 나'만을 고집하지 않았으니 말이다. 잘못 받아들인 것이다. 크고 넓게 보라는 뜻을 지닌 절터에서 오히려 좁은 소견머리를 유감 없이 뽐낸 것이나 다르지 않은 흔적이다.

등산객들이 절터에 들어설 무렵, 나는 그 곳을 빠져 나왔다. 그러곤 한갓진 산길을 걸으며 문득문득 뒤돌아봤다. 내가 아래로 내려올수록 탑은 점점 작아졌지만 그가 작아질수록 오히려 대견사 터는 더 크게 나에게 남았다. 절터에서는 미처 보지 못하던 정경이 눈앞에 펼쳐지니 그야말로 대견大見인 셈이었다. 그러나 참된 '대견'은, 절터에서도 또 산길을 걸으면서도 줄곧 자신에 대해 참구하고 반성하고 그럼으로써 그것에 한 걸음 가까이 다가설 수 있었다는 것이다.

여느 절터를 향한 순례 길보다 마음이 더욱 간절했던 것은 여느 때보다 더 많이 걸을 수 있었던 덕분이다. 스스로 나를 움직이지 않으면 가 닿을 수 없는 곳, 고통을 이겨 내지 않으면 만날 수 없는 곳, 그 곳이 어찌 산상의 절터뿐이겠는가. 그 곳은 바로 멀고도 먼 나 자신이기도 한 것을.

내가 제자리를 찾으면 그 무엇인들 바로 서지 않을까. 이제야 절절히 깨닫지만, 난 늘 그랬다. 미리 아는 것은 그 어떤 것도 없었다. 가슴을 치는 회오가 있고 난 다음에야 비로소 깨달으니 제자리 찾는 일이 더디기만 하다. 그렇긴 하나, 선이라는 것의 본질이 긍정적이며 낙관적이듯이, 나는 절망하지 않는다. 깨달으면 움직이고, 그 움직임은 아직도 남아 있는 나의 앞날에 쪽물 스며들 듯이 배어들 것이기 때문이다.

대견사는 이 바위를 중심으로 도량을 세웠던 것 같다. 사진에 보이는 바위의 오른쪽 끝 부분 아래에 연화문의 대좌가 있으며, 가운데 시커먼 구멍이 뚫린 곳이 자연 석굴이다. 석굴은 한 명이 생활하기에 알맞은 크기이다. 그 곳으로 들어가는 입구, 하얗게 칠해진 부분 오른쪽 위로 유가심인도가 새겨져 있다. 그러나 워낙 흐릿하여 가늠하기가 쉽지 않으며 늦은 오후 햇살이라야 비교적 또렷하게 볼 수 있다.

대견사 터의 매력은 절 이름처럼 멀리보기를 강요하는 것이다. 크게 본다는 것은 곧 전체를 보는 것이며 그것은 멀리 보는 것과 다르지 않을 것이다. 낙동강이며 해인사가 있는 가야산에 더해 덕유산까지 볼 수 있으니 굳이 고개 숙여 주춧돌이나 장대석을 찾을 시간이 없다. 하지만 문득 발 아래를 보면 장대석 몇이 풀숲에 가려져 있으며 섬돌들도 눈에 띈다. 그 곁에 오래된 우물도 있어 옛 이야기를 들려 주는 듯하다.

구름 한 점 없는 초겨울의 하늘이 푸르다 못해 눈이 시렸다. 산길은 갓 떨어진 낙엽들이 푸지게 길을 덮어 버려 어디가 어디인지 가늠하기조차 힘들었다. 올라올 때와는 달리 임도로 길을 택해 마애 약사여래불을 찾아 나섰지만 길은 오리무중 도무지 들머리를 찾을 수가 없었다.

한 시간이나 내려왔을까. 겨우 들머리를 찾아 다시 산을 오르기 시작했다. 길은 더러 무너졌는가 하면 투박하고 엉성하기까지 했다. 본디부터 그랬던 것은 아닌데, 사람이 지나다니지 않으니 옛 길이 허물어지기도 하고 이끼에 덮이기도 한 것이다. 그러나 오히려 빤질빤질하게 닦인 길보다 정감이 있었다. 십오 분 남짓 올랐을까. 부처님은 초겨울의 짧은 해를 비껴 받고 있었다. 한 군데 상처 입은 곳도 없이 고졸한 맛을 풍기고 있는 부처님은 투박한 길을 걸은 끝에 만나기에 더없이 어울리는 모습이었다. 그를 만나러 가는 길이 적어도 시멘트 길이 아닌 것이 다행이었다. 그는 험한 산길을 걸어 만날 수 있는 수더분한 촌부와도 같았으니 말이다. 그 곁에는 썩 잘 어울리는 봉발奉鉢의 흔적이 있었다. 대나 받침이 없으니 통도사 용화전 앞의 그것처럼 봉발 탑이라고는 할 수 없어도 돌로 만든 발우가 한눈에도 그에게 올리던 것임을 알아차릴 수 있었다.

부처님 터에 아예 나도 자리를 잡았다. 그 곳에서 바라보는 눈앞의 정경이 심상치 않았기 때문이다. 멀리 해인사가 깃들어 있는 가야산이 우뚝 솟았는가 하면 낙동강이 굽이치는 고령 땅이 한눈에 들어왔다. 그 유장한 능선들에게 내가 물었다. 이 세상에서 어떤 것이 가장 고맙고 기쁜 것이냐고 말이다.

대견사 터

대견사 터는 대구광역시 달성군 유가면 비슬산에 있다. 경부고속도로 금호 분기점에서 서대구 나들목으로 나가서 다시 구마고속도로에 올라선 후 현풍 나들목으로 나간다. 나들목 바로 앞 삼거리에서 좌회전하여 유가면으로 방향을 잡고 비슬산 자연 휴양림을 알리는 이정표를 따라가면 된다. 휴양림 주차장에서 소제사를 지나 대견사 터까지는 넉넉잡아 두 시간이면 오를 수 있다. 1시간은 휴양림을 빠져 나가는 완만한 시멘트 길이고 나머지 한 시간은 산길이다. 그리 가파르지 않아 아이들도 쉽게 오를 수 있는 길이다. 산길이 싫은 사람들은 마지막 매점이 있는 곳에서 시멘트로 된 임도를 따라 오를 수도 있는데 그 곳에서부터 두 시간 남짓 걸린다. 그러나 대개 올라갈 때는 산길을 택하고 내려올 때 시멘트 포장의 임도를 택하는 것이 좋다. 그렇게 하면, 용봉 마애 약사여래불에 쉽게 들렀다가 올 수 있기 때문이다. 어느 곳으로 오르더라도 눈여겨보면 길에서 대견사 터의 삼층 석탑이 가물가물 보인다.

절터에는 1988년에 복원한 대구광역시 유형문화재 42호인 삼층 석탑이 있다. 몸돌의 홀쭉한 모습이 고려 전기에 유행한 양식이다. 자연 석굴 앞에 연화문이 선명한 불상 대좌가 있는데 대좌는 온전하게 잘 남아 있으며 본디 자리를 지키고 있는 듯하다. 경북 예천의 동본리 석조 여래 입상의 대좌와 그 양식이 닮았지만 위를 다듬지 않았다. 짐작컨대 연화 대좌 위에 중대석이 올라가고 다시 앙련의 상대석을 올리지 않았을까 싶다. 물론 그 위에는 석불 좌상이 앉았을 것이다. 자연 석굴로 들어가는 입구의 바위 벽에 새겨진 마애 조각은 유가심인도이다. 나라 안에서 이 곳을 포함하여 세 곳에만 남아 있는 것이다. 다른 두 곳은 하나는 전북 남원의 승련사 뒤 바위에, 또 하나는 오대산 상원사 적멸보궁에 세워진 비석 뒷면에 남아 있다고 하지만 적멸보궁의 그것은 확인하지 못했다. 자연 석굴은 한 사람이 생활하기에 알맞은 크기이며 입구는 양쪽으로 나 있어 습하지 않다.

용봉 약사여래 입상의 발우.

그 외에는 우물과 장대석 몇 개 그리고 건물 터와 그 곳으로 오르는 계단의 흔적과 탑 곁에 남아 있는, 용도를 알 수 없는 사각형의 석물이 전부이다. 탑으로 오르는 너럭바위에도 건물을 세웠음직한 흔적이 남아 있지만 그 또한 용도가 분명하지 않다.

대견사는 당나라 황제가 절을 지을 곳을 찾아 헤매다가 신라 헌덕왕 때 지었다고 전하며, 당나라 곧 대국大國에서 본 절이라하여 대견사라 이름 지었다고 하나 창건과 폐찰의 시기는 불분명하다.

절터에서 임도를 택해 내려오면서 눈여겨볼 것은 축대이다. 도량을 지으려고 축대를 쌓았을 터이니 본디 절터가 지금처럼 평평하지 않았음을 알 수 있는데, 축대의 규모와 짜임새가 만만치 않다.

임도로 내려오다 보면 군데군데 내려가는 길을 알리는 표지판을 따라가면 대구광역시 유형문화재 35호인 용봉동 석불 입상을 만날 수 있다. 광배와 불신이 한 돌로 되어 있으며 오른손에 약합을 들고 있다. 머리는 소발이고 육계가 두툼하며 목의 삼도는 잘 분간이 되지 않는다. 법의는 통견이며 가슴에 유U 자 모양의 주름이 새겨졌다. 머리 주위로 화불 다섯 구가 있으며 전체적으로 고졸한 멋을 풍기는, 신라 하대에서 고려 전기로 이어지는 즈음의 작품인 듯하다.

마지막 매점에 다다라 아직 기운이 남았으면 매점 뒤편에 있는 삼층 석탑에도 들러 보기 바란다. 15분 가량 올라가면 단아한 삼층 석탑이 반길 것이다. 염불사 터라고 전하지만 그 외에 다른 흔적은 찾아보기 힘들다.

용봉 약사여래 입상.

경상북도 예천 개심사 터

탑 앞에서 물구나무를 서려 했던 까닭은

햇살의 비추임에 따라 하나씩 차례로 깨어나는

탑의 모습은 무척이나 매혹적이었다.

보적 선사 앞에서 물구나무를 섰던 보화 선사처럼

그 앞에서 물구나무라도 서서 빙빙 돌고 싶었다.

눈부시도록 빛나는 탑의 아름다움을 이어받고 싶었기

때문이다.

집에서 새벽에 나섰다. 늦가을이라고 하기에는 너무 늦은, 이미 초겨울의 모습이 완연했다. 서울을 지나 원주로 접어들자 온도계는 뚝 떨어져 영하 8도를 가리키고 새삼스럽게 다가오는 들판의 정경이 스산함을 잔뜩 머금고 있었다. 단양에서 새벽밥을 먹고 영주를 지나 예천에 닿을 때까지 해는 떠오르지 않았다. 그저 벌겋게 여명만이 비칠 뿐 게으름을 떨고 있었다. 그만큼 동지가 가까웠다는 것인가.

예천 읍내로 들어가는 길목의 솔개들에 닿았을 때에야 비로소 붉은 해가 힘겹게 산을 넘고 있었다. 그러나 그는 예전처럼 급하지 않았다. 불쑥 솟아오르기는커녕 느릿하게 산을 넘어 개심사 터(開心寺址) 오층 석탑에게로 엉금엉금 다가오고 있었으니 말이다. 땅에 가득 내려앉은 하얀 서리는 그를 보자 화들짝 놀라 달아나고 밤새 추위에 떨었을 탑은 비로소 빛나기 시작했다.

아래층 기단의 십이지신들도 깨어나고 위층 기단의 팔부중이며 일층 몸돌의 금강역사도 그제야 몸을 추스르며 순례자를 반겼다. 그저 그를 가만히 보기만 했다. 갓 떠오른 첫 햇살을 받으며 서 있는 탑은 그가 지닌 모든 날카로움을 무디게 누그러뜨리고 그가 돌이라는 것조차 잊게 만들었다. 이처럼 아름다운 장면을 앞에 두고 묵묵히 서성거릴 수 있다는 것만으로도 나는 행복하기 그지없었다.

더 무엇이 필요하겠는가. 먼 길 달려와 마주친 그가 이토록 고운 자태로 맞아 주니 차마 눈을 뜨기가 조심스러웠다. 그러나 한 번 그를 본 이상 다시 눈을 감을 수는 없었으니, 결국 탑 앞의 서리 내린 차가운 돌 위에 주저앉고 말았다. 햇살의 비추임에 따라 하나씩 깨어나는 그의 모습이 무척이나 매혹적이었기 때문이다.

반산盤山 보적寶寂 선사 앞에서 물구나무를 섰던 진주鎭州 보화普化 선사처럼 그 앞에서 물구나무라도 서서 빙빙 돌고 싶었다. '반산진영盤山眞影' 곧 '반산의 참된 초상화'라 불리는 법거량 이야기는 이러하다. 보적 선사가 입적할 무렵에 학인들에게 자신의 초상화를 그려 오라고 했다. 학인들은 앞다투어 진영을 그렸지만 선사는 닮지 않았다며 모두 퇴짜를 놓았다. 그러자 수좌인 보화가 나서서 자기가 그리겠다고 했다. 하지만 그는 그림을 그리기는커녕 물구나무를 서서 선사 주위를 빙빙 돌았다. 그러자 선사는 "보화야말로 진정 내 진영을 그렸다"고 했다.

보적이 진영眞影을 그려 오라 함은 겉으로 보이는 얼굴 모습을 말한 것이 아니다. 겉으로는 보이지 않는 자신의 선법을 여하히 이어받았는지 알고자 했던 것이다. 그 말뜻을 알아차리지 못한 제자들은 보적의 모습을 열심히 그렸지만 그것이 어찌 실제 모습과 솜털 하나 다르지 않은 '진영'일 수 있겠는가.

그러나 보화는 스님의 가르침을 이렇게 내것으로 만들어 받아들였다는 뜻으로 물구나무를 섰다. 자기 방식으로 받아들인 것이다. 스승의 가르침을 곧이곧대로 따르지 않고 그것을 내것으로 만들었다는 것이 무엇보다 중요하다. 그것은 또 스승의 가르침이 그처럼 아래로 전해졌음을 말하는 것이기도 하다. 보적이 앉아서 바라보면 물구나무 선 보화의 얼굴은 방바닥에 있었을 테니 위에서 아래로 이어졌음을 뜻하는 것이다.

그처럼 나 또한 눈부시도록 빛나는 탑의 아름다움을 이어받고 싶었다. 아니, 탐났다. 아무리 어제 「노자」를 뒤적이다가 지족불욕知足不辱 편을 읽었더라도 불현듯 마음이 흔들리는 것은 어쩔 수 없었다.

보물 53호인 개심사 터 오층탑은 세운 동기가 분명하다. 개펄이 있는 충청도나 전라도 그리고 경상도의 바닷가에 사는 사람들이 매향埋香을 하며 부처님에게 복을 빌고 나라의 안녕을 기원했던 것과 같다. 다만 예천은 경북 북부의 산골이어서 매향을 할 수 없으니 탑을 세운 것이다.

개심사 터 오층 석탑은 고려 시대의 양식을 지녔으며 다른 무엇보다 두드러진 양식은 이층 기단에서 몸돌로
이어지는 부분이다. 몸돌을 기단 위에 바로 놓지 않고 연화문이 새겨진 굄돌을 둔 것이다. 이는 통일신라의
석탑에서는 찾아볼 수 없는 것이다. 또 전체적인 생김 또한 날렵하도록 홀쭉한 것 또한 고려 시대의 특징이
다. 하지만 사진에 보이는 것처럼 하층 기단에는 십이지신상, 상층 기단에는 팔부중을 새긴 것은 통일신라의
양식이다.

일층 몸돌에는 손에 긴 창이나 칼과 같은 무기를 든 신장상을 새겼는데 금강역사상으로 보는 것이 옳지 싶다. 그 가운데에 자물쇠 모양의 부조와 문 모양의 사각형을 선각으로 새겼는데 이는 전체적으로 문비門扉를 표현한 것이다. 곧, 부처님의 사리를 모신 곳에 문비를 새기고 그 양쪽 곁에 금강역사라는 외호外護 신장神將을 두어 불법을 지키게 한 것이다. 이는 통일신라의 석탑에서 흔히 볼 수 있는 것이다.

오층 석탑의 동면에 새겨진 가자.

만족함을 알면 욕됨이 없고 멈춤을 알면 위태롭지 않다(知止不殆)는 말도 알고, 구유자취咎有自取라 하여 모든 재앙은 자기에게서 비롯된다는 말도 알지만, 눈부신 황홀함 앞에서 마음을 멈출 수가 없었던 것이다. 그토록 내 마음을 송두리째 흔들어 버린 그는 자신만의 아름다움으로 더없이 돋보였다. 그 아기자기하며 당당한 짜임새가 빚어 낸 조화로움을 나라 안 어느 탑과 견줄 것인가. 어디 한 곳 흠잡을 데 없이 빼어났다.

그러니 쉽게 그 앞을 떠나지 못하고 머뭇거리고 있었던 것이다. 두어 시간 넘게 서성이는데 갑자기 경찰이 다가왔다. "아저씨 여서 뭐 합니까?" 낯선 사람이 새벽부터 탑 앞에서 서성거린다며 주민들 중 누군가가 신고를 했다는 것이다. 그러더니 신분증을 요구했다. 하긴 그럴 만도 했을 것이다. 날씨가 차서 두꺼운 옷을 몇 겹이나 껴입어 뚱뚱해 보이기도 했으며 더구나 사진을 찍는답시고 작은 사다리를 들고 왔다갔다 하다가 또 서성거리니 마을 사람들이 보기에는 이상도 했을 터이다. 절터는 대개가 한갓진 산 속에 있지만 개심사 터는 예천읍의 번화가로 들어가는 길목이며 문경이나 하회 마을이 있는 풍산으로 오가는 버스가 서는 정류장이기도 해서 그만큼 눈이 많았던 것이다.

팔부중이 새겨진 상층 기단의 갑석 아래에 새겨진 명문이며 상층 기단 가운데 돌 동면의 팔부중 곁에 새겨진 명문을 읽느라고 쭈그리고 앉기도 했다가, 한동안 꼼짝 않고 앉아 있다가는 십이지신을 촬영하느라 찬 서리 내린 땅바닥에 엎드리기까지 했으니 마을 사람들이 보기에는 수상한 사람일 수밖에 없었을 것이다. 경찰이 돌아가고 나자 이번에는 빠히 보이는 택시 차부의 운전 기사 한 분도 와서는 뭘 하는데 몇 시간째 이러고 있냐고 물었다. 그 말에 오히려 나 같은 사람 처음 보느냐고 되물으니, 대개 잠깐 머물렀다가 가지 이렇게 오래 있는 사람은 처음 볼뿐더러 새벽같이 찾아오는 사람도 드물다는 것이었다. 결국 나는 탑을 바라보고 있는데 마을 사람들은 나를 보고 있었던 것이다.

절터라고 해야 오층 석탑만 덩그러니 있을 뿐 다른 어떤 흔적도 찾을 수 없는 데다가 나는 알아챌 길 없는 사람들의 눈길까지 쏠려 있으니 그만 떠나기로 했다. 아무리 힘들어도 절터를 찾는 만행을 마다하지 않는 까닭 중 하나가 사람의 간섭을 받지 않고 마음껏 옛 도량을 거닐며 명상에 잠기는 것이건만 오늘은 틀렸지 싶었다. 탑의 아름다움이 너무도 강해 명상에 젖어들기도 쉽지 않았을뿐더러 오히려 내가 뭇 사람들의 관심의 대상이 되어 버렸으니 말이다. 몸 하나 가릴 곳 없이 휑한 들판 한가운데에 있었으니 더욱 그랬던 것이다.

큰길로 걸어 나와 삼층 석탑과 석조 여래 입상이 있는 동본리로 향했다. 자동차는 그대로 둔 채 한천을 따라 걸으니 채 삼십 분이 걸리지 않았다. 길도 말끔히 포장이 되었고 천변도 정리를 했는지 달라진 모습이지만 삼층 석탑과 부처님은 그 자리에 그대로 있었다.

부처님은 관욕灌浴이라도 하셨는지 이끼가 끼어 거뭇하던 모습은 간데 없고 깨끗했다. 탑이 있고 부처님이 계시니 이 곳 또한 도량이었을 터이지만 그 흔적은 어디에도 남아 있지 않다. 부처님의 크기를 봐서는 결코 작은 도량이 아니었을 법하지만 일대에 온통 민가가 들어서서 도무지 가늠할 수가 없을 지경이다. 그 동안의 학술 조사도 별다른 흔적을 찾지 못했으니 절 이름조차 알지 못한다.

단아한 동본리 삼층 석탑 또한 개심사 터의 오층 석탑 못지않게 아름답다. 위로 갈수록 줄어드는 지붕돌의 비례나 일층 몸돌에 비해 급격하게 줄어드는 이층 몸돌의 모습이 통일신라 후기에 만들어진 문경 봉암사의 석탑들과 엇비슷하다. 또 상층 기단 면석에는 네 면 전체에 각각 한 구씩의 사천왕을 새겼는데 고졸한 맛이 일품이다. 팔각 연화 대좌 위에 우뚝 선 석조 여래 입상 또한 통일신라 후기에 조성된 것으로 높이가 3미터, 어깨 넓이가 1미터가 넘는 거불이다. 하지만 그 앞에 서면 슬며시 미소가 나온다. 그 까닭은 경상도 사나이들처럼 우직한 느낌을 감출 수 없는 상호 때문이다. 둔중한 느낌을 지울 수 없지만 그렇다고 해서 미련하게 보이지는 않고 오히려 믿음직해 보이니 순박한 아름다움이 그에게 스며 있었던 것이다.

다시 개심사 터로 돌아왔다. 오전에는 광선이 좋지 않아 상층 기단의 동쪽 면석이나 갑석 아래 낙수공 부분에 새겨진 명문들을 제대로 보지 못한 탓이다. 탑 한 기 외에는 그 어떤 석조 유물도 남아 있지 않은 이 곳을 개심사라고 부르게 된 것은 오로지 탑에 새겨진 명문에 의한 것이니 그것을 어찌 보지 않을 수가 있겠는가.

명문은 이 탑이 고려 현종 1년인 1010년, 곧 통화 27년인 경술년 2월 1일에 탑을 세우기 시작해 이듬해 4월 8일에 완성되었다고 밝히고 있다. 탑을 세우는 데 동원된 사람은, 광군光軍 마흔여섯 부대와 예천군 소속의 미륵향도彌勒香徒 그리고 속현인 다인현多仁縣 소속의 치향도稚香徒를 중심으로 승속을 가리지 않고 일만여 명이 넘었다고 한다. 향도는 말 그대로 향 피우는 일을 계속 잇기 위한 모임이니 부처님 앞에 향을 꺼뜨리지 않는다는 뜻을 담고 있다. 즉 향도는 불법의 힘을 믿으며 부처님을 따르는 무리인 것이다. 나라 안 곳곳에 남아 있는 매향비에는 하나같이 향도들의 이름이 나오는데 그 또한 같은 의미이다. 한편, 공사를 하는 데 사용된 수레는 열여덟 대, 소는 일천 마리였다고 한다. 명문은 또 이 탑을 "사방으로 널리 몸과 마음을 위하여(四弘爲身心), 위로 부처님의 은혜에 보답하기 위하여(上報之佛恩), 국가를 위하고 공덕을 바르게 하기 위하여(爲國正功德), 일체의 만물에 퍼지게 하기 위하여(普及於一切)" 세운다고 했다. 그러니 나라 안에 세워진 탑 중 그 목적과 세운 시기 그리고 참여한 인원이 모두 기록되어 있기로는 몇 안 되는 귀한 탑의 하나인 셈이다.

본디는 경북 칠곡에 있었지만 지금은 국립 대구박물관으로 옮겨져 있는 보물 357호인 정도사 터(淨兜寺址) 오층 석탑의 기단부에도 이와 같이 명문이 새겨져 있다. 그 탑 또한 "국가가 항상 평안하고(爲國家恒安), 전쟁은 영원히 그치며(兵戈永息), 백곡이 풍성하게 익기를 기원하는 마음에서 탑을 세우고 영원히 공양한다(百穀豊登敬造此塔永充供養)"고 했으며, 지한智漢이라는 스님이 고려 현종 22년 1031년인 태평太平 11년 정월에 세웠다고 밝히고 있다. 또 지한 스님에게 탑을 세우기를 간청했던 사람들은 상주계 경산부 약목군의 백성들로 그들 또한 위에 말한 예천의 향도들과 다르지 않았던 것이다.

이들 탑은 다른 지방의 매향비와 견주어 볼 필요가 있다. 서해안의 개펄을 끼고 있는 충청도나 전라도 그리고 남해안의 경상도 지방에서는 향도들이 매향을 했다는 매향비만 있을 뿐 이와 같은 탑은 없다. 그것으로 미루건대, 바다를 가까이하지 못한 경상도 북부 지방에서는 매향과 같은 신앙적 행위로서 탑을 조성한 것이라 볼 수 있다. 바닷가의 향도들이 매향을 한 것이나 내륙 지방의 향도들이 탑을 세운 것이나 목적이 서로 같기 때문이다. 결국 개심사 터와 정도사 터의 오층 석탑들은 부처님을 향한 기원은 매향비와 같지만 지리적 조건에 따라 서로 다른 결과물로 남은 것인 셈이다.

해가 뉘엿뉘엿 긴 그림자를 드리울 때까지 탑 근처를 서성거렸다. 탑의 북면에는 기어코 해가 들지 않았다. 다른 쪽의 아름다움으로 미루어 그 아름다움을 짐작하고도 남음이 있었던 만큼 그만 발길을 돌리면서도 아쉬움이 컸다. 돌아오는 길, 자동차 경적 소리가 들리지 않는 고요한 곳에서 그를 대했다면 어땠을까 하고 생각해 보았다. 그러나 이내 그 생각을 접었다. 만약 그랬다면 나는 그 아름다움을 훔치고 싶은 마음을 달래지 못했을 수도 있겠다 싶었기 때문이다. 그만큼 아름다웠다.

개심사 터는 경북 예천군 예천읍 남본리 200-3번지에 있다. 그러나 동본동부터 찾아보는 것이 좋다. 중앙고속도로 예천 나들목으로 나가서 읍내 방향으로 10킬로미터쯤 직진하다 보면 동본동 로터리가 나온다. 그곳에서 다시 직진하면 동본교라는 다리가 나오는데 다리를 건너자마자 우회전하면 바로 왼쪽 아래에 보물 427호인 동본동 석조여래 입상과 426호인 삼층 석탑이 있다. 그 곳에서 다시 동본교가 있는 곳으로 올라와서 다리를 건너지 말고 둑으로 나 있는 길을 1킬로미터쯤 곧장 가면 예천교가 나온다. 좌회전하여 다리를 건너면 삼거리처럼 보이는 오거리가 나온다. 그 오른쪽으로 방향을 틀면 바로 오른쪽으로 보이는 들판이 솔개들이다. 보물 53호인 개심사 터 오층 석탑은 그 곳에 있다.

절터에는 오층 석탑 외에는 그 어떤 것도 찾을 수 없다. 다만 남아 전하는 전설이 있는데 이러하다. 어떤 고명한 도사가 예천을 지나가다가 지금의 남산인 잠두산에 올라서 예천의 지형을 바라보니 잠두산이 화기를 품고 소년을 죽일 지형이어서, 예천이 발전하지 못할 불길한 징조가 보였다. 이를 막기 위해 잠두산 아래에 절을 지어 개심사라 했다는 것이다.

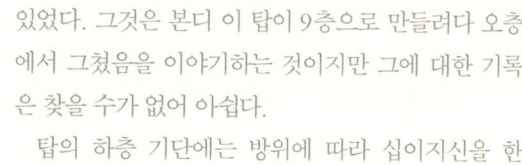
동본동 석조 여래 입상, 보물 427호.

일제 강점기에 이 탑이 구층탑으로 불리며 국보 71호로 지정된 적이 있었다. 그것은 본디 이 탑이 9층으로 만들려다 오층에서 그쳤음을 이야기하는 것이지만 그에 대한 기록은 찾을 수가 없어 아쉽다.

탑의 하층 기단에는 방위에 따라 십이지신을 한 면에 세 구씩 배치하였는데 북쪽에 쥐, 소, 호랑이, 동쪽에 토끼, 용, 뱀, 남쪽에 말, 양, 원숭이, 서쪽에 닭, 개, 돼지를 새겼다. 상층 기단에는 팔부중을 각 면마다 두 구씩 새겼으며 일층 몸돌에는 문비를 장식하고 그 양쪽에 인왕상을 배치하였는데 이는 통일 신라의 탑에서 많이 보이는 모습이다. 전체적인 조각의 솜씨는 빼어나다고는 할 수 없으나 통일신라의

동본동 삼층탑의 사천왕상.

그것과는 확연하게 다른 시대적 특성을 살필 수 있다. 더구나 팔부중이나 인왕상의 조각은 다른 곳에서 보던 것과는 다른 모습이어서 관심을 가질 만하다.

해서체로 새긴 명문은 음각이며 모두 두 종류이다. 갑석의 낙수공에 새겨진 것은 석탑을 만드는 과정에 새긴 것으로 보이며, 상층 기단 동쪽의 면석에 새긴 것은 석탑을 완성하고 새긴 것으로 보인다. 갑석이 이미 놓여진 상태의 그 좁은 공간에서 많은 글자를 새기는 우를 범하지 않았을 것이며, 면석의 명문은 이미 새겨진 팔부중 상의 조각을 피해서 새긴 모습이 역력하기 때문이다.

개심사 터 오층 석탑의 명문

상대 갑석

上元甲子四十七統和二十七庚戌年二月一日正骨開心寺
到石析三月三日光軍 ■ 六隊車十八牛一千以十間入矣僧
俗娘合一萬人了入弥肋香徒上秤神廉長長司正順行典福宣金由
工達孝順位剛香德貞
畠等卅六人椎香徒秩
京成仙郎(光叶金叶)阿志大舍香式金哀位奉楊寸(能廉)等四十人
(隊正邦祐)其豆昕京位剛儞平(矣典)次衣等
五十人

상대 중석 동쪽 면

棟梁戶長陪戎校尉林長崔祐母主副棟梁 ■ ■ 邦祐
四弘爲身心上報之佛恩爲國正功德普及於一切
辛亥四月八日立

- 「한국금석전문韓國金石全文」에서

꽃망울이 어찌 꽃이 아니랴, 그 또한 이미 꽃이다

해마다 나를 그토록 들뜨게 하는 것은 한 그루 매화 나무다.
단속사 터의 금당 자리 뒤쪽에 다소곳하게 피어나는
그 매화를 보고 싶어 안달을 하는 것이다. 그는 사람의 손을
빌리지 않았으면 이미 쓰러졌을 만큼 늙었지만 아직 꽃을 피우는
일을 잊어버리지 않았다. 육백여 년, 그 자리에서는 한 차례도
거르지 않고 꽃이 피고 졌다.

꽃망울이 어찌 꽃이 아니랴. 겨우내 찬바람을 견디며 맺힌 매화 꽃망울은 이미 환환 꽃이다. 그것을 아름답게
여기지 못하는 것은 그가 아름답지 않아서가 아니라 내가 아름답지 않은 탓이다. 단속사 터를 찾는 마음 또한
꽃망울조차 활짝 피어난 꽃으로 여기는 마음이어야 한다. 신행 선사가 법을 이어 온 북종선이 이 땅에서 화려
한 꽃으로 피어나지는 못했지만 이미 그는 아름다운 사람이었기 때문이다.

단속사 터(斷俗寺址)로 가는 길에 바람이 불었다. 투화풍妬花風이다. 덩달아 날씨도 추워져 마음이 조급한 사람들은 꽃의 편을 든다. 혹시 그 바람에 꽃이 피지도 못하고 져 버릴까 싶어 꽃샘바람이 분다며 수군대는 것이다. 그러나 어찌 바람이 꽃을 시샘하겠는가. 그것은 오히려 사람이 바람을 시샘하는 것이다. 꽃은 바람을 머금어야 아름다운 태를 지니는 법이다.

나는 물과 햇살만으로는 아름다운 꽃이 피어나지 않는다는 것을 분매盆梅와 난분蘭盆 서넛을 털어 내고 난 뒤에야 깨달았다. 늘 길을 나서는 탓에 베란다의 창은 열려 있는 날보다 닫혀 있는 날이 많았다. 그러나 창으로 드는 볕은 넘쳤고 때맞춰 물을 주었던지라 흐뭇한 눈으로 그들을 바라보았다. 하지만 그들은 시름시름 말라 버렸다. 나중에 난을 가꾸는 지인에게 물어 보니 바람을 쐬지 못한 탓이라는 것이었다. 뭐 그리 귀한 것 있다고 창문을 꼭꼭 닫아걸었을까. 그 때문에 미처 그들에게 바람을 주지 못했던 것이다.

나의 마음 또한 그와 다르지 않았다. 사람들을 향해 열려 있는 때보다 닫혀 있는 시간이 갑절은 더 길었다. 길을 걷는다는 것은 그 닫힌 마음을 열고 나와 이야기를 나누는 시간이기도 하다. 바람은 여린 풀이나 단단한 바위 그리고 강물뿐 아니라 사람의 마음까지 매만져 주기 때문이다. 삶의 길을 제대로 찾는다는 것이 들판에 부는 갖가지 바람과 함께 노닐어야만 가능한 일이라는 것을 깨우친 것 또한 베란다에 말라 있는 매화와 난초를 보고 난 다음이다. 그 후부터 비바람도 마다하지 않았으며 눈보라가 몰아치면 부러 여장을 꾸렸다. 그렇게 나선 길 위에서 만나는 바람은 언제나 묵은 속진을 홀가분하게 덜어 주었기 때문이다. 겨울이 힘을 잃어 갈 무렵이면 한 해도 거르지 않고 찾아가는 단속사 터의 바람 또한 겨우내 쌓인 티끌까지도 털어 주곤 했으니, 그 아니 고마운 일일까.

그렇지만 정작 내가 단속사 터를 찾는 까닭은 따로 있다. 그 곳에 시작과 끝이 있기 때문이다. 겨울의 끝이 있는가 하면 봄의 시작이 있고, 화엄이 풀포기로 남았는가 하면 선禪은 바람이 되어 그를 어루만지고 있다. 살갗에 닿는 바람의 매서움이 가실 무렵 그들을 만날 수 있다는 기쁨은 자못 크다. 책을 읽다가도 문득 그가 그립고 눈을 감으면 그 정경이 안화眼花가 되어 흩날리기까지 한다. 그러니 깊은 밤, 공부방에서 바라보는 하늘에 별이 빛나거나 창에 빗발이 비치기라도 하면 들썩이는 마음을 가라앉히기가 쉽지 않다. 그 마음이 파도처럼 일어도 일부러 억누르지 않는다. 비록 그것이 욕심일지라도 그 설렘을 통해 아직 내 속에 사랑이 말라 버리지 않았음을 만끽하고 싶은 것이다.

해마다 나를 그토록 들뜨게 하는 것은 한 그루의 매화 나무이다. 단속사 터의 금당 자리 곁에 다소곳하게 피어나는 그 매화를 보고 싶어 안달을 하는 것이다. 그는 사람의 손을 빌리지 않았으면 이미 쓰러졌을 만큼 늙었지만 아직 꽃을 피우는 일을 잊어버리지 않았다. 육백여 년, 그 자리에서는 한 차례도 거르지 않고 꽃이 피고 졌다.

조선 후기의 문신인 탁영濯纓 김일손(1464-1498)의 '정당매시문후政堂梅詩文後'에 따르면, 그 자리에 매화 나무가 자라기 시작한 것은 육백 년이 넘었고 처음 심은 사람은 단속사에서 공부를 하던 여말 선초의 문신인 통정通亭 강회백(1357-1402)이다. 그러나 그 나무는 백여 년을 넘게 살다가 죽고 말았다. 그 사실을 안 통정의 증손인 강용후가 1487년에 묵은 뿌리 곁에 새 뿌리를 옮겨 심은 것이 오늘에 이른 것이다. 김일손은 그를 두

대개의 답사객들이 보지 못하는 것이다. 정당매가 있는 곳에서 오른쪽으로 난 골목을 따라 10미터쯤 들어가
면 왼쪽 돌담이 끝나는 대문께에 있다. 석등의 지붕돌이었음직한 것으로, 도난을 우려해 장작으로 덮어 놓았
다. 비록 깨지긴 했으나 단아한 연화문이 단속사의 창건 당시와 같은 연대를 보여 준다. 그 옆 밭에는 깨진 주
춧돌이 뒹굴고 있고 또 부러진 장대석은 여느 돌과 함께 돌담에 박혀 있기도 하다.

2004년 이른 봄. 정당매가 피었을까 싶어 찾아갔지만 언감생심 매화는 꽃망울도 맺지 않았다. 대신 매화 나무 앞에 세워진 하얀 화강석 안내 석물 앞에서 누군가가 무엇을 들여다보고 있었다. 기웃거려 봤더니 단속사 명문이 뚜렷한 와편이었다. 아마 석물을 세우려고 땅을 파헤치던 중에 밖으로 드러난 것이지 싶었다. 와편의 두께나 연회색의 색으로 봐서 조선 시대 이전의 것인 듯하다.

고 통정이 오른 정당문학政堂文學이라는 벼슬 이름을 따서 '정당매政堂梅'라 불렀다. 또 통정의 손자인 인재仁齋 강희안(1417-1465)이 쓴 「양화록養花錄」에는 "단속사에 통정이 손수 심은 매화를 중들이 매년 북을 주고 잘 길러 가지와 줄기가 구불구불하고 이끼가 덮여 있었다. 그 밑에 아직 죽지 않은 한 자 남짓한 낡은 등걸이 있다"고 적혀 있다.

그러나 그 매화 나무를 마뜩찮게 여긴 사람도 있었으니 그는 꼿꼿하기 이를 데 없는, 조선 중기의 성리학자인 남명南冥 조식(1501-1572)이다. 그가 단속사를 몇 차례나 방문했는지는 알 수 없지만 그의 서재인 산천재山天齋가 바로 이웃한 덕산에 있었으니 자주 드나들었던 것만은 분명한 일이다. 그가 이미 폐허가 된 단속사를 찾았던 어느 날, 마침 매화가 피었던지 시를 한 수 지었다.

절은 부서지고 중은 파리하며 산도 예와 다른데
전왕은 이로부터 집안 단속 잘하지 못했네
조물주는 정녕 추위 속의 매화의 일 그르쳤나니
어제도 꽃 피우고 오늘도 꽃 피운다네
寺破僧羸山不古
前王自是未堪家
化工正誤寒梅事
昨日開花今日花

그는 학문의 깊이가 퇴계 이황과 견주어 모자람이 없을뿐더러 강직하기로 나라 안에 소문난 선비가 아니던가. 그의 눈에 정당매가 지조도 없이 어제도 꽃을 피우고 오늘도 꽃을 피우는 것으로 비친 것은 강회백의 처신 때문이다. 그는 고려의 마지막 왕인 공양왕 1년에 세자의 스승이 되었고 이어 밀직사사密直司事 대사헌大司憲이 된 후, 조선조 건국 후 태조 7년인 1398년에 다시 벼슬자리에 나서 동북면도 순열사東北面都巡閱使를 지낸 인물이다. 고려가 망하였는데도 먼저 섬기던 왕에게 지조를 지켜 은거하지도 않았으며 더 나아가 다시 조선조의 왕을 섬긴 것이다. 그러니 시에서 '어제'는 고려를 말하고 '오늘'은 조선을 일컫는다. 그러나 매화는 한겨울의 추위 속에서도 지조를 지키며 이윽고 눈 속에서 꽃을 피워 내는 강직함을 지닌 꽃이 아니던가. 남명은 선비로서의 올곧지 못한 강회백을 그가 심은 매화를 빌어 조롱한 것이다.

그렇건만 나는 언제부턴가 정당매를 두고 성스러운 수행자라는 뜻을 지닌 '아이阿夷'를 붙여 '아이매'라 부른다. 나무를 심은 주인이야 그렇다손 치더라도 나무 한 그루가 그만한 세월을 견디며 꽃을 피웠으면 그는 숭고하도록 성스러운 수행을 이어 온 것이나 마찬가지라는 생각 때문이다. 나무 한 그루나 바위 하나가 묵언 수행 하듯 덤덤한 모습으로 자리를 지켜 주는 것이 얼마나 감사한 일인가. 하물며 절터에 붙박이로 있는 나무임에랴. 그는 마치 하늘에서 내려온 동아줄과도 같은 것 아니겠는가. 그를 통해 역사를 거슬러 올라갈 수 있으니 말이다.

금당 자리 앞에 서 있는 두 기의 삼층 석탑을 에돌아 마주한 매화 나무, 이제 겨우 망울이 맺혔을 뿐이었다. 올해도 어김없이 내가 성급했다. 옛 선비들처럼 동짓날부터 여든한 송이의 매화를 그려 놓고 날마다 한 송이씩 색을 입히며 봄을 기다리던 구구소한도九九消寒圖라도 그려 가며 때맞

봄이면 정당매를 찾기 시작한 지가 십 년이 넘었다. 지금은 고속도로 덕에 길이라도 좋아졌지만 전에는 단속사 터에 가려면 서울에서 여섯 시간이 넘어야 겨우 도착할 수 있었다. 하지만 그 긴 시간을 달려가서 정당매를 보고 나면 피로는 씻은 듯 사라졌다. 그는 육백 년 동안이나 꽃을 피우는 일을 잊어버리지 않았으니 묵은 매화 향기가 그 무엇과도 견줄 수 없는 깊은 향취를 지니고 있기 때문이다.

추어 나서는 것이 아니라서, 언제나 마음이 한발 앞선다. 그러나 매화가 꽃을 피울 무렵은 아직 봄이 아니다. 그는 봄이 오기 전에 미리 피어 봄을 준비하는 꽃이다. 그가 운을 띄우면 비로소 다른 꽃들이 앞다투어 봄노래를 부르는 것이다. 그러니 그가 보여 주는 진정한 아름다움은 혹독한 겨울을 견딘 나뭇가지가 움을 틔워 이윽고 꽃망울을 맺는 것이리라.

그만하면 됐다. 꽃은 보지 않아도 본 것이나 다르지 않다. 터질 듯한 꽃망울을 머금고 있는 모습만으로도 그는 충분히 아름다우며 환한 꽃이다. 그렇기에 그는 견딤과 기다림의 미학을 함께 지닌 꽃이다. 또 꽃이 피고 나면 그가 보이지 않는 곳에서 향을 즐겨야 하는 꽃이기도 하다. 이어질 듯 말 듯, 암향暗香이 닿는 끝자락에 서서 눈을 감으면 꽃을 보고 싶은 마음을 억누르기가 쉽지 않다. 하지만 나의 버릇은 끝끝내 그에게로 가지 않는다. 오히려 에둘러 그의 향기가 닿는 끝까지 거닐어 먼 곳에서 그를 떠올리는 것이다. 굳이 눈으로 보거나 듣지 못했다고 해서 어찌 아름답지 않을까. 눈앞에 보이지 않아 아름답지 않다고 여기는 것은 그가 아름답지 않은 것이 아니라 내가 아름답지 않은 것이다.

마을 들머리, 당간 지주가 있는 아름다운 솔숲에 누워 송뢰松籟에 실려 오는 매향을 기다렸다. 연례 행사처럼 그랬다. 나는 찬기 가시지 않은 풀밭에 누워 무거운 매향이 솔바람에 실려 오기를 기다린다. 이윽고 그가 느껴질 무렵 덩달아 맑은 향기를 풍기며 찾아온 사람이 있다. 그는 신행神行 선사(704-779)다. 매화가 겨울 속에 미리 피어서 봄이 머물 자리를 마련하듯이 신행의 선향禪香은 진즉부터 단속사 터에 그윽했다. 그는 734년, 나이 서른이 되자 머리를 깎았으며 운정 율사運精律師에게서 이태 동안 수행했다. 그 후 청도의 호거산에서 선법을 펼치고 있던 법랑法朗 선사를 스승으로 삼는데 법랑은 이미 당나라에서 쌍봉雙峰 도신道信의 법을 받고 돌아온 선사였다. 세 해가 지나 그가 입적하자 신행은 당나라로 가서 도신의 또다른 제자인 황매黃梅 홍인弘忍에게서 법을 물려받은 대통大通 신수神秀의 손孫제자인 지공志空 문하에서 선정에 들었다. 지공이 "가거라! 존경스런 인재여, 너는 이제 본국으로 돌아가서 미혹된 나루터를 깨치게 하고 깨달음의 바다를 높이 떨쳐라(往欽才 汝今歸本曉悟迷津 激揚覺海)"는 말을 마치고 입적하자, 그에게서 받은 선법을 단속사로 옮겨 온 것이다.

화엄의 풀이 웃자라 나라 안을 휩쓸고 있을 때, 그의 새로운 향기를 좇아 선객들이 단속사로 찾아드는 것은 막을 수가 없는 일이었다. 그 때는 아직 이 땅에 남종선南宗禪의 종지를 널리 펼친 도의 선사가 당나라로 향하기도 전의 일이었으니 신행의 선禪은 고독한 선구자의 수행이었던 셈이다. 그러니 신행이 펼치던 북종선北宗禪은 아직 활짝 핀 선은 아니었으되 화엄의 풀밭에 뿌리 뽑히지 않을 견고한 나무 한 그루를 심은 것이나 다르지 않았던 것이다. 하지만 그의 선법이 덩지 큰 꽃을 피우지 못했으면 또 어떠랴. 겨우내 찬바람을 견디며 이윽고 꽃망울을 맺은 매화의 아름다움처럼 신행의 선 또한 그와 같은 것이니까 말이다. 신행 선사가 단속사 터에서 선법을 전할 때는 아직 추운 겨울이었으리라. 그는 겨우 봄이 머물 자리를 마련해 놓았을 뿐 779년 10월 21일 입적하고 말았다. 그 후에 준범遵範, 혜은慧隱이 빈 자리를 지켰으며 비로소 아름답게 피어난 꽃이 지증智證 선사 도헌道憲(824-882)이다. 그는 구산선문 중 희양산문曦陽山問을 열었으니 그 곳은 문경 봉암사이다. 그러니 어찌 빛나는 꽃이 아니겠는가.

단속사 터 당간 지주.

정당매가 있는 곳은 단속사의 금당 터 왼쪽 뒤이다. 그 곳에서 다시 왼쪽으로 200미터가량 떨어진 곳에 또 한 그루의 묵은 매화 나무가 있다. 들판에 있기에 마을 이름을 따 운리雲里 야매野梅라고 불리는 이 매화는 연배 가 정당매와 엇비슷하다. 정당매보다 일 주일가량 늦게 꽃을 피우지만 그 태는 견줄 수 없이 당당하며 우람하 다. 들판에 몰아치는 바람이 매서울지라도 그 바람을 머금어야 아름다운 것도 있는 법이다.

하지만 그 꽃 또한 882년 12월 18일 떨어지니, 고운孤雲 최치원은 지증의 탑비에서 말한다. "아! 별은 하늘로 돌아가고 달은 큰 바다에 떨어졌도다(嗚呼 星廻上天 月落大海終)." 지증이 별과 달이었다면 신행은 하늘이자 바다였을 것이다. 꽃은 눈앞의 꽃일 뿐인데 모두 그것만 본다. 그것은 달을 가리키는 손가락 끝을 보는 것일 뿐 달을 보지 못하는 것과도 같은 것이다. 어찌 처음부터 선이 이 땅에 아름다운 꽃으로 피었겠는가. 아니 꽃 이전에 꽃망울로 맺히기조차도 쉽지 않았을 것이다. 앞서 말한 꽃샘바람 이야기처럼 화엄과 선의 관계 또한 그랬을 터이다.

어찌 화엄의 부처가 선의 부처를 미워했겠는가. 아니었다. 바람이 꽃을 시샘하는 것이 아니라 사람이 바람을 시샘하듯이, 화엄의 믿음이 선의 종지를 퍼뜨리려는 새로움을 시샘했던 것이다. 그 가혹함을 견디기 힘들었던 선사들은 깊은 산을 찾아 들어가면서도 결코 선을 놓는 법이 없었다. 지금 우리가 행복한 마음으로 맞이하는 아름다운 선의 모습은 그 험한 고통의 시간을 견디고 나서야 피어난 꽃인 셈이다.

훌쩍 매화 나무 곁의 저수지로 올랐다. 마을과 절터가 한눈에 보일뿐더러 논둑에 홀로 서 있는 야매野梅를 보기 위해서였다. 조금 전까지 내 앞에 있던 아이매와 이 곳에서 보이는 야매는 서로 다르다. 아이매는 사람의 손을 탄 것이고 야매는 그저 있는 그대로이다. 들판에서 찬바람을 맞았건만 그는 우뚝하여 당당하다. 아이매와 견주어도 뒤떨어지지 않을 만큼 오래된 것이지만 그 또한 꽃을 피우는 법을 잊지 않았다. 하지만 그들은 바로 이웃해 있으면서도 꽃을 피우는 시기는 서로 다르다. 언제나 야매가 늦게 핀다. 아이매가 흐드러지게 필 무렵에야 그는 겨우 꽃망울을 터뜨리려 할 뿐이다.

나는 그저 찾는 이 드문 야매가 신행의 모습이려니 믿는다. 선종이 이 땅에 뿌리 내릴 무렵의 선사들이 그랬듯이, 상상 속에서 신행은 언제나 고독의 상징이니까 말이다. 그것은 야매가 꽃을 피워도 매한가지이다. 꽃이 그의 쓸쓸함을 덜어 주지는 못한다. 하지만 쓸쓸하다고 해서 당당하지 않은 것을 뜻하지는 않는다. 야매가 그렇듯이 내 마음 속에서 신행 선사는 언제나 당당하게 말한다. "마음을 보라(看心)"고 말이다.

절터를 떠나 청계를 내려오며 되돌아봤다. 문득 당당할 수 있다는 것은 속 깊은 쓸쓸함을 잔뜩 머금어야 하는 것인지도 모른다는 생각이 들었다.

단속사 터

米

단속사 터는 경남 산청군 단성면 운리에 있다. 대전에서 갈라지는 진주—통영 간 고속도로를 따라 산청을 지나자마자 나오는 단성 나들목으로 빠지면 된다. 그 곳에서 중산리, 지리산 방향으로 우회전하여 전통 마을인 남사 마을을 지나면 오른쪽으로 이정표가 있으며 나들목에서 30분이 채 걸리지 않는다.

북종선의 텃자리인 단속사는 산문인 청계리의 용두 마을 석벽에 새겨진 광제암문廣濟品門이라는 글씨 아래에 짚신을 벗어 두고 절집을 구경하고 나오면 짚신이 썩어 있을 만큼 넓었다고 한다. 그러나 창건과 폐찰이 언제 어떻게 된 것인지가 분명하지 않다. 창건은 두 가지 설이 있는데 모두 「삼국유사」 피은避隱 편 제8조 '신충괘관信忠掛冠'에 실려 있다. 그

단속사의 산문인 광제암문 각자.

하나는 경덕왕 7년인 748년에 대나마大奈麻 벼슬을 한 이순李純이 조연소사槽淵小寺를 고쳐 단속사라 했다고 하며, 다른 하나는 신충이 지었다는 것이다.

신충은 신라 효성왕과 함께 잣나무 아래에서 바둑을 둔 적이 있었다. 이 때 효성왕이 "훗날 자네를 절대 잊지 않을 것이다" 하며 잣나무를 두고 맹세했다. 수개월 후 효성왕은 임금 자리에 오르고 공신들이 상을 받게 되었지만 신충은 거기에 속해 있지 않았다. 그리하여 신충이 '원가怨歌'를 지어 그 잣나무에 붙이니 나무가 말라 버렸다. 효성왕은 그제야 자신의 잘못을 깨닫고 "정무 때문에 옛 친구를 잊을 뻔하였구나" 하며 벼슬을 주니 그 잣나무가 다시 살아났다는 것이다. 신충은 효성왕과 경덕왕의 사랑을 받으며 높은 벼슬을 하다가 경덕왕 22년에 벼슬을 그만두고 지리산으로 들어갔다. 임금이 여러 번 불렀지만 나가지 않고 머리를 깎고 중이 되어 효성왕의 명복을 빌기 위하여 난속사를 창건하고 거기 살았다고 한다.

이 두 가지 이야기의 공통점은 신라 경덕왕 대에 절집을 이루었으며 왕을 위해 지었다는 것 정도이다. 그러나 지금의 단속사는 그 흔적조차 찾기가 묘연하다. 단정하고 우아한 통일신라 하대의 모습을 보여 주며 금당 자리 앞에 동서로 놓인 보물 72호와 73호인 삼층 석탑과 당간 지주

만이 옛 이야기를 전해 줄 뿐이다. 법당에는 솔거가 그린 유마상維摩像
이 있었으며 신충이 그린 경덕왕의 초상도 있었다지만 그 자취를
어느 곳에서도 찾을 수가 없다. 그나마 탁영 김일손이 쓴
'두류기행록頭流紀行錄'에 옛 모습이 기록되어 있으니 머릿
속으로나마 가늠해 볼 뿐이다.

김일손은 정여창(1450-1504)과 함께 지리산에 오를
양으로 길을 나서서 1489년 4월 17일에 단속사에 들렀
다. 그 글에 따르면 단속사에는 김헌정이 짓고 영업靈
業 화상이 쓴 신행 선사의 비와, 이지무李之茂가 짓고
기준機俊이 글씨를 쓴 대감大鑑국사 탄연坦然
(1070-1159)의 비가 있었으나 탄연의 그것이 신행
의 그것보다 한결 돋보인다고 했다. 탄연은 대단한
권승勸僧이었다고 알려져 있으며, 서거정이 말하기를

서 삼층 석탑. 보물 73호.

"동국의 필법은 김생이 제일이요, 국일, 영업, 탄연이 다음 간다"고 했을
만큼 명필로도 소문났다. 단속사에는 영업이 쓴 신행의 비와 왕희지체를
본받은 탄연의 비가 모두 있었지만 이젠 탁본으로만 그 모습이 남았을
뿐 비석은 사라지고 없다. 진정眞靜 대사의 비석도 있었다지만 부수어진
채 "…산단속山斷俗…"이라는 글씨만 알아볼 수 있을 따름이다.

또 '두류기행록'에는 불전의 벽에는 면류관을 쓴 두 화상의 모습이 그
려져 있었다고 하는데 면류관은 왕들이 쓰는 것이므로 신충이 그린 효성
대왕과 경덕대왕의 모습이리라. 북쪽 담장 안에 있던 주지의 침실은 동
백나무가 에워싸고 있었으며 그 동쪽으로 치원당致遠堂이 있었다고 하
니, 치원당은 고운孤雲 최치원의 독서당이 아니었을는지 궁금한 노릇이
다. 절 안의 동쪽 행랑 아래에 각각 모습이 다른 석불 오백 구가 있었으
며 절집은 황폐하여 중이 머물지 않는 건물이 수백 칸이었다고 하니 이
때 이미 단속사는 쇠락의 길을 걷고 있었지 싶다.

남명 조식 또한 1553년 5월, 열한 번째로 나선 지리산 유람 길에 단속
사에 들러 시를 남겼는데 당시 절집의 스산한 모습이 잘 드러나 있다.

솔 아래 천 년 옛 절이 창연한데

사람이 한 마리 학을 따라 찾아드니
중은 굶어서 부엌이 싸늘하고
금당은 낡아 구름에 파묻혔네
등불은 봉우리의 달을 밝혀 주고
방아 찧는 소리는 물 밑에서 들리네
부처 앞 향로에는 불도 꺼져
오직 재처럼 식은 마음을 보네
松下千年寺 人隨獨鶴尋
僧飢陁朝冷 殿古野雲深
燈點峰頭月 春聲水底砧
佛殿香火死 惟見己灰心

그래도 탁영이 단속사에 들렀을 때는 주지와 더불어 몇몇 승려가 거주하고 있었지만 그로부터 육십여 년 지난 뒤에 남명이 들렀을 때는 그보다 더 쇠락했던 모양이다. 또 남명이 단속사에서 사명당四溟堂 유정(1544-1610)을 만났다가 헤어지며 지은 시도 있지만 절집의 모습은 묘사하지 않았으며, 남명이 예순여섯이던 1566년 2월에 단속사에서 구암龜巖 이정(1512-1571)을 만났다는 기록도 있지만 단속사의 모습에 대해서는 이른 바 없다. 그러나 주목해야 할 것은, 남명의 제자인 부사浮査 성여신(1546-1632)의 처사이다. 그는 1568년 선조 원년에 절에서 책을 찍자 "중들이 무슨 책이냐 염불만 하면 되지"라며 서산대사 휴정이 지은 「삼가귀감三家龜鑑」의 목판을 불사르고 사천왕상을 부수어 버리라고 명했으나 승려들이 듣지 않자 아예 절집에 불을 질러 버렸다. 성여신이 뒤에 이 일을 남명에게 고하자, 그는 "내가 만일 그 일을 먼저 알았더라면 어찌 권장했겠

동 삼층 석탑, 보물 72호.

는가마는 이미 지난 일을 더 이상 허물하지 않겠다"고 했을 뿐이라니 난감한 일이 아닐 수 없다. 그러니 곧이어 닥친 임진왜란과 정유재란으로 절집은 흔적조차 남지 않게 되었으리라 짐작해 볼 뿐이다.

경상남도 산청 지곡사 터

또 다시 잃어버린 절터를 거닐다

이리하여 우리는 고려 초에는 다섯 손가락에 안에 들던

선원이던 귀한 터를 잃어버릴 지경에 이르렀다.

그러나 누구를 탓할 것인가. 마음 맑고 눈 푸른 납자들과

유자들의 발자국 소리가 끊이지 않았을 귀한 곳을

귀하게 지키지 못한 것은, 밝고 지혜로운 눈을 지니지 못한

우리의 잘못일 뿐이다. 저수지 옆 평상에 앉아 있는데

간혹 철 이른 낙엽이 떨어졌으며 힘 잃은 내 발길도

이내 돌아서고 말았다.

언제였을까. 최남선이 쓴 '심춘순례'라는 글을 읽고는 냉큼 변산 월명암을 찾아 올랐었다. 그 글에 월명암의 낙조대에서 내다보는 서해의 낙조가 일품이라고 되어 있을뿐만 아니라 변산을 두고 나한 좌상 같다고 했으니 궁금증이 동했던 탓이다. 이윽고 처음 다다른 월명암, 낙조대로 올라 바라보던 노을의 부드러움은 스무 해도 더 지났지만 나에게 잊히지 않는 빛깔로 남아 있다. 그 아름다움이 채 가시지 않은 다음 날, 나는 큰 의문을 가지고 집으로 돌아와야 했다. 내소사 부도밭에 갓 세워졌던 해안海眼 선사의 비석 때문이었다. 그 곳에는 선사라는 말 대신 다만 '범부凡夫 해안'의 비라고 대문짝만하게 써 있었으니 그 까닭을 알 길이 없었던 것이다.

그 후, 한동안 잊고 있던 의문이 경남 산청에서 다시 싹텄다. 단속사 터를 가는 길에 무심코 들렀던 산천재, 그 곳의 주인이었던 남명南冥 조식(1501~1572) 또한 그랬던 것이다. 그가 임종을 앞두고 있을 때 제자인 동강東岡 김우옹(1540~1603)이, 돌아가시고 난 다음의 호칭에 대해서 물었다고 한다. 그러자 남명은 "그저 처사處士라고 부르는 것이 좋겠다. 이것이 내 평생의 뜻이다. 처사라고 쓰지 않고 관직을 쓴다면 나의 뜻과는 어긋나는 것이다"라고 했다. 물론 그의 생각과는 달리 묘비에는 임금이 불러도 관직에 나아가지 않은 선비라는 뜻의 징사徵士와 더불어 사후에 추대된 영의정 관직까지 그럴듯하게 쓰여 있다. 그저 '처사 조남명의 묘'라고만 해도 좋았을 것을 말이다. 그것이 어찌 남명의 잘못이겠는가. 그를 모시던 후학들의 존경과 욕심이 감춤 없이 드러난 것일 테니 말이다.

여하튼 한 분은 큰 깨달음으로 선의 새로운 지평을 열어 간 선사였건만 범부라고 자기를 낮추고, 또다른 한 분은 퇴계退溪 이황과 함께 당대를 이끌던 성리학의 대가였건만 자신을 그저 촌에 묻혀 사는 선비인 처사로 남기를 원했으니, 이 둘의 경지는 서로 다르지 않다. 기껏 애를 써서 가 닿은 곳에서 홀연히 돌아설 수 있는 힘은 아무나 가지는 것이 아니지 않던가. 그저 그것을 움켜쥐려고 애를 쓰고, 움켜쥐었다 싶으면 행여 뺏길세라, 놓칠세라 전전긍긍하는 것이 보통 사람의 모습일 것이다. 하지만 그들은 그것을 놓아 버리거나 그냥 둔 채 넘어가 버렸으니, 그들이 남겨 놓은 생각과 모습은 큰 거울이 되어 나를 비추고 있는 것이다.

지리산 위에 뜬 별을 바라보며 그들을 생각한다 싶었는데 어느 새 잠이 들었던가 보다. 숙소 앞 경호강에는 새벽 안개가 자욱하게 내려앉아 있었다. 그 안개를 건너 지곡사 터(智谷寺址)로 향했다. 산청읍을 지나 웅석봉熊石峰으로 향하자 이내 지곡사의 들머리인 세진교洗塵橋 앞이었다. 그러나 돌로 쌓은 홍예교였다는 세진교는 사람들이 지니고 온 속진을 씻어 내느라 버거웠는지 무너지고 없다. 대신 다리가 있던 곳의 너럭바위에는 세진교라는 큰 글씨가 음각으로 새겨져 있고 그 맞은편에는 세진교를 세웠음을 알리는 비석만이 남아 있을 뿐이다. 마치 거북이처럼 생기기도 한 자연석을 대좌로 삼아 세워진 그 비석에 따르면 세진교는 숙종 42년인 1716년에 세워졌다.

그러니 앞서 이야기한 남명이 이 곳으로 글을 읽으러 올 때에는 다리가 없었을 것이다. 남명은 산청 인근의 절집에서 글 읽는 것을 즐겼으며 지곡사에도 자주 들렀던 것으로 알려져 있다. 산청과 함양 일대의 내로라하던 선비들인 덕계德溪 오건(1521-1574), 옥계玉溪 노진(1518-1578), 한강寒岡 정구(1543-1620)와 같은 이들은 남명이 지곡사에 머문다는 이야기를 들으면 한달음에 달려가 가르침을 구하고 함께 글 읽기를 마다하지 않았던 후학들이었다. 그러나 그들 모두 지곡사의 모습에 대해서는 글을 남기지 않았다. 다만 지곡사에서 남명을 모시거나 기다리던 일에 대한 시만 남겼기에 오히려 당시의 모습이 더 궁금하다.

그 무리 가운데 호를 송정松亭으로 쓰던 하수일(1553-1612)만이 지곡사의 모습에 대해 시를 남겼다. 송정은 진주에서 태어났으며 그 또한 남명의 제자였다. 그러나 그의 나이 스무 살에 남명 선생이, 이어서 스물두 살에 덕계 선생마저 세상을 뜨고 말았으니 그의 슬픔은 깊고도 컸으리라. 그후, 언제인가 다시 지곡사를 찾았던 모양이다. 그러나 그의 시 제목이 '지곡사 옛 터를 지나며(過智谷寺故基)'라고 되어 있으니 수십 년 사이에 전란을 겪으며 이미 폐찰이 되고 난 다음의 모습을 남겼을 뿐이다. "…큰 소나무는 불타 쓰러져 붉은 빛을 잃고…귀뚜라미 소리만이 찬 들판 풀숲 사이에서 들려오네…"라며 지곡사의 스산한 모습에 더해 상전벽해의 덧없음을 노래하고 있다.

그도 그럴 것이 지곡사는 임란 당시 화약을 만드는 곳이기도 했다. 김시민(1554-1592) 장군이 1592년 진주성 싸움에서 이길 수 있었던 것은 염초焰硝 150근을 미리 구워 놓은 것이 큰 도움이 되었다고 하는데 그 염초를 구운 곳이 바로 지곡사였다. 당시 진주 목사였던 김시민을 도와 싸움을 치른 순찰사 학봉鶴峯 김성일(1538-1593)의 '용사사적龍蛇事蹟'에 따르면, 학봉이 지곡사에서 염초를 굽게 했으며 호남의 숙련공을 불러 조총을 만드는 법을 가르치게 했는데 구리가 아닌 정철正鐵로 조총을 만들 수 있었다고 한다. 그러니 지곡사는 비록 진주에서 떨어져 있었지만 무기 제조창의 역할을 톡톡히 했던 것이다.

지곡사 터에 남아 있는 부도 탑비의 귀부들은 몸돌이나 이수를 모두 잃어버렸다. 더구나 귀부의 머리는 잔혹하게 잘렸다. 그것이 인위적으로 잘린 것이라고 보는 것은 몸체가 크게 상하지 않았기 때문이다. 만일 심하게 구르거나 전체에 걸쳐 강한 타격을 받았다면 목뿐 아니라 몸체에도 그 상처가 남았을 것이다. 절터에서 보이는 펜션의 왼쪽 끝에도 한 기의 귀부가 있으며 목이 잘린 것은 마찬가지이다.

저수지 근처에는 절터에서 나온 여러 석물들을 한곳에 모아 두었다. 그 곳에 있는 귀부의 섬세한 조각은 아름답기 그지없다. 몸돌을 올려놓았을 비좌碑座 옆면에는 안상이 새겨졌고 그 안에 어룡魚龍 두 마리가 화염문을 향해 달려들 듯이 베풀어졌는데 조각이 섬세하고 유려하다. 더구나 이는 합천 영암사 터 귀부의 그것과도 엇비슷해 같은 문화권이었음을 짐작케 한다.

펜션의 맨 뒤 축구 골대가 있는 잔디밭으로 올라가면 끝에 늙은 나무 한 그루가 보인다. 그 언저리가 지곡사의 금당 터였다. 발굴 당시에는 연화문의 대좌가 깨진 채 있었다고 하나 지금은 찾아볼 수가 없다. 다만 불상이 놓였음직한 곳에 주초석들은 남겨 두었으니 그나마 펜션 주인의 배려에 고마워해야 할지도 모른다.

옛 터 옆에 들어선 지곡사의 돌담 아래에 놓여 있는 확이다. 자동차가 다니는 길가에 놓여 있어 혹 상하거나
잃어버리지 않을까 염려스럽기도 했다. 절 마당 안으로 들여 놓으면 좋으련만 싶었던 것이다. 그저 옛 절에서
쓰던 주춧돌 하나만 봐도 반가운 폐사지에서 이만한 것은 아주 훌륭한 볼거리이다.

이는 남명의 제자들이 불의를 보고 참지 못하는 의인들이었으며 한결같이 의병으로 나선 것으로도 미루어 짐작할 수 있는 일이다. 또한 스님들이라고 가만히 있었겠는가. 의당 승병으로 싸움에 나섰을 테지만 그 기록은 찾아볼 수가 없으니 안타깝다.

그렇지만 지곡사가 남명을 중심으로 한 유자들만 모이던 곳은 아니다. 그보다 훨씬 전에, 진관眞觀 선사 석초釋超라는 탁월한 선승이 주석했으니 '지곡'이라는 절 이름은 선사의 호를 따서 지은 것이다. 진관 선사는 원주 거돈사의 원공 국사, 합천 영암사의 적연 국사와 함께 당시 선종을 이끌던 분이었다. 비록 탑비는 남아 전하지 않지만 탁본만은 남았으니 그 귀한 모습의 한 조각이나마 가늠할 수 있어 다행이다.

스님은 충청도 충주 출신이며 912년에 10월 15일에 태어났다. 네 살에 이르자 마늘, 파, 달래, 부추, 흥거興渠와 같은 오신채를 먹지 않았다고 한다. 그 후 918년에 영암산의 여흥선원麗興禪院으로 출가하여 법원法圓 대사를 찾아가자 대사가 물었다. "동자는 어디에서 왔는가(童子何許來)?" 그러자 석초가 대답했다. "온 곳으로부터 왔습니다(從來處來)."

여흥선원에 머물던 선사가 928년에는 원주의 법천사를 찾아 현권賢眷 율사에게서 구족계를 받았으며, 경 읽는 소리를 듣지 않고 책을 상자 속에 넣고서야 비로소 마음을 깨달았다고 한다. 선사는 고려 태조 23년인 940년 봄에 홀연히 배를 타고 당나라로 구법의 길을 떠나 절강성의 용책사龍冊寺에 머물며 법을 닦다가 육 년 후인 고려 정종 1년 946년에 돌아왔다. 그 후, 949년, 광종이 왕위에 오르자 왕은 숙수선원宿水禪院에 머물던 진관으로 하여금 지곡사로 가서 대중들을 바르게 이끌기를 바랐으니, 스님은 지곡사에 십여 년가량 머물며 가람을 일구고 선법을 펼쳤다. 다시 귀산선사龜山禪寺와 광통보제선사廣通普濟禪寺로 옮겨 주석하던 스님은 광종 15년인 964년 9월 2일 열반에 들었다.

세진교를 지나 저수지를 곁으로 두고 지곡사 터로 올랐지만 석초 스님의 밝은 선지식이 지리산에서 내려온 바람에 흩날리고, 남명과 그 제자들의 글 읽는 소리가 계곡에 울려 퍼졌을 지곡사의 옛 모습은 가늠하기가 쉽지 않았다. 저수지가 만들어지면서 절터의 모습이 흐트러진 것은 말할 것도 없거니와 지금은 금당 자리 앞에 펜션까지 들어섰다. 그 펜션의 왼쪽 끄트머리 놀이터 곁에 비석을 올렸던 귀부 한 기가 옹색하게 남았으며, 또 한 기는 저수지 근처에 놓여 있다. 「신증동국여지승람」의 산음현 조에 고려의 예부상서인 손몽주孫夢周가 찬撰한 혜월慧月과 진관의 두 비가 있었다고 전하니 아마 지금 내가 본 귀부가 그것이리라. 그러나 참혹하기 이를 데 없다. 몸돌이 사라진 것은 말할 것도 없거니와 귀부의 머리 부분이 모두 잘려 나간 것이다.

이리하여 우리는 고려 초에는 다섯 손가락에 안에 들던 선원이던 귀한 터를 잃어버릴 지경에 이르렀다. 지곡사라는 옛 이름을 그대로 사용하는 절집이 최근 들어섰지만 그것을 모두 지켜 내는 데에는 한계가 있을 것이다. 그러나 누구를 탓할 것인가. 마음 맑고 눈 푸른 납자들과 유자들의 발자국 소리가 끊이지 않았을 귀한 곳을 귀하게 지키지 못한 것은, 밝고 지혜로운 눈을 지니지 못한 우리의 잘못일 뿐이다. 저수지 옆 평상에 앉아 있는데 간혹 철 이른 낙엽이 떨어졌으며 힘 잃은 내 발길도 이내 돌아서고 말았다.

여름에는 참깨 밭에 가려서 잘 보이지 않던 것이 겨울에 그 모습을 확연하게 드러냈다. 비석의 내용은 그렇다고 하지만 정작 눈길을 끄는 것은 아래 받침돌이다. 자연석을 생긴 그대로 두고 비좌碑座 부분에만 살짝 연화문을 새겼으니 참으로 맵시 있는 솜씨가 아닐 수 없다. 더러 이런 것들을 만날 때마다 옛 사람들의 마음 씀씀이를 반이라도 닮으면 좋겠다 싶기도 하다. 비석 반대편 계곡의 너럭바위에 '세진교'라는 각자刻字가 있다.

세진교 각자.

지곡사 터

지곡사 터는 경남 산청에 있다. 대전-통영 간 고속도로 산청 나들목으로 나가서 군청 표지판을 따라 가면 된다. 군청이 있는 읍내에 이르면 웅석봉군립공원이라는 표지판을 따라가면 되는데 간혹 군립공원이라고 되어 있기도 하다. 산청 나들목에서 군청까지 5분 남짓, 군청 앞에서 세진교 비석이 있는 지곡사 터 들머리까지 5분 남짓이다. 이정표가 잘 되어 있어 놓칠 염려는 없으며 세진교 비석은 아스팔트가 끝나고 시멘트로 된 오르막이 시작되는 곳에 있다. 길 오른쪽에 비석이 있으며 그 왼쪽 계곡의 너럭바위에 세진교라고 큼지막하게 새겨 놓은 각자가 있다.

시멘트로 된 오르막길을 채 5분이 되지 않게 오르면 왼쪽으로 내리 저수지가 있으며 곧 넓은 공터가 나타난다. 그 일대가 모두 지곡사 터였다고 생각하면 된다.

큰 나무 아래 만들어 놓은 평상 근처에 자동차를 세우고 왼쪽 저수지 가로 나가면 귀부 한 기와 함께 절터에서 발굴된 석재들을 모아 놓은 곳이 나온다. 그 중 귀부의 목은 잘려 나간 채 없다. 군청 마당에 출처를 알 수 없는 귀부의 머리 부분이 놓여 있는데 그것이 이 귀부의 머리 부분일 것이라고 추정한다. 귀부의 상단, 몸돌을 세웠던 비좌의 양 옆에는 안상을 새기고 그 가운데에 보주寶珠와 같은 화염문을 새겼으며 그 양쪽에 어룡魚龍이 서로 마주 보고 있다. 이는 합천 영암사 터의 귀부 조각을 빼다 박은 듯해서 당시 불교의 사상사와 미술사의 흐름을 가늠하는 데 중요한 몫을 하는 것이다.

그 곳에서 왼쪽으로 근래에 지어진 지곡사라는 도량이 있으며 그 오른쪽으로 펜션 가까이에 또 하나의 귀부가 있다. 펜션이 지어진 곳은 옛 지곡사의 금당 자리 앞이다.

또 금당 자리 뒤편에 추파秋波 홍유 대사와 한암寒巖 성안 대사의 부도와 부도비가 있다. 홍유와 성안 두 스님은 조선 후기에 다시 지곡사를 일으켜세우려 했으며, 홍유 스님이 쓴 '지곡사 용화당기'에 따르면 신라 법

홍왕 때에 응진應眞 스님이 국태사國泰寺를 창건한 곳이 바로 지곡사라
고 한다.

  그 후, 진관 선사가 주석할 무렵으로부터 임란 전까지의 번성기와 임
란 후의 쇠퇴기를 거쳤으며, 다시 일어난 불사로 번성기를 맞았으나 홍
유와 성안이 주석했을 때에는 또다시 쇠퇴기에 접어들었던 듯, 두 스님
의 기록 이후로는 어떠한 기록도 발견되지 않았다. 세진교와 같은 큰 불
사를 일으켰던 시기가 1716년이며, 홍유 스님이 열반에 든 것이 1836
년, 성안 스님이 열반에 든 것이 1845년이니, 그렇게 추정하는 것이다.
더군다나 조선총독부의 기록인 전국 사찰 등록에 보면 지곡사는 빠져 있
으니 더욱 그렇다.

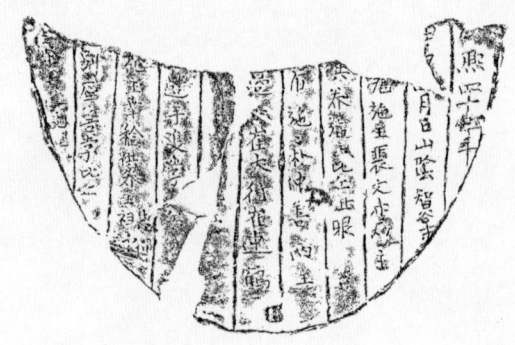

발굴 당시 나온 지곡사 명문 와편.

부처와 조사도 목숨을 빈다는 죽비 소리를 듣다

향 한 자루 사르고 굴 앞을 가로막은 바위 끝에 올라앉았다.
잠시 상념에 젖었는가 싶었는데 화들짝 놀라고 말았다.
무엇인가 둔한 것이 머리를 내려쳤기 때문이다. 퍼뜩 몸을
돌려봤지만 아무도 없었다. 하늘을 봐도, 굴 안을 봐도,
그 어느 곳에, 그 누구도 몇 시간째 없었던 것이다. 무슨 일일까.
다시 눈을 감았는데 이번에는 연이어 머리며 어깨를
때리는 것이 아닌가. 아! 이것이 부처와 조사도 목숨을
빈다는 죽비인가.

거창으로 향하는 밤, 덕유산 자락을 지나며 올려다 본 하늘엔 별이 가득했다. 서둘러 전깃불이 없는 곳을 찾아 자동차를 세웠다. 무수한 별을 헤아리고 싶어서였다. 간혹 구름이 지나가기는 했지만 유난히 밝게 빛나는 별을 바라보는 나는 어느 새 소년이 되어 있었다. 마치 떨어지는 별똥별에 얻어맞기라도 한 것처럼 멍하니 바라보던 별들, 그들은 바로 코앞에까지 내려와 있는 듯 가까이 있었다. 그 날 나는 별들의 유혹을 뿌리치지 못하고 밤이 깊도록 컴컴한 곳을 서성거렸다. 미리부터 작정을 한 것은 아니었지만 문득 만난 친구와 섣불리 헤어지지 못하듯이 그렇게 별들과 이야기를 나누다가 거창까지 가지 못하고 육십령 아래 장계에서 묵었다. 휘황찬란한 도시의 불빛에 익숙해진 나에게 필요한 것은, 지금보다 더 밝게 번쩍이는 불빛이 아니라, 오히려 칠흑 같은 어둠 속에서 별들만이 빛을 내는 흑백의 풍경들이었기 때문이다.

새벽같이 찾아든 국밥집. 장계 장터 안에는 국밥집이 너덧 집 있지만 인연을 쌓은 집은 다리를 건너자마자 있는 순대국집이다. 네 해 만이지만 그집은 건재했고 할머니는 여전히 푸근했다. 정갈한 구석은 어디에서도 찾을 수가 없고, 밥을 먹고 있는 상머리에 낯선 이가 불쑥 앉아 새벽부터 소주잔을 권하기도 하는 곳이지만, 그래도 그 집을 찾는 까닭은 주인 할머니 때문이다. 그니는 말 그대로 할머니이다. 더 이상의 아무런 수식이 필요하지 않은 할머니 말이다. 오늘도 잘 차려입은 것이 오히려 어색한 할아버지 한 분이 새벽 댓바람부터 소주잔을 기울이고 있었다. 낯선 차림의 사람이 들어서자 할아버지는 말을 걸어 왔지만 가야 할 길이 있으니 건성건성 대답하며 국밥을 먹고는 나섰다.

육십령은 안개에 쌓여 있었고 안의를 지나 마리에서 금원산金猿山에 닿기까지 한 시간은 넘고 두 시간은 채 걸리지 않았다. 그러나 대뜸 가섭암 터(迦葉庵址)로 향하지는 않았다. 산중 절터에 가면서 산도 느끼기 전에 불쑥 그 곳만을 향하면 마치 결론만 읽은 소설처럼 아쉬운 마음이 컸기 때문이다. 이제 막 동살이 비쳐 들기 시작한 갈림길에서 유안청폭포로 향했다. 엊그제까지 비가 내렸으니 볼 만하다 싶었던 것이다. 삼십 분 남짓, 과연 물줄기는 한여름 못지않게 흘렀고 나뭇잎은 빛나고 있었다.

근처 너럭바위를 찾아 해를 마주 보고 앉았다. 이른 시간의 산에서는 어느덧 햇살이 그리울 만큼 선선해진 탓도 있었지만 옛말 한 구절이 가슴에 와 닿았던 까닭이다. 세 길쯤 떠오른 아침 해를 마주 한 채, 두 눈썹 위에 가지런히 손을 얹고 가슴을 내밀어 환하게 열리는 것을 느끼면 마음이 바르게 된다고 했으니, 그렇게 해 보았지만 여간 어색하지 않았다.

한동안 애를 쓰다 그만두고 눈을 감은 채 가만히 앉았으려니 물은 흐르되 물 소리가 들리지 않았다. 사위가 고요해져 오로지 보이는 것은 내 마음이었으며 들리는 것은 내 속의 나와 내가 다투는 소리뿐이었다. 언제까지 그렇게 다툴 것인지 짐짓 모른 체하고 지재미골의 가섭암 터로 향했다.

절터로 향하는 길이 어디인들 아름답지 않을까마는 가섭암 터로 향하는 길은 특히 빼어나다. 굳이 유안청폭포로 향하지 않더라도 아름다운 계곡에 선녀담이 있는가 하면 솔숲을 지나면 나라 안에 있는 바위 중에서는 그 크기가 제일이라는 문門바위까지 있으니 눈이 잠시도 쉴 새가 없다. 더구나 대개의 절터들이 코앞에까지 자동차가 들어가지만 가섭암 터는 비록 오백 미터 남짓한 거리지만 그 아름다운 길을 걸어야만 닿을 수 있다는 것

주차장에서 계곡을 따라 십 분 남짓이면 가섭암이 있었던 곳에 다다른다. 그러나 건물 터를 가늠하기는 쉽지
않다. 마애 삼존불 보존각이 있는 왼쪽으로 난 108계단을 따라 오르면 이내 큰 바위들이 앞을 막아서고 그 틈
새로 계단은 이어진다. 사진에 보이는 계단 끝에 올라서면 동굴이 두어 평이나 됨직하다. 그 오른쪽에 삼존불
이 새겨져 있다.

이 더 마음을 끈다. 들떴던 마음이나 속진에 찌든 마음도 그 길을 걷는 동안 계곡물에 모두 씻어 낼 수 있으니 여느 절터와는 또다른 느낌이다.

가섭암의 일주문 노릇을 한 탓에 문바위라 불렀다는 큰 바위를 돌아들자 이내 절터이다. 하지만 절터라고 하기에는 너무나도 황량하다. 장대석과 같은 유구조차 남아 있지 않으니 어디가 어디인지 가늠할 수가 없는 것이다. 그러나 뒤편 산으로 오르는 길에 돌계단이 있었다. 108계단이라는 그 곳을 오르기 시작했다. 양쪽에는 큰 바위가 가로막고 겨우 사람 하나 지나갈 만한 틈을 빠져 나가자 계단이 끝이 났다. 가로막은 큰 바위 위에 다시 덮개처럼 다른 바위가 하늘을 가렸으니 천연 굴인 셈이다. 열서넛이나 들어갈 수 있을까. 굴 안으로 들어가 고개를 돌렸다.

아! 그 곳에 계셨다. 눈부시도록 아름다운 모습을 한 아미타 부처님은 중품중생의 수인으로 손을 든 채 마치 나에게 숨을 고르라는 듯이 미소지으며 서 계셨다. 한동안 말을 잊었다. 그 동안 부처님 앞에서 그 얼마나 많은 순간 말을 잊었던가. 책을 덮어야 생각이 돋아나듯 말을 잊으면 그 자리에선 마음이 자라났다. 그렇게 자라난 마음은 위로 자라는 것이 아니라 옆으로 넓어졌으니 그 무변 광대한 자리의 처처에 부처님이 계시는 것이다. 그러나 그 넓음을 나 스스로는 미처 알지 못한다. 그것이 무지이다. 내 속에 이미 부처님이 계시지만 미혹에 빠져 그것을 찾지 못하고 만나지 못하는 것이다.

아미타 부처님은 마치 석가모니 부처님이 가섭에게 연꽃 한 송이를 들었던 밀밀의密密意처럼 그렇게 나에게 미소를 보내건만 나는 미처 그것을 깨닫지 못하는 것이니 염화미소는 무엇이고 이심전심은 무엇인가. 주는 것 또한 누구나 할 수 없는 일이지만 그것을 귀하게 받을 줄 아는 것은 주는 것보다 수십 배 어려운 일. 오늘 이 곳에서 아미타 부처님과 두 분 보살님은 나에게 무엇을 전하고 계신 것인가. 석가모니 부처님의 연꽃을 바라본 가섭처럼 미소지을 수 없음이 정녕 안타깝다. 그러나 이 걸음 멈추지 않을 터이니 언젠가는 미소지을 수 있지 않겠는가.

향 한 자루 사르고 굴 앞을 가로막은 바위 끝에 올라앉았다. 위태롭지만 먼 산이 바라보이니 그만한 곳이 드물었기 때문이다. 잠시 상념에 젖었는가 싶었는데 화들짝 놀라고 말았다. 무엇인가 둔한 것이 머리를 내려쳤기 때문이다. 퍼뜩 몸을 돌려봤지만 아무도 없었다. 하늘을 봐도, 굴 안을 봐도, 그 어느 곳에, 그 누구도 몇 시간째 없었던 것이다. 무슨 일일까. 다시 눈을 감았는데 이번에는 연이어 머리며 어깨를 때리는 것이 아닌가. 아! 이것이 부처와 조사도 목숨을 빈다는 죽비인가.

그러나 그것은 어이없게도 아주 잘 익은 도토리일 뿐이었다. 건들바람이 한 차례 지나가면 그는 아주 단단한 소리를 내며 떨어졌다. 몇 차례 어르고 나서야 비로소 어깨에 와 닿는 죽비와는 달리, 부지불식간에 떨어지는 것도 그렇거니와 바위 위로 떨어질 때마다 굴 속에는 공명이 일어 호된 죽비 소리보다 더 매서웠던 것이다.

굴 속의 부처님은 바위 벽에 새겨진 마애 삼존이시다. 세 분 모두 서 계시며 가운데 아미타 부처님, 그 곁으로 오른쪽은 관음보살, 왼쪽은 대세지 보살인 듯하다. 안내판에는 지장보살이라고 되어 있지만 조각의 그 어느 곳에도 삭발을 하고 미간에 백호가 돋아 있다거나 혹은 보주를 든 채 석장

이른 아침에 동굴에 오를 때면 밝고 환하게 빛나는 저 곳이 바로 피안일지도 모른다는 생각을 했다. 때로 그런 날이면 스스로에게 묻곤 했다. 내가 언제 밝고 환한 곳에 있을 때 피안을 그리워해 본 적이 있던가 하고 말이다. 그렇지 못했다. 못된 일이다.

동굴은 막혀 있다. 더 이상 갈 수 없는 그 곳에 마애 삼존불이 계신다. 주존불은 해가 지는 서쪽을 바라보고 계신 아미타여래이다. 주존불의 조각은 부드러우나 그 양 옆의 협시 보살은 옷매무새가 날카롭고 또렷하다. 마치 목판을 새겨 놓은 것처럼 말이다. 주존불이 올라선 좌대 또한 드물게 보는 철凸 자 모양이어서 흥미롭지만 정작 나의 눈길이 머문 곳은 왼쪽 협시 보살의 오른손이다. 지그시 당겨 올린 옷자락의 표현이 더없이 빼어나며 아름답다. 오른쪽 협시 보살 또한 옷자락을 잡고 있기는 하지만 왼쪽의 그것이 좀더 섬세하다.

을 짚고 있는 지장 보살의 특징들이 나타나 있지 않다. 다만 이 곳 두 분 보살님들은 모두 보관을 머리에 쓰고 있으며, 두 분 모두 한 손은 옷자락을 잡고 다른 한 손은 연꽃을 들거나 영락의 구슬을 만지고 있을 뿐이다. 두 보살의 머리 부분이 민머리여서 지장 보살로 생각함직도 하겠으나 아무래도 지나친 비약이 아닐까 싶다.

오히려 눈여겨봐야 할 것은 광배의 절묘한 표현이다. 두광은 제각각 따로 새겼지만 광배를 전체적으로 하나로 새겨 그 안에 세 분이 모두 계시기 때문이다. 또한 본존인 아미타 부처님이 서 계신 좌대 또한 독특하다. 흔히 보지 못하는 철凸 자 형으로 생긴 것으로 안에 세 잎의 연화문을 새겼으며 좌대의 위쪽 끝 부분에 다섯 잎의 연꽃을 새겨 모두 여덟 장의 꽃잎을 표현했기 때문이다. 이는 연꽃 잎의 표현에 있어 여덟 장을 맞추려는 노력인 듯하다. 철凸 형 좌대는 고구려 고분 벽화에서나 볼 수 있는 것으로 불상의 좌대로는 잘 사용하지 않는 것이어서 더욱 신비스러움을 더한다. 또 마애불 전체에 걸쳐 빗물이 스며들지 않게 삼각형의 물받이 홈을 파 놓은 배려도 돋보인다. 대개의 마애불들을 눈여겨보면 빗물을 막으려는 배려가 보이지만 이처럼 선명하게 갓을 씌워 놓은 것처럼 뚜렷한 예는 드물기 때문이다.

그런가 하면, 세 분의 조각 솜씨 또한 서로 달라 보여 더 흥미롭다. 본존불은 구리나 대리석을 매만져 놓은 것처럼 부드러우며 원만한 저부조이지만, 양쪽 보살들은 마치 목판을 깎아 놓은 듯 투박하면서도 똑 떨어지는 날카로운 칼 맛을 보인다. 또 보살들이 서 있는 연꽃 잎은 본존의 그것과는 달리 마치 불꽃과도 같아 보인다. 더군다나 왼쪽의 보살이 오른손으로 옷자락을 슬며시 당겨 올려서 잡고 있는 표현은, 투박한 가운데에서 여성스러운 자태를 볼 수 있는 빼어난 것이라 말하고 싶다.

그 아름다움에 취해 시간 가는 줄 모르고 서성거렸지만 햇살은 끝내 굴 안으로 들어오지 않았다. 햇살이 들면 좀더 또렷한 모습을 볼 수 있을까 싶었는데 말이다. 그러나 어느 새 해는 산등성이에 걸려 버렸고 나는 호젓한 산길을 아쉬운 걸음으로 내려와야만 했다.

가섭암 터는 경남 거창 위천면 상천리의 금원산 자연 휴양림 안에 있다. 가장 수월한 길은, 대전-통영 간 고속도로의 지곡 나들목으로 나가서 3번 도로로 안의를 지나 마리 삼거리에서 37번 도로를 타고 무주 방면으로 향하면 된다. 그 다음부터는 금원산 자연 휴양림이라는 이정표를 따라 가면 된다. 갈림길마다 이정표가 잘 되어 있으므로 놓칠 염려는 없다. 지곡 나들목에서 40분 남짓한 시간이면 닿을 수 있다.

위천면소에서 휴양림까지는 4킬로미터 정도이며, 면소에서 2킬로미터쯤 휴양림으로 향하면 왼쪽으로 강남리가 있는데 이곳에도 예전에 강남사라는 사찰이 있었다고 전한다. 지금 그 곳에 마모가 심한 석불 한 기가 논 한가운데에 있다. 다시 큰 길로 나와 1킬로미터쯤 더 들어가면 오른쪽으로 미폭米瀑이라는 곳이 있는데 조선 후기의 진경 산수화가인 진재眞宰 김윤겸(1711-1775)이 가섭암과 함께 그 빼어난 풍광을 그렸다는 곳이다.

강남사 터 석조 여래 입상.

매표소를 지나 오른쪽으로 오르면 다시 갈림길이다. 그 곳에서 오른쪽으로 100미터가량 나아가면 왼쪽으로 주차장이 연이어 세 곳이 있으니 그 곳에 자동차를 세워야 한다. 유안청폭포를 갈 양이면 아래 갈림길에서 왼쪽으로 접어들어야 한다.

주차장에서 산 위쪽으로 보면 나무로 걸쳐 놓은 다리가 하나 보이는데 그 다리를 건너 가섭암 터까지는 채 500미터가 되지 않는다. 문바위를 지나면 오른쪽으로 가섭암 터 마애삼존불 관리사라는 한옥이 한 채 보이는데 그 일대가 가섭암 터였다고 한다. 건물 왼쪽 옆으로 보이는 108계단을 오르면 그 곳에 마애 삼존불이 있다.

가섭암 터 마애 삼존불은 보물 530호로 지정되었으며 삼존불 오른쪽에 부처님 조성기가 따로 새겨져 있다. 그러나 글씨는 마멸이 심해 잘 알아보지 못한다. 다만 마애불을 새긴 해는 천경天慶 원년, 곧 고려 숙종 6년인 1111년이며 조성과 관계된 사람으로는 왕과 복법사福法師 법운法

보물 530호인 마애 삼존불의 정면.

曇임을 알 수 있으며, "염망모이은念亡母以愿"이라는 글이 보이는 것으로 봐서 고려의 왕이 돌아가신 어머니의 극락 왕생을 기원하며 세운 것이 아닐까 추정할 수 있다. 명문은 현장에서 확인하기는 지극히 어려우며 탁본한 것을 보려면 국립 거창박물관으로 가면 된다.

또 이 곳에 있던 삼층탑은 위천초등학교 운동장으로 옮겨 놓았으나 지난 해까지 세 차례나 도둑을 맞는 바람에 지금은 거창박물관 지하 수장고에 있다.

마애 삼존불 명문의 내용은 다음과 같다.

若夫赴感福綠照嵓至濟⋯⋯福法師法曇
沈苦逆須越 ⋯⋯風月夜月八
日⋯⋯天慶元年十月節日開而興
報 思
念亡母以恩
石山以他⋯⋯
萬代心⋯⋯
歡喜風雨順時安康」

〔해석 불명〕⋯⋯ 복법사 법운
〔해석 불명〕⋯⋯ 풍월야월 8일
천경 원년 11월 절일
〔해석 불명〕
죽은 어머니를 생각하니, 은혜가 〔해석 불명〕
만대에 이르는 마음
풍우가 순조롭고 때가 평안한 것을 기뻐한다.

경상남도 함양 장수사 터

혹독한 고독의 그림자와 함께 거닐다

절터에서 만나는 일주문. 그것이 나를 그토록

고독하게 만들었던 것이다. 절터를 찾는 사람들의 상식을

깨뜨리고 버젓이 서 있는 일주문. 나라 안의

그 어떤 절터에서도 볼 수 없는 그것이 동살을 받아 환하게

열리고 있었다. 그러나 나는 주저하고 있었다.

그 문 안으로 들어서기를 저어했던 것이다. 그 안으로

들어서는 순간 나는 다시 외로움에 젖고 말 것을

뻔히 알고 있었기 때문이었다.

함양에서 일어난 새벽, 상림上林을 걸었다. 위천에서는 끊임없이 안개가 피어오르고 숲은 고즈넉했다. 단풍이 채 무르익지 않았지만 그러면 또 어떤가. 숲은 고요히 앉아 선정에 든 운수 납자를 품은 듯 정갈하며 깊었으니 이 곳을 거닐 수 있는 것만으로도 나는 무던히도 행복했다. 그러나 가을이 좀더 깊어지면 구태여 다시 찾고 싶었다. 꼼짝도 않고 부동의 모습으로 앉아 낙엽 떨어지는 소리에 귀 기울이고 싶은 것이다. 그 생각만으로도 입가에 웃음이 번지는 것을 감추지 못하는데 문득 숲 속에서 부처님을 만났다. 이은리에서 옮겨 왔다는 부처님, 그는 간간이 떨어지는 낙엽 소리에도 무심한 듯 먼 곳을 바라보며 우직한 모습으로 앉아 계실 뿐이었다.

상림을 떠나 안의로 향했다. 일찍부터 논에 나온 농부들이 짙은 안개 속으로 잰걸음을 놓고 그 곁에 우뚝 선 미루나무는 말을 걸면 금방이라도 외로운 소리를 내놓을 것만 같았다. 가을이 서붓서붓 지나가고 있는 것인가. 가을걷이를 마친 들판이 제법 많아졌다. 오늘 가는 기백산箕白山 장수사 터(長水寺址) 또한 그러하리라.

안의면 소재지를 지나자 이내 용추골 들머리이다. 단풍은 이제 막 시작인 듯, 그러나 들머리부터 펼쳐진 계곡의 정경이 예사롭지가 않았다. 불쑥 아무 곳이나 멈춰 서도 그 곳이 곧 선경이었다. 그 빼어난 풍광은 나라 안 어디와 견주어도 모자람이 없어 보였다. 더군다나 예전에는 이 골짜기를 두고 심진동尋眞洞이라고 했다. 무엇을 찾는다는 이야기인데 그것이 무엇일까. 참 나일까, 진리일까. 진리를 찾으면 내가 바로 보이고 내가 바로 보이면 진리를 놓칠 까닭이 없으니 곧 같은 말이리라.

그것 찾기에 장수사 터는 나라 안 절터 중 으뜸이라 해도 지나치지 않다. 그 곳을 거니는 사람은 누구나 외로움이 사무치게 되니 말이다. 무릇 자기가 보이는 때는 외로울 때이다. 그 끝, 절대 고독의 순간에야 비로소 낱낱이 파헤쳐진 자신과 만날 수 있는 것 아니던가. 언제나 그랬다. 장수사 터를 거닐 때마다 나에게는 외로움이 덕지덕지 묻어났다. 그 독특한 뉘앙스의 외로움은 다른 어떤 절터에서도 맛보지 못하던 것이었다. 또한 그 짙은 고독 속에서 보이는 것은 부처님이 아니었다. 그것은 빈약하기만 한 나의 현재일 뿐이었으니 장수사 터는 도무지 잊을 수 없는 곳이기도 하다.

오른쪽으로 부도밭을 지나자 멀리 일주문이 보였다. 아! 그것이다. 절터에서 만나는 일주문. 그것이 나를 그토록 고독하게 만들었던 것이다. 절터를 찾는 사람들의 상식을 깨뜨리고 버젓이 서 있는 일주문. 나라 안의 그 어떤 절터에서도 볼 수 없는 그것이 동살을 받아 환하게 열리고 있었다. 그러나 나는 주저하고 있었다. 그 문 안으로 들어서기를 저어했던 것이다. 그 안으로 들어서는 순간 나는 다시 외로움에 젖고 말 것을 뻔히 알고 있었기 때문이었다. 한참 동안 먼 곳에서 그를 바라보기만 하면서, 마음에 차 오르기를 기다렸다. 이윽고 무르익은 햇살이 그에게 드리울 무렵에야 문 안으로 들어섰다. 오 분도 채 걷지 않아 신발은 이슬에 젖고 새벽 한기처럼 엄습해 오는 헛헛함을 감당하기가 힘들었다.

아무 것도 남아 있지 않은 절터에 가득 피어난 수크렁만이 불어오는 바람에 흔들릴 뿐이었다. 묵은 돌 몇이 옛 터에 박혀 있지만 그것으로 지난 날의 모습을 어찌 가늠하겠는가. 어림도 없는 노릇이다. 잼처 발길 닿을 때마다 톺아 봤지만 절집의 흔적은 그 어느 곳에도 남아 있지 않았다. 오늘이라고 다르지 않다. 버릇처럼 고개를 숙이고 거닐어 보지만, 보이는

경상남도 유형문화재 54호인 장수사 터 일주문. 이 일주문을 처음 대하고 무척 난감해했다. 그러나 당혹스럽기까지 했던 이 장면을 무엇보다 사랑하게 되었다. 폐사지에 나무로 만든 일주문이 남아 있다는 것은 상식을 깨뜨리는 일이다. 일주문 뒤, 눈을 씻고 찾아도 아무 흔적을 만날 수 없는 곳을 거닐며 상식이 깨져 버린 통쾌함에 웃음이 나오기도 했다. 그리고 고맙기만 했다. 그것은 또 하나의 깨달음이었으니까 말이다.

일주문 뒤에는 아무것도 남지 않았다. 일주문마저 없었다면 그 누구도 이 곳이 절터일 것이라고 짐작도 하지
못할 만큼 말이다. 그 텅 비어 있음이 장수사 터의 매력이다. 눈에 보이는 것이 없으니 그 곳을 거닐며 만날 수
있는 것은 바로 제 자신이다. 장수사 터에 가거든 하염없이 걸어 보라. 발길에 채이는 돌부리처럼 자신을 만
날 수 있을 테니까 말이다. 적어도 나는 그랬다.

것은 아무것도 없었다. 그렇게 고개를 숙이고 걷는 시간이 길어질수록 누릇누릇한 가을 옷으로 갈아입는 풀들은 거울이 되고 있었다. 거칠고 투박하지만 햇살에 투명하게 빛나는 거울, 하지만 그들이 되비치는 것은 맑은 가을 햇살도, 푸른 하늘도, 구름도 아니었다. 바로 나 자신이었다. 일주문 외에는 내가 기대거나 눈길 둘 곳 하나 없는 장수사 터, 그는 혹독했다. 미술사를 들이대도, 건축사를 디밀어도 냉담했으며 불교사를 들이밀어도 그는 고개를 외로 꼰 채 모른 체할 뿐이었다. 그러니 이 곳에서는 오직 나밖에는 달리 만날 것이 없는 셈이다.

그것이 장수사 터의 매력이다. 절터에서 만나는, 나무로 만든 일주문과 그 문을 들어서면 눈길 둘 곳이 쌀 한 톨만큼도 남아 있지 않은 데서 오는 당혹스러움이 고독을 불러일으키는 것이다. 문이라는 것은 내가 있는 공간에서 또다른 어떤 공간으로 넘나드는 것을 전제로 하는 것이런만 장수사 터 일주문은 영화 매트릭스의 문과도 같다. 그 영화에서 문을 열면 주인공인 키아누 리브스가 처한 현실과는 너무나도 다른 당혹스러운 장면들이 펼쳐지던 것처럼, 장수사 터의 일주문 또한 그랬다.

그 문은 현재의 공간에서 내가 미처 깨닫지 못한 공간으로 들어가게 만들어 놓고는 짐짓 모른 체하며 심진동 들머리만 바라보고 있을 뿐이다. 내가 있는 곳에서 열어젖힌 문 너머에 지금과는 전혀 다른 세상이 펼쳐진다는 것은 새로운 세계를 얻는 것일 수도 있지만, 이제껏 머물던 세계를 아무런 준비도 하지 않은 채 잃어버리는 것과도 같다. 그것이 당혹스러운 것이다. 맞닥뜨린 현실보다 잃어버린 현실이 고독을 일으키고, 맞닥뜨린 현실이 낯설어 머뭇거리는 것이다.

더구나 돌로 만들어진 것은 무엇 하나 남지 않고 오히려 나무로 만든 문만 남았으니 그 역설적인 반전의 당혹스러움이 고독의 깊이를 더한다. 나라 안 절터 중, 나무로 만든 그 무엇이 폐허를 지키고 있는 곳은 그 어디에도 없으니 말이다.

그토록 순례자를 당황스럽게 하는 일주문 너머는 텅 빈 공간이련만 되레 충만하게 여겨지는 것 또한 장수사 터만이 지닌 매력이다. 용추계곡으로 흐르는 물 소리가 절터에 가득하기 때문이다. 간혹 덕유산 마루에서 불어오는 바람 한 점과 용추폭포의 경천동지하는 물 소리가 이 고요함을 흔들어 놓지 않으면 어찌 이 깊고 깊은 고독을 견디겠는가. 그 소리를 벗 삼아 거니는 절터, 주렁주렁 무르익은 감을 달고 있는 감나무가 있는 곳쯤은 금강문이나 사천왕문이 있었을 법하다. 그 나무에 기대어 생각했다. 사흘 동안만이라도 이 곳에 머물고 싶다고 말이다.

이미 그것을 눈치 챈 것인가. 일주문 바로 옆, 용추사로 오르는 길섶의 큰 바위에 새겨진 글귀가 새삼스럽다. "삼일수심 천재보三日修心 千載寶, 백년탐물 일조진百年貪物 一朝塵"이라 했으니 '초발심자경문'에 나오는 구절이다. 사흘 동안 마음을 닦으면 천 년의 보배를 얻는 것이요, 백 년 동안 탐내던 것들은 하루 아침의 티끌이라는 말이다. 이 말은 적어도 장수사 터를 두어 시간 거닐고 나서라야 깨달을 수 있다. 막막하게 주어진 공간 속에서 그 곳을 지배하지 못하고 지배당한다는 것은 어쩌면 기분 좋은 일일 수 있다. 움직이면 보이지 않고 머물면 보이는 것이 자신의 모습이 아닌가. 더군다나 공간에 지배당한 채 옴짝달싹하지 못하며 만나는 자신의 모습은 스스로가 생각하는 자신과는 사뭇 다를 것이기 때문이다.

거울 앞에 서면 거울 속의 모습이 참모습이다. 그것을 못마땅하게 여기는 것은 스스로가 설정한 자신의 모습이고 말이다. 그러니 스스로가 생각하는 자신은 이리저리 가지 치기를 하여 꾸민 것이나 다르지 않다. 그것을 닦느냐, 아니면 텅 빈 공간 속에서 낱낱이 파헤쳐진 자신을 매만지느냐, 그 둘은 큰 차이일 것이다. 자신이 스스로 설정한 자신을 닦는 것은 또 하나의 허상을 덧보태는 것이려니 경계해야 마땅하리라.

감히 말하건대, 절터를 찾아 만행하기를 멈춤 없이 이어 가고 있지만, 이처럼 나 자신을 낱낱이 발가벗기는 곳은 진표 율사가 망신참법亡身懺法으로 법을 구한 변산의 불사의방과 장수사 터가 유일하다. 이 두 곳에서는 아무리 자신을 감추려 해도 저절로 드러나기 마련이다. 그렇기에 매혹적인 만큼 또 혹독한 곳이기도 하다.

용추폭포를 지나고 계곡을 따라 오르니 오른쪽으로 햇살이 비껴 드는 곳에 부도 세 기가 띄엄띄엄 놓여 있다. 안내판도 하나 없는 부도는 모두 석종 형이지만 그 중 가장 큰 것이 문곡당, 그 다음이 청심당 그리고 연우당 축훈 스님의 사리를 모신 것이다. 조선 후기의 문신인 번암樊巖 채제공(1720-1799)이 지은 문곡 대사 비명에 따르면, 문곡 대사의 법휘는 영회永晦이며 열세 살에 장수사의 묘언妙彦 스님 아래로 출가했다. 그 후 회당悔堂 정혜定慧 대사를 모시고 화엄을 익혔으며 금강산과 묘향산을 거쳐 영조 48년인 1772년에는 백화白花, 환암喚庵 대사와 함께 지리산의 영원암靈源庵에서 만일 염불회를 열기도 했던 스님이다. 장수사와 관련된 흔적은 이것이 전부이다.

함양의 덕곡에서 태어난 조선 중기의 문신인 옥계玉溪 노진(1518-

1578)이 지은 '유장수사기遊長水寺記'에 따르면 그는 1532년 친형님과 사촌형님을 모시고 장수사에 갔었다. 글의 대개는 주변의 풍광에 관한 것이건만 귀하게도 몇 마디 절집에 대한 것이 있었다. 당시 주지는 법숭法崇이었으며 예닐곱 명의 스님이 계셨다. 오래된 회화나무가 절 마당에 있었으며 절 아래에 용추폭포가 있었다고 한다. 승당은 동쪽에 목원당目願堂이 있었으며 취율당就律堂은 회랑 앞에 있었다. 나한당에는 수십 구의 나한이 빙 둘러앉아 있었으며 모두 세 칸이었다. 또한 장수사에서 백 걸음쯤 떨어진 곳에 부도암浮屠庵이 있는데 장수사를 창건한 것으로 알려진 각연覺然 대사의 진영이 색이 벗겨진 채 탑상에 뒹굴고 스님은 머물지 않았다고 했다. 또 부도암의 담 밖에는 높이가 수층이나 되는 큰 탑이 있었다고도 하는데, 지금은 그 흔적조차 찾을 길이 없다. 그러나 때때로 흔적에 얽매이지 않는 것도 절터를 찾는 사람들이 갖춰야 할 덕목이다. 더구나 장수사 터라면 말이다.

장수사 터에는 부도밭이 두 곳이다. 사진에 보이는 곳은 용추사를 지나 계곡을 건너면 길섶에 있다. 가장 앞
에 있는 부도가 문곡당의 부도이며 장수사에 머문 스님으로는 유일하게 그 행적이 뚜렷하게 남은 분이다. 문
곡 대사의 법휘는 영회永晦이며 열세 살에 장수사의 묘언妙彦 스님 아래로 출가한 것으로 알려졌다. 가운데는
청심당 그리고 맨 뒤는 축훈당의 부도이며 모두 조선 시대의 것이다.

장수사 터 ☀

경남 함양의 장수사 터는 안의면에 있다. 그러나 용추계곡을 찾는 것이 빠르다. 대전-통영 간 고속도로 지곡 나들목, 88고속도로 함양 나들목으로 나와 안의로 향하면 된다. 안의에서 거창으로 향하는 24번 국도를 따라 4킬로미터 남짓 가면 왼쪽으로 용추계곡 안내판이 있다. 그 곳에서 6킬로미터쯤 가면 주차장이며, 그 바로 앞에 경상남도 유형문화재 54호인 장수사 터 일주문이 있다. 가섭암 터에서는 마리 삼거리까지 나와 안의 방향으로 향하면 오른쪽으로 용추계곡 표지판이 보인다.

일주문 뒤가 절터이며, 그 곳에서 400미터쯤 떨어진 곳에 용추사가 있다. 용추사를 왼쪽으로 두고 구름다리가 있는 곳의 오른쪽 기슭을 보면, 문곡당의 부도를 비롯하여 부도 세 기가 있는 부도밭이 보인다. 자동차도 갈 수 있으나 주차장에서 겨우 500미터 거리이니 걷는 것이 좋다. 더구나 그 곳으로 오르는 계곡 길은 빼어난 풍광을 보여 주니 더욱 그래야 한다. 부도에서 구름다리를 건너 용추사로 들어갔다가 포장된 길로 내려오면 용추폭포가 왼쪽으로 있다.

장수사는 신라 소지왕 9년인 487년에 각연 스님이 창건한 것으로 알려져 있다. 그러나 당시의 기록을 찾을 길이 없어 아쉽기만 하다. 기록이

장수사의 법맥을 이은 용추사.

함양 상림의 이은리 석불.

라곤 임란 이후의 것만 남아 있을 뿐이다. 1680년인 숙종 6년 11월 28일
에 불이 나 전소했으며, 절터를 아래로 옮겨 1681년에 다시 지었다고 하
니 지금의 터는 그 때 잡은 것이지 싶다. 그러나 1734년 11월 1일 다시
불이 나 대웅전과 불상, 탱화 그리고 향로전이 불탔다고 한다. 그 후, 한
국전쟁 당시 덕유산 자락에 숨어든 공비 토벌이라는 명분 아래 아군에
의해 불타 사라졌다고 하니 참담한 마음이 크다. 일주문은 1711년인 숙
종 37년에 사혜社慧 스님이 세운 것으로 알려져 있다.

일주문은 팔작 지붕이며 기둥은 자연목을 다듬지 않고 그냥 사용해 투
박한 맛이 살아 있다. 또 빼곡하게 들어 찬 공포栱包가 화려함을 더한다.
지붕이 무거운 듯해 다소 둔해 보이기도 하지만 멀리서 보면 그 비례는
알맞으며 오히려 경쾌하며 날렵해 보이기까지 한다. 한국전쟁이 끝난 후
인 1959년에 다시 새웠으며 1975년에 보수를 해 지금에 이르고 있다.

장수사에 딸린 암자로는 동쪽에는 도솔암兜率庵, 서쪽에는 백련암白蓮
庵, 북쪽에는 용추암龍秋庵과 은신암隱身庵, 개산조인 각연 조사의 진신
을 모신 부도암 등이 있었으나, 용추암은 용추사로 되었을 뿐 은신암 외
에는 찾아보기 힘들다. 은신암은 조선 태조의 왕사였던 무학 대사가 몸
을 감추고 세상과의 인연을 끊으며 지냈던 곳이라고 알려져 있다.

경상남도 함양 승안사 터

그대, 차 한 잔 하고 가게나

승안사 터에 갈 양이면 향 한 자루 반드시 지니고 가라.

햇살이 비쳐 들 때마다 살아나는 보살 한 분이 차 한 잔 하고

가라며 미소 머금으니 마다할 수 없는 일이다.

그러니 보살님 권하는 차 한 잔 마셨으면 그 앞에 향 한 자루

살라야 할 테니 말이다. 비록 부처님에게 드리는

차 공양일 테지만 우리 모두 이미 부처였다.

안의를 지나 수동면 도북 마을 승안사 터(昇安寺址)로 가는 길, 안개는 아직 걷히지 않았다. 솟아오른 해는 말갛게 비치고 가을걷이를 하는 농부들과 콤바인 소리가 들판에 가득했다.

　새벽이란 참 묘한 것이다. 해뜨기 전부터 두어 시간 장수사 터를 거닐었을 뿐이지만 그 시간 동안 사색의 깊이는 한낮의 너덧 시간이라도 결코 따라오지 못한다. 마치 선정에 든 듯 깊은 사색에 젖었던 탓인지 시간이 꽤 흘렀다 싶었지만 아홉시도 채 되지 않았다. 안동에 가면 퇴계退溪 이황(1501-1570)이, 산청에 가면 남명南冥 조식(1501-1572)이 그렇듯, 함양에는 일두一蠹 정여창(1450-1504)의 이야기가 가득하다. 비단 그뿐 아니라 오늘 새벽에 거닐던 상림은 최치원이 함양의 태수를 지내며 가꾼 숲이다. 그런가 하면 조선 중기에는 김종직(1431-1492)이 군수를 지냈으며, 그의 문인인 극기克己 유호인(1445-1494)은 함양의 병곡에서 태어났고 정여창은 지곡에서 태어났으니 한 시대를 풍미한 선비들이 꿈을 가꾸며 펼친 곳이기도 하다.

　조선 후기에는 북학파의 핵심 인물들인 형암炯庵 이덕무(1741-1793)가 1781년 사근역 찰방沙斤驛察訪을, 연암燕巖 박지원(1737-1805)이 1791년부터 1796까지 안의현 현감을 지냈으니 나라 안에서 그만한 인물들이 두루 거친 곳 또한 드물다. 장수사 터로 가는 길에 있는 큰 물레방아는 박지원이 현감 시절에 나라 안에서 가장 처음 세운 물레방아였다고 하며, 지금 가는 수동면은 예전 사근역이 있었던 곳이니 이덕무의 발자취가 남은 곳이다. 하지만 그들은 절집에 대해서는 별 관심이 없었던 듯하다. 이덕무만이 사근역에 있을 때의 견문기인 「한죽당섭필寒竹堂涉筆」에 해인사를 찾은 '가야산기伽倻山記'를 남겼을 뿐이다.

숭안사 터 삼층 석탑 북면에 새겨진 비천상.

「연암집」에서 안의의 심진동 장수사에 대한 기록을 찾을 수 없다거나, 이덕무의 「한죽당섭필」에서 그의 근무처인 사근역에 가까이 있던 승안사에 대한 기록을 찾을 수 없는 것이 못내 아쉽다. 그것은 어쩌면 그들이 근무할 당시에 이미 폐찰이 되었거나 아니면 불탄 절집을 다시 일으켜세우고 있었기 때문은 아니었을까 하고 자위해 보기도 하지만, 섭섭함은 감출 길이 없다. 연암이나 형암 모두 호기심이라면 누구 못지않게 탁월한 사람들이었으며, 더구나 형암은 1761년 서울 북한산의 사찰과 암자를 찾아다닌 것을 기록한 '북한산 유람기' 나 해인사 일대를 둘러 본 '가야산기' 를 남겼으니 더욱 그렇다.

장수사 터를 떠난 지 이십 분이 지나지 않아 정여창과 동계桐溪 정온(1559-1641) 그리고 개암介菴 강익(1523-1567)을 배향한 남계서원을 지났다. 남계서원은 1552년, 경북 영주의 소수서원에 이어 두 번째로 세워진 서원이다. 1597년, 정유재란으로 불탄 것을 1612년에 다시 세우면서 별사別祠에 유호인을 배향하였으나 1868년에 별사를 없애고 말았다. 임금에게서 사액을 받은 함양의 서원으로는 남계서원 외에 당주서원이 있었는데, 그 곳은 선조 때 예조 판서를 지냈으며 장수사 터의 유일한 기록인 「유장수사기」를 남긴 옥계玉溪 노진이 배향된 곳이다.

남계서원을 지나 도북 마을 가까이 이르렀건만 승안사 터로 오르는 길을 찾기가 쉽지 않았다. 십오 년 만에 찾아가는 길이려니 기억이 가물거리기도 했지만 하필이면 승안사 터로 오르는 길목의 도로가 확장 공사 중이어서 도무지 가늠을 할 수가 없었던 것이다. 긴가민가하며 두어 번 같은 길을 오가고서야 겨우 찾았다.

산길은 참 아늑했다. 절터까지 1킬로미터 남짓 이어지는 그 길은, 정여창의 묘소로 가는 길이어선지 시멘트 포장 길이지만 나무랄 데 없이 아름다운 길이다. 그 길의 끝닿은 곳, 으늑한 분지에 절터가 있다. 처음 승안사터를 찾았을 때 매우 놀란 기억이 있다. 기우뚱 넘어질 듯 서 있던 거대한 불상 때문이었다. 지금까지도 마애불이 아니고는 그 어느 곳에서도 그만한 불상을 본 적이 없다.

그를 대하는 순간, 나는 얼어붙은 듯이 그 자리에 서서 망연히 바라보기만 했었다. 일행들은 보물인 삼층 석탑의 불보살과 사천왕 조각을 탐닉하는 동안 나는 형체도 알아보기 힘든 불상의 매력에 흠씬 젖어 있었던 것이다. 그 후, 두어 번 다시 그를 찾았을 뿐 오늘이 십 년도 넘은 걸음이니 조금씩 설레는 마음은 어릴 적 코흘리개 친구를 만나러 가는 듯한 심정이었다. 그러나 나의 설렘은 절터에 닿는 순간 산산조각 나고 말았다. 그를 처음 만났을 때처럼 하염없이 바라보기는 매한가지였지만, 허탈함은 감출 길이 없었다. 그는 비록 좋은 집을 얻었을지 모르나 내가 보기에 그는 가두어진 것이나 다르지 않았다. 그 바람에 그의 우직한 미소를 제대로 볼 수 없어 더 안타까웠다.

집도 없이 작은 소나무 곁에서 북쪽을 응시한 채 묵묵히 서 있던 그의 옅은 미소를 이제는 영영 볼 수 없게 된 것이다. 성보 문화재란 그 존재의 가치와 자체의 아름다움도 중요하려니와 그것이 놓여 있는 장소와 환경에 따라 천양지차의 느낌을 자아내는 법이다. 바로 그 어떤 느낌 때문에 사람들의 발길이 끊이지 않는 것이고, 발길이 끊이지 않는다는 것은 그만큼 우리 문화에 대해 알게 모르게 관심을 가지게 된다는 것이다.

뒤늦긴 하지만 보존각의 벽을 헐어 낸다는 서산 마애불은, 이제, 햇살

탑이 남루하고 절터가 누추하면 어떠랴. 삼층 석탑의 상층 기단에 새겨진 이 불보살을 만나
고 나면 그리워서 견디지 못할 것이니 말이다. 그렇기에 다시 가지 못할 양이면 차라리 승
안사 터에 가지 않는 것이 낫다.

비친 그 모습으로써, 전등 불을 들고 그 미소를 찾으려고 하던 인위적인 행동이 얼마나 한심한 일이었는지를 묵묵히 웅변해 줄 것이다. 전등 불에 서라도 보면 그만이지 뭐 그리 까탈을 부리느냐 할지 모르지만, 그것이 안목을 낳기 때문이다. 햇살과 전등 불에서 보는 미소, 어느 것이 더 사람들의 미적 감수성을 자극하여 안목을 키울지는 굳이 말할 필요도 없으리라.

부득부득 사다리를 놓고 올라섰다. 굳이 그래야만 했을까. 오른팔도 잃어버리고 목마저 부러진 터에 이제는 햇살마저 듬뿍 받지 못하게 된 불상이 안쓰러워 그를 바로 볼 수가 없었다. 지금의 그는 존재 가치만을 지니고 있을 뿐 땅바닥에 박힌 채 그가 뿜어 내던 카리스마 넘치던 위용은 사라지고 말았으니 말이다.

그 오른쪽 밤나무 숲에 서 있는 탑으로 발길을 돌리자 그 또한 마찬가지였다. 탑과는 전혀 어울리지 않는 새하얀 화강석으로 울타리를 만들어 놓은 것이다. 참으로 꼴불견이었다. 더군다나 탑과의 비례 따위는 생각하지도 않은 채 굵직굵직한 것들을 높게 세워 놓았으니, 그것은 문화재 보호가 아니라, 그 행정을 담당하는 사람의 마음에 두른 울타리의 높이일 뿐이라고 여긴 것은 내가 고약한 탓만은 아닐 것이다. 드물게 답사객들이나 찾을 뿐, 관광 버스로 무지막지하게 들이닥치는 수학 여행 같은 단체 관람은 찾지도 않는 곳에 굳이 그렇게 해 놓아야 했을지 묻고 싶었다.

그러나 탑 상층 기단의 면석에 새겨진 보살 한 분이 차 한 잔 하고 가라며 미소 머금으니 마다할 수 없는 일, 땅바닥에 주저앉았다가 흠칫 놀라고 말았다. 밤송이에 찔린 것이다. 탑은 밤나무 숲 들머리에 있으니 떨어진 밤송이들이 군데군데 흩어져 있는 것을 미처 보지 못한 것이다.

승안사 터에 갈 양이면 향 한 자루 반드시 지니고 가라. 보살님 권하는 차 한 잔 마셨으면 그 앞에 향 한 자루 살라야 할 테니 말이다. 비록 부처님에게 드리는 차 공양일 테지만 우리 모두 이미 부처였다.

삼층 석탑 상층 기단 면석에는 불보살을, 갑석에는 복련의 연화문을 베풀었으며 일층 몸돌
에는 돌아가며 사천왕상을 새겼다. 장식탑의 대부분이 아름답지만 유난히 승안사 터 석탑
의 조각은 독특함이 눈에 차 오른다.

그저 모든 것 좋게 보지 못하고 책잡는다고 나무라는 것으로 받아들였다. 삼층탑은 상층 기단에 모두 여덟 분의 불보살이 베풀어져 있으며, 일층 몸돌에는 사천왕상이 한 면에 한 구씩 돋을새김으로 서 계신다. 비록 지붕돌은 군데군데 깨져 남루하지만 단아함은 잃지 않았고 더구나 조각의 빼어남은 어떤 탑과 견주어도 뒤떨어지지 않을 만큼 화려하다.

탑의 상층 기단에 베풀어진 불보살 조각은 나라 안에서 보기 드문 것으로, 팔부중을 새기던 통일신라 시대의 것과는 사뭇 다르다. 그 양식은 따랐으되 내용이 다른 것이다. 조각이 선명한 서쪽에는 차 공양과 향 공양을 올리는 보살이 마주 보고 있고, 남쪽에는 부처님 한 분은 정면을 바라보고 있고 악기를 불고 있는 보살 한 분은 옆을 보고 있다. 그리고 이끼가 검게 끼고 조각조차 선명하지 않은 동쪽에는 악기를 연주하는 보살 한 분과 무엇인가 공양을 올리는 보살 한 분이 마주 보고 있으며, 북쪽 조각은 문드러져 천의 자락은 보이지 않지만 하늘에서 내려오는 듯 뒤로 접은 다리 모양으로 악기를 연주하며 정면을 향하고 있다.

노루 꼬리처럼 짧은 가을 해가 저물 때까지 그들 앞에 있었다. 햇살이 비쳐 들 때마다 살아나는 보살들의 모습을 두고 선뜻 돌아설 수가 없었던 까닭이다.

남계서원 별사에 배향된 유호인이 이 곳 승안사에 잠시 머문 적이 있다. 그의 문인인 김종직의 문집인 「점필재집」에 그에게 보낸 시 한 편이 남아 있다. '도연명체를 본받아 극기를 위문하다. 극기가 이 때 승안사에서 훈욕을 하면서 병을 치료하고 있었다(效 淵明 問克己, 克己時在昇安寺 熏浴理疾)'라는 긴 제목의 시는 절집의 모습은 언급하지 않았다. 다만 유호인이 피부병을 앓았는지 난초의 잎을 물에 넣어 끓이는 난탕蘭湯으로 훈욕을 한다고만 되어 있다. 그러나 그것으로는 마음 속의 깊은 근심을 다스리지는 못한다고 했으니 마음의 깊은 근심은 탑에 새겨진 불보살들이 어루만져 주지 않았겠는가.

탑과 불상만 남았을 뿐 선비들의 묘소와 재실 그리고 밤나무 숲으로 변해 버린 채 장대석 하나 남지 않은 절터이지만 이렇듯 글 한 줄 만나면 그저 고맙기만 하다.

어느덧 해거름의 옅은 그림자가 묻어나기 시작한 산길을 걸으며 김종직이 유호인에게 보냈던 시의 첫 구절을 되뇌었다.

그대가 사음산에 들어갔다 하는데
절은 몇째 봉우리에 있는고
聞君入射陰
寺在第幾峯

승안사 터

승안사 터는 경남 함양군 수동면 우명리에 있다. 함양읍이나 안의면을 기점으로 3번 국도를 따라 함양읍에서는 거창 방면으로, 안의면에서는 함양읍 방면으로 향하면 된다. 어느 곳에서나 20분이 채 걸리지 않는다. 함양읍에서는 남계서원에 닿기 전의 왼쪽, 안의면에서는 남계서원을 지나자마자 오른쪽 산기슭을 보면 '문헌공 일두 정선생 묘소'라 적힌 돌기둥이 마치 장승처럼 서 있는 곳이 보이는데 그 곳으로 오르면 된다. 지금은 도로 공사 중이라 탑이 있다는 안내판조차 쓰러져 있어 눈여겨봐야 한다.

승안사는 「신증동국여지승람」에 "승안사는 사암산蛇巖山에 있다"고만 했을 뿐 다른 기록이 없으니 언제 창건되었는지 알지 못한다. 또 폐찰이 된 시기도 불분명한데, 남계서원이 불탄 1597년 정유재란 즈음이었을 것으로 추측한다.

큰길에서 산길로 접어들면 길 끝에 자동차 두어 대를 세울 수 있는 공간이 있으며, 그 바로 앞 새로 지은 보호각 속에 경상남도 유형문화재 33호인 석조 여래 좌상이 있다. 오른팔은 떨어져 나갔고 목은 부러진 것을 맞춰 올려놓았다. 소발이며 흔적만 남은 육계 그리고 이마에는 백호의

승안사 터 석조 여래상, 경상남도 유형문화재 33호.

흔적이 있다. 법의는 우견편단이며, 비록 오른팔이 없지만 좌상인 점을 고려할 때 수인은 항마촉지인을 하고 있었지 싶다. 하지만 불상이 북쪽을 향하고 있는 것을 보면 제자리가 아닐 수도 있다는 생각을 하게 한다.

그렇게 보면, 탑이 있는 자리 또한 제자리가 아니다. 보물 294호인 승안사지 삼층 석탑은 불상이 있는 곳에서 30미터쯤 떨어진 오른쪽의 밤나무 숲에 있으며 아무리 가늠을 해 봐도 탑과 불상의 위치가 어긋나 있기 때문이다. 그리고 불상이 바라보는 앞에는 재실이 들어서 있으니 그 곳 일대가 금당 자리였을 확률이 높다. 기왕에 건물이 있던 터에 재실을 지었을 터이고 그러면서 탑이 옮겨졌을 가능성이 있는 것이다.

탑은 1962년에 지금의 자리로 옮겨졌다. 당시 탑을 해체하자 일층 몸돌 윗부분에 지름 12센티미터, 깊이 16센티미터의 사리공이 있고 그 안에서 사리 장치가 발견되었다. 그 속에는 홍치弘治 7년명七年銘의 한지 묵서와 함께 청색 면포, 각색의 명주 조각 약간, 염낭 한 개, 황동제탑 안에 비취색 유리 사리병, 유리 구슬 한 줄, 은가락지 일곱 개 등이 발견되었다. 이 장엄구는 성종 45년인 1494년에 탑을 이건할 때 장치한 것으로 보인다.

승안사 터 삼층 석탑, 보물 294호.

경상남도 합천 대동사 터

느티나무에게 부처님 가신 곳을 묻다

대동사 터라 불리는 이 절터가 제 이름을 정확하게
찾을 때쯤 다시 한 번 찾아볼 참이다. 느티나무가 기억하고
있는 모습과 또 내가 오늘 펼친 상상과 현실이 얼마나
차이가 있는지 확인도 할 겸해서 말이다. 더불어
그 때쯤이면 나 또한 내 본성을 되찾을 수 있다면 좋겠다.
이 곳, 수더분한 대동사 터가 나에게 아름다운 곳이듯이
나 또한 비록 남루해질지라도 더 이상 꾸미지 않은
모습으로 세상을 그리고 사람을 대하고 싶으니까 말이다.

여느 절터가 수더분하지 않으랴마는 그 곳 또한 그랬다. 지난 봄, 대동사 터(大同寺址)를 처음 찾았을 때 꾸미거나 가꾸지 않은 그 모습이 마치 참빗으로 곱게 빗은 머리에 쪽을 짓던 우리 할머니와도 같다 싶었다. 또 신록으로 물들기 시작하던 느티나무 아래의 부처님은 논에서 갓 돌아온 촌로와도 같았다. 베 잠방이 걷어붙인 채 논일을 하다가 흙 묻은 손을 내밀며 반기던 그 옛날 외할아버지 말이다. 더러 그처럼 수더분한 것이 오히려 빼어나게 아름다운 것보다 더 매혹적이기도 하다. 오늘 내가 휘영청 밝은 보름달이 비쳐 주는 길을 달려 그에게로 가는 것 또한 그 모습을 잊지 못한 까닭이다.

달빛이 밝은 탓인가 아니면 높은 산에 쌓인 하얀 눈 때문인가. 자꾸만 먼 산으로 향하는 눈길을 붙들며 다다른 곳은 경남 합천의 삼가면이었다.

서둘러 잠자리에 들었지만 깜깜한 새벽부터 일어나 허공을 대하고 있었다. 누가 시키지도 않았고 또 딱히 그렇게 해야겠다고 생각한 것도 아니건만 불현듯 한 시간 남짓 그렇게 있었다. 찬바람은 견딜 만했으며 감은 눈을 떠도 사그라진 달빛 탓인지 어둠은 깊기만 했다. 무엇을 생각한 것도 아니었으며 본 것도 아니었다. 그저 창을 통해 멀뚱멀뚱 깊은 어둠을 대하고 있었을 뿐이다.

절터로의 만행이 거듭될수록 행동은 하되 아무 생각도 하지 않는 시간이 부쩍 많아졌다. 그것은 어쩌면 나를 제대로 인식하게 되었다는 것을 뜻하는 것일는지도 모른다. 다시 말해, 극명하게 나의 실체와 한계를 동시에 보게 된 것이 아닐까 싶다.

때로 그렇게 만난 나 자신은 부끄럽기 짝이 없는 모습이기도 하지만 한편으로 그렇게라도 만나고 나니 홀가분하기도 했다. 그로써 더 이상 욕심을 부리지 않게 되었으니 말이다. 그것은 이제야 산을 산으로 보고 물을 물로 보며 바위나 나무를 온전하게 그것으로 보게 되었다는 그런 이야기이다. 어쩌면 당연한 일이며 하찮은 고민일 수도 있지만, 그것이 그리도 어려웠다. 그런 눈을 가지기 위하여 그 동안 나에게 씌워져 있던 그 무엇들을 덜어 내야 했기 때문이다. 버려도, 버려도 남아 있던 그것은 꾸밈이며 가식이었다. 나 스스로에게 솔직하지 못하니 부족한 자신을 가리려고 자꾸만 덧씌우던 그것 말이다. 하지만 그것으로 눈앞을 가리는 만큼 나의 뒤는 더 크게 뚫리고 말았으니 깊이가 생기기는커녕 종잇장처럼 얇아지기만 했던 것이다. 또 눈에는 이끼가 끼고 마음에는 모래가 쌓여 사실을 사실로 보지 못할 수밖에 없었다.

솔직히 말해 나는 있는 사실을 사실 그대로 본다는 것이 그리도 어려운 일인지 미처 몰랐다. 노자는 '위무위爲亡爲' 편에서 말하기를 "깨달은 사람은 어려운 일을 어려운 일로 보기 때문에 마침내는 어려운 일이 없다(是以聖人有難之 故終亡難)"고 했다. 바로 그것이다. 어려운 일을 어렵게 본다는 것은 있는 사실을 제대로 인식하여 그 사실로만 대한다는 것이다. 또 쉬운 일은 쉬운 일로 보며 대할 것이니 그에 따른 대비는 언제나 분명할 수밖에 없다. 그러니 그 모든 일들이 그저 일일 뿐 어렵거나 쉽다는 것이 수식할 수 있는 근거가 사라져 버리는 셈이다. 그것은 있는 그대로 보는 것이다. 그 어떤 부풀림이나 꾸밈도 사라진 무위無爲이며 산은 산이고 물은 물인 것과 다르지 않은 것이다.

하지만 생각만 쉬울 뿐 그런 눈을 가지기란 결코 쉽지 않은 일이다. 내 속에서 온갖 꾸밈을 사라지게 한다는 것은 크나큰 용기가 필요한 것이고, 더구나 그 용기를 나 자신을 향해 스스로 내야 하기 때문이다. 그리하여 오늘과 같이 앉아 있는 시간이 많아졌으며, 어쩌면 그 시간은 나 스스로의 용기를 북돋우는 시간일는지도 모른다.

동이 터 올 무렵 까만 하늘에서 난분분 눈이 떨어지고 있었다. 아홉사리 고개를 넘어 대양면 백암리의 절터로 가는 내내 눈송이가 차창에 어른거렸으며 때로는 제법 흩날리기까지 했다. 마을의 가장 후미진 곳에서 구면인 느티나무가 반갑게 가지를 흔들거리고 있었다. 그는 천 년이나 살았으니 절터의 이야기들을 소상히 알고 있을 테지만 그저 묵묵하기만 하다. 부처님 또한 그 곁에서 전과 다름없었다. 더디기만 한 해는 아직 절터에 다다르지 않았고 벌써 산에서 잔 나뭇가지를 한 짐 지고 내려오는 할아버지가 있었다. 그이는 서성이는 나를 보고 지게를 내려놓고는 마치 아는 사람 대하듯이 오늘은 일찍 나왔다고 하면서 먼저 인사를 건넨다. 알고 보니 절터를 발굴하러 온 사람인 줄 알았다는 것이다.

느티나무와 부처님은 그대로이되 어쩐지 어수선하여 성긴 모습이다 싶었더니 절터는 발굴 준비 중이었다. 조금 있으니 포크레인 기사가 와서 절터를 뒤덮고 있는 풀과 잡목을 제거하는 작업을 시작했다. 지난 봄에도 마을의 어른들에게 물었던 일을 이 할아버지에게 다시 물었다. 그랬더니 봄에 만났던 어르신들과 같은 이야기를 한다. "여가 저 해인사보다 더 먼저 생긴 절이라카는데, 우린 그래만 알고 있지…, 옛날 어른들 이야기 들어보믄 크기는 컸다는데 우리는 잘 모르지." 그이도 얼추 칠십은 넘었을 법하지만 자신의 눈으로 절이 있는 것은 보지 못했으며 아버지나 할아버지에게 들은 이야기만 꺼내 놓았다.

대동사 터 부처님의 지난 이야기는 곁에 있는 느티나무만이 안다. 천 년이나 묵었으니 서로 나이가 엇비슷할
것이기 때문이다. 그 때문인가. 느티나무가 풍성하고 넉넉하듯, 부처님은 그저 너그럽기만 한 마을의 웃어른
과도 같다. 그래서 오히려 공경의 눈길을 떼지 못한다. 이 부처님 앞에서 깨달았다. 남루한 것이 곧 아름다움
을 잃은 것은 아니라는 것을 말이다. 부처님 왼쪽에 보이는 빈터가 법당이 있던 곳이다.

드물지만 대동사 터로 찾아드는 발길이 끊어지지 않은 까닭은 이 석등의 불빛이 사그라지지 않았기 때문이다. 비록 광창으로 흘러나오는 불빛은 없을지라도 그 자체로 환하게 빛난다. 그러나 나는 권한다. 미술사에만 집착하여 전체를 보지 못하는 우를 범하지 말라고 말이다. 아름다운 것은 그 생김이나 조각에만 있지 않다. 멀리서, 산과 나무와 함께 그를 바라보라. 그들 모두에게 골고루 눈길을 주면서 말이다. 새삼스러우리라.

그 이야기들의 주된 내용은 다음과 같다. 절 이름은 대동사였다. 혹은 백암사라고도 한다. 해인사보다 먼저 생겼다. 부처님 계신 자리가 지금 자리가 아니고 왼쪽 위 저수지 바로 아래였다. 그 곳에 부처님 앉았던 넓적한 돌이 있는데 거기에도 작은 부처님이 새겨져 있다. 그 근처에 주춧돌도 있다. 석등도 원래 자리가 아니며 부처님 모셔 온 곳에서 옮긴 것이다. 논을 갈다 보면 바닥에 넓적한 돌이 있는데 두드리면 텅텅거리며 소리가 나는 것이 마치 그 밑이 비어 있는 것 같다. 동네 사람들은 그 곳이 탑이 있었던 곳이라고 생각한다. 부도골이라는 골짜기가 저수지 왼쪽으로 있다. 전에 그 골짜기에 뭐가 있었던 것 같은데 잘 기억이 나지 않는다. 도굴꾼들이 몇 번이나 부처님을 훔치려고 했다. 부처님 아래 새겨진 작은 부처님 중 뒤엣것은 도굴꾼들이 떼어 간 것이다. 전에는 이 골짜기에 종이 만드는 집들이 많았으며 지금도 서너 집이 종이를 만든다.

　봄에도 그랬듯이 그 이야기에 퍼뜩 귀가 열렸다. 대동사라는 절 이름은 우리의 빼어난 자랑거리인 한지韓紙의 유래담에 등장하는 절이다. 곧, 경남 의령 봉수면의 국사봉에 있는 대동사라는 절이 한지를 처음 만든 곳이라는 것이다. 그 절에는 설씨 성을 가진 스님이 살았는데 어느 날 절 근처에 지천으로 깔린 닥나무를 짓이겨 놓고 보니 그것들이 서로 엉겨 붙어 있었다는 것이다. 그 때 닥나무의 섬유질이 풍부한 것을 알아차린 스님이 닥나무를 갖은 방법으로 연구를 해 만든 것이 오늘날의 한지가 되었다고 하는 이야기이다.

　국사봉은 대양면 소재지에서 백암리로 향하는 1011번 도로를 따라 오다가 백암리로 좌회전하지 않고 직진하면 십 분 정도의 거리이다. 또 절터를 둘러싸고 있는 뒷산이 국사봉의 줄기이니 혹시 그 대동사가 이 곳이 아

두 번이나 갔었지만 나의 헤픈 눈길도 이 주춧돌을 찾지 못했었다. 그러나 마을 어른들과 이야기를 하다가 알게 되었다. 그 때 다시 한 번 더 되새겼다. 소문나지 않은 절터로의 순례에서 정작 필요한 것은, 책이나 자료가 아닌 발품이며 마을 사람들과 이야기 나누기를 저어하지 않는 것이라고 말이다. 지금은 발굴을 하고 있지만 발굴되지 않은 시절에는 유일하게 볼 수 있던 주춧돌이었다.

이 대좌 또한 마을 어른들이 알려 준 것이다. 하지만 그 날은 날이 어두워 촬영하지 못하고 겨울에 다시 다녀
왔다. 논둑에 비스듬히 박혀 있는 모습이 지난날 흥했던 절집의 이야기를 고스란히 전해 주는 듯해 더욱 애틋
했다. 절집이 허물어지고 마을 사람들이 절 마당을 일구어 논으로 만들 때 한쪽으로 치워 놓은 것이라고 했
다. 그러나 반만 남았을 뿐 나머지 반은 보지 못했다고 하며 그 나머지 반을 이었던 이음새가 윗부분에 남아
있다.

닌가 싶기도 한 것이다. 합천의 대양면과 의령의 봉수면은 서로 맞닿아 있으며 국사봉은 그 경계에 솟았으니 나의 이런 추측이 터무니없는 것만은 아니리라.

대개 이러한 유래담은 구전으로 전승되는 것이니 그 정확한 근거를 알지 못한다. 하지만 그렇다고 무시할 수도 없다. 마을 어른들의 이야기를 모아 보면 예전에 봉수면은 마을 전체가 한지를 만들었지만 이 곳 백암리는 한 집 걸러 한 집 정도가 했다고 한다. 그것을 증명이라도 하듯이 봉수면 서득 마을의 종이는 진상품이기도 했으며 중국에 수출까지 했다고 한다. 그것을 자랑스럽게 여긴 그들은 지금도 마을 들머리에 한지 전시관을 만들어 두었다. 또 예전에는 봉수면이 아니라 아예 종이를 만드는 마을이라 해서 지촌紙村이라고 부르기도 했다고 하는 등, 이 일대에는 한지에 대한 이야기가 무성한 것이다. 그러나 국사봉에는 대동사라는 절이 없으며 절터 또한 남아 있지 않으니 궁금증만 더한다.

하지만 아직 발굴되지 않은 절터를 거니는 즐거움은 이런 것 아니겠는가. 무엇 하나 확실한 것은 없지만 그저 입에서 입을 통하여 전해 오는 이야기들에 귀 기울이며 그 이야기들을 들고 돌아와 책상에 앉아 기록과 사실에 맞추어 보는 것 말이다. 그런 이야기들은 반드시 이가 꼭 맞아야 하는 것은 아니다. 때로 성기더라도 얼추 맞아떨어지면 그렇겠거니 하면 그뿐이지 않겠는가. 유감스럽게도 내가 지닌 자료에서는 대동사 터에 대한 기록을 찾을 수가 없다. 「동국여지승람」에도 단 한 줄도 남아 있지 않으며 쟁쟁한 유자들이 그렇게도 많이 살았던 곳이건만 그들의 시나 기문을 찾아보기가 힘이 든다.

그러나 절터에 남아 있는 석불 좌상이나 석등을 보건대 절은 반듯했으며 규모 또한 대단했을 것을 짐작할 수 있다. 탑은 무너지고 그 흔적을 찾을 수 없지만 석등은 분명 탑 앞에 세웠을 것이니 탑 또한 있었다는 이야기이다. 석등의 규모로 미루어 탑의 규모 또한 5미터는 족히 넘었을 당당한 모습이었지 싶다. 또 지금 남아 있는 석불 좌상은 복련의 하대석과 각 면에 보살 입상이 새겨진 팔각의 중대석 그리고 앙련의 상대석을 고루 갖춘 것이다. 더군다나 금당이었다고 짐작되는 곳에 또다른 팔각의 석불 대좌가 부서진 채 논둑에 박혀 있다. 그러니 또다른 부처님 한 분이 더 계셨다는 이야기가 된다. 또 팔각 대좌의 크기가 인제의 한계사 터나 홍천의 물걸리 절터에서 보던 것보다 자못 크다. 더구나 대좌에는 각 면마다 안상이 베풀어졌으며 안상 안에는 천의 자락이 일품인 보살 좌상과 모란꽃이 번갈아 가면서 아름답게 새겨져 있다. 지금은 반이 깨져 나가 나머지는 찾을 수 없지만 세 면의 조각은 분명하며 다른 반쪽을 이었던 이음새도 확인할 수 있다. 그것만으로도 그 위에 앉으셨던 부처님의 규모나 아름다움 그리고 사격寺格을 가늠할 수 있지 않겠는가.

저수지 둑을 거닐면서 머릿속으로는 한채 한채 전각을 지었다. 겨우 남은 석조 유물 몇 구이지만 그것을 근거로 당시의 모습을 복원해 보는 즐거움은 절터에서만 누릴 수 있는 것이다. 하지만 아무리 머릿속의 상상이지만 거기에는 과장이 깃들지 않아 더욱 흥미롭다. 지금껏 다니며 만나는 절터들마다 마치 컴퓨터 그래픽을 하듯이 절집을 일구곤 했지만, 현실에 근거하지 않은 채 멋대로 상상의 나래를 펼친 적은 없었다. 뜻밖에도 눈에 보이는 것이 없으니 오히려 조심스러우며, 오로지 현장이나 글 속에 남아 있는 것들에 근거할 뿐인 것이다. 아직도 논둑에 수두룩하게 박혀 있는 와편들을 보면 발굴이 끝날 무렵 대동사 터라 불리는 이 절터도 제 이름을 정확하게 찾으리라. 그 때쯤 다시 한 번 찾아볼 참이다. 느티나무가 기억하고 있는 모습과 또 내가 오늘 펼친 상상과 현실이 얼마나 차이가 있는지 확인도 할 겸해서 말이다. 더불어 그 때쯤이면 나 또한 내 본성을 되찾을 수 있다면 좋겠다. 이 곳, 수더분한 대동사 터가 나에게 아름다운 곳이듯이 나 또한 비록 남루해질지라도 더 이상 꾸미지 않은 모습으로 세상을 그리고 사람을 대하고 싶으니까 말이다.

경남 합천의 대동사 터는 정확한 이름이 아닐 수도 있다. 혹자들은 백암사伯岩寺였다고도 하며 마을 이름인 대양면 백암리가 절 이름에서 따온 것이라고도 한다. 또 남아 있는 석조 유물로 미루어 8세기 후반에 창건되었을 것이라고 짐작할 뿐 정확한 창건 연대나 폐찰의 원인이나 시기를 모른다. 2005년 12월부터 발굴을 시작했으니 발굴이 끝나면 궁금증이 해소될 수도 있을 것 같다.

절터로 가는 길은, 대전-진주 간 고속도로 단성 나들목으로 나가는 것이 좋다. 단성 나들목에서 좌회전하여 경호강을 건너 원지에서 다시 좌회전해 합천, 고령 방향의 20번 도로를 따라 가면 된다. 삼가면을 지나고 대양면 소재지에서 1011번 도로, 신번 방향으로 우회전한다. 마치 강원도 고갯길 같은 아홉사리 고개 마루에서 10분을 채 내려가지 않아 왼쪽으로 백암리 석등이라는 표지판이 있다. 단성 나들목에서 40분가량, 삼가면에서는 20분 남짓 걸린다. 황매산 영암사 터가 있는 가회면에서는 30분 남짓 간다.

석불 대좌 중대석의 보살상.

석등의 사천왕상.

논둑에 박힌 대좌의 보살상.

절터는 곧 석등이 있는 곳으로, 큰 도로에서 마을길로 2킬로미터를 채 들어가지 않는다. 마을이 끝나는 곳에서 휘둘러보면 큰 느티나무가 보이는데 그 아래에 석등과 석불 좌상이 놓여 있다. 하지만 그 자리가 본디 그들이 있던 장소는 아니다. 느티나무는 백암리의 당산 나무이며 석조 유물들은 그 근처에 흩어져 있던 것을 수습하여 옮겨 놓은 것이다. 절터는 그들이 놓여 있는 왼쪽 뒤며, 논둑을 살펴보면 큼지막한 자연석에 테를 둘러 놓은 주춧돌을 만날 수 있다. 또 석불 좌상 뒤로 곧장 50미터쯤 가면 논둑에 비천상과 모란꽃이 아름답게 새겨진 팔각 대좌가 있다. 그 왼쪽 위가 금당 자리일 것으로 추정된다.

석등은 보물 381호이며 팔각의 지붕돌을 이고 있는 전형적인 모습이다. 만약 황매산 영암사 터를 다녀왔다면 그 곳에 있는 쌍사자 석등과 비교해 봐도 좋을 것 같다. 단엽 8판單葉八瓣의 하대석은 복련覆蓮이며 위로 밋밋한 팔각의 간주竿柱를 받치고 있다. 앙련仰蓮의 상대석 위에 불을 넣는 집인 팔각의 화사석火舍石을 올렸는데 네 면은 화창火窓으로 뚫렸고 나머지 네 면에는 사천왕상을 베풀어 아름다움을 더했다. 지붕돌은 큼지막하여 안정감이 두드러지고 추녀 끝에는 귀꽃이 있었을 법하나 지금은 흔적만 남았을 뿐이다. 전체적으로 봐서 8세기 후반의 조형성을 지니며 이로 미루어 절이 건립된 시기를 가늠해 볼 수 있다.

석불 좌상은 경남 유형문화재 42호이며 상호 부분은 마멸이 심해 잘 알아볼 수 없지만 나머지는 윤곽이 뚜렷하다. 법의는 양쪽 어깨에 걸친 통견通肩이며 수인은 항마촉지인降魔觸地印이다. 팔각의 중대석에는 각 면에 보살 입상을 새겼다. 석등과 함께 동시대에 조성된 것으로 본다.

경상남도 합천 영암사 터

아제 아제 바라아제, 바라승아제, 모지 사바하

나는 안다. 그 적막한 허공 속에 부처님 말씀이

새겨져 있고 나의 자성 또한 머물고 있다는 것을 말이다.

다만 내가 듣지 못하고 찾지 못하는 것이다.

그에게로 가는 길이 어찌 쉬울 수 있겠는가. 그 길에서

지쳐 헤맬 때마다 마음을 다잡기에 이만한 곳 또 있을까.

어느덧 산 그림자가 금당 자리를 덮고 있었다.

그만 일어섰다. 그러나 등 돌리면 이내 그가 다시 그립다.

경호강의 짙은 안개를 겨우 빠져 나왔는가 싶었지만 무변무량無邊無量한 안개는 거침없이 온 들판을 뒤덮었다. 묵밭에는 다북쑥이 웃자랐고 논틀 밭틀에 다보록하게 피어난 자운영은 안개 속으로 그 꼬리를 감추고 있었다. 듬성듬성 자리 잡은 밀밭은 이슬이라도 털어 내리려는 듯 일렁거리고 햇살은 쏜살같이 그에게로 찾아들어 젖빛 부드러움을 내놓았다. 무엇보다 자연의 아름다움 앞에서 헤퍼지는 나의 마음은 선들바람과 함께 찾아온 그들을 못 본 체할 수 없었다. 가던 길 멈추고 귀를 곧추세웠다. 밀밭이 일렁이는 소리를 듣고 싶었던 것이다. 그러나 안개에 실려 온 습기가 그 소리를 머금어 버린 듯 눈을 감아도 오리무중이었다.

소리는 언제나 장면과 함께 다가온다. 그렇기에 눈앞에 펼쳐진 장면이 아무 소리를 내놓지 않음은 때로는 견딜 수 없는 외로움을 가져다 준다. 그러나 구태여 그 소리 없음을 되짚어 찾는 것은 또 무슨 까닭일까. 나에게 합천의 영암사 터(靈巖寺址)가 그랬다. 그 곳에는 내 그리운 소리가 있다. 비록 한 번도 듣지 못했을지언정 난 언제나 그가 그립다. 지금껏 수십 차례, '아제 아제 바라아제, 바라승아제, 모지 사바하'를 되뇌며 그에게로 갔지만 그는 다만 적요의 모습만 보여 줄 뿐, 단 한 차례도 소리를 들려주지 않았다. 그런데도 나는 그가 무작정 그립다.

많은 사람들이 영암사 터를 두고 쌍사자 석등 하나만 봐도 좋을 곳이라고 하지만 나의 영암사 터에서는 석등의 미술사는 크지 않다. 다만 갈기와 뒤 발톱까지도 섬세하게 표현해 놓은 석등의 사자와 하대에 새겨진 서수瑞獸들의 포효, 그리고 금당 자리의 면석에서 금방이라도 튀어나올 듯 돋을새김으로 새겨 놓은 사자가 울부짖는 소리를 듣고 싶을 뿐이다.

사자가 사는 곳이 어디던가. 그 곳은 전단목栴檀木 울창한 숲이 아니던가. 맑고 밝아 다른 나무들이 더불어 살지 못한다는 숲. 사자들은 그 숲 가장 깊은 곳에 산다. 설산에 흰 소가 사는 곳은 또 어디던가. 그 곳은 비니초肥膩草 우거진 들판이 아니던가. 곱고 부드러운 비니초가 자라는 들판에는 다른 여느 풀들이 함께 자라지 못하는 법. 그토록 아름다운 그 곳은 번뇌와 망상이 사라진 진여자성眞如自性의 숲이며 들판을 일컫는다. 그러니 전단나무 숲의 사자와 비니초를 먹고 자란 흰 소는 이미 깨달음을 이루었음을 상징하는 것이 아니겠는가.

내가 그리워하는 소리는 그들이 깨달음의 자리에서 상독행 상독보常獨行常獨步하며 내놓는 소리이다. 사자들의 우렁찬 나일할那─喝 한 번이면 나에게 끈덕지게 달라붙는 번뇌와 망상을 털어 낼 수 있으련만, 그는 넌지시 바라보기만 할 뿐 포효하지 않는다. 그는 기어코 나를 그냥 내버려 둘 참이었던 것이다.

오늘도 다르지 않다. 그는 이른 아침 햇살에 한올 한올의 갈기와 튼실한 허벅지의 근육까지도 남김없이 드러내 놓고는 딴전이다. 나 또한 금당 자리의 북쪽, 높은 언덕의 바위에 기대 앉아 모른 체하며 명상에 젖었다. 눈을 감고 대여섯 종류의 새 소리를 구분해 낼 수 있을 만한 시간이 흘렀을 무렵 퍼뜩 생각이 스쳤다. 영암사 터의 사자가 거기 있는 까닭은 깨달음이란 스스로 이루어야 한다는 것을 되새겨 깨우쳐 주려는 것이라고 말이다. 깨달음이란 그 누구에게도 기댈 수 없이 저 홀로 힘겹게 구해야 하는 것 아니던가. 모든 존재로부터의 외면을 견디고 이윽고 그들을 포함해 내는 것이 그것이리라.

사자의 포효를 들으려는 것은 아직 나에게 버거운 일일는지도 모른다.

영암사 터를 이야기할 때 대개는 황매산 이야기를 빠뜨리지 않는다. 산이 워낙 빼어나기 때문이다. 그렇기에
오히려 전경을 볼 때 방해가 되기도 한다. 산과 함께 절터를 보면 절터가 왜소해 보이거나 그 진정한 아름다
움을 채 느끼지 못할 수도 있기 때문이다. 전경에서 돋보이는 것은 석등을 세우기 위해 밖으로 돌출시킨 축대
이다. 마치 성을 쌓을 때 성의 강도를 단단하게 하고 망루의 기능을 겸비한 성치城齒와도 같다.

이른 새벽의 동살이 비쳐들자 소맷돌이 환하게 빛나기 시작했다. 부러지고 깨진 것이어서 늘 무심하게 지나
쳤던 것인데 그가 용으로 바뀌고 있었다. 비록 온전하지 않지만 그 자태가 어디로 가겠는가. 햇살이 그를 지
나갈 때까지 넋을 놓은 채 바라보고 있었다. 그늘이 드리우자 그는 무덤덤해지고 말았지만 나는 섬돌에 앉아
섬세하지 못한 나의 눈을 질책하고 있었다. 무심함의 소홀을 말이다.

그러나 나는 그에게로 가는 걸음을 멈추지 않는다. 영가 현각永嘉玄覺이 「증도가證道歌」의 마지막에서 말하지 않던가. "가질 수도 없고 버릴 수도 없나니, 얻을 수 없는 가운데 이렇게 얻을 뿐이다(取不得捨不得 不可得中 只麼得)"라고 말이다. 욕심 버린 두 눈 부릅뜬 채 멈추지 않고 꿋꿋이 가면 그를 만날 수 있으리라. 그 곳은 먼 곳이 아니리니 내 발길 머문 곳이면 족하리라. 내가 머문 그 곳이 이미 담연湛然한 곳이라는 것을 알아차리는 순간 사자는 나에게 미소지어 보이지 않겠는가. 노자는 말한다. "얻으려고 하면 오히려 실패하고 지키려고 하면 오히려 잃는다(爲之者敗之 執之者失之)"고 말이다. 그저 덤덤해야 하리라. 그는 다시 말한다. "깨달은 사람은 만물이 스스로 본성에 순응하려 함을 도와 줄 뿐 의도적으로 행하지 않는다(是以能輔萬物之自然 而不敢爲)"고 말이다. 영암사 터의 사자 또한 그와 다르지 않으리라. 비록 그가 할을 베풀지 않더라도 그저 존재의 위대함이리니 그가 그 곳에 있는 것만으로도 고마운 일이 아닐 수 없다.

어느덧, 먼 산의 안개가 걷히고 바람이 불면 나뭇가지에 쌓인 눈이 날리듯, 송화 가루가 난분분 흩어지는 모습이 보였다. 그러나 내 눈길을 사로잡은 것은 박새 한 마리였다. 그는 금당 자리 뒤의 축대에 난 좁은 틈을 무시로 드나들었다. 입에 벌레를 물고 들어갈 때는 조심스러웠지만 나올 때는 쏜살 같아서 언제 날아갔는지 보이지도 않았다. 나는 자리를 옮겼다. 틈이 잘 보이는 곳에 아예 바위처럼 앉았다. 그는 단숨에 축대 틈으로 들어가는 법이 없었다. 근처의 나무에 앉아 두리번거리며 지저귀다가 들어가곤 했으며, 그가 들어가면 그 틈에서 아기 새의 울음소리가 들리다가 그가 사라지면 그 소리도 같이 그쳤다.

내 입가에 흔연한 미소가 번졌음은 말해 무엇 하겠는가. 퍽이나 아름다운 정경이었다.

봄이 아름다운 것은 그저 눈에 보이는 꽃이나 새로 돋아나는 잎 때문만이 아니다. 꽁꽁 얼었던 강의 얼음이 풀리는 소리를 들어 본 적이 있는가. 봄의 서막을 여는 그 둔중한 소리는 두려우리만치 감동적이다. 농부들이 소를 다루며 쟁기질하는 소리는 또 어떤가. 희망에 부풀어 부르는 그 어떤 사랑의 세레나데보다 아름다운 운율을 지니고 있지 않던가. 그러나 뭇 생명이 탄생하는 소리만큼 아름다운 것이 있을까.

지금 내 앞에 들리는 소리는 바로 그 새 생명의 소리였다. 어미 새가 다시 먹이를 구하러 날아간 사이 궁금증을 견디지 못하고 틈새를 들여다봤다. 아! 정녕 아름다웠다. 마치 노란 꽃이 피어난 듯했다. 더군다나 여린 것들이 내는 소리의 아름다움은 견디기가 힘들 만큼 애틋하였다. 딱 벌린 작은 입을 쉬지 않고 놀리는 그들에게 빠져 있을 무렵 어미 새의 다급한 지저귐이 들렸다. 어느 새 그는 머리 위의 나뭇가지에 앉아 침입자를 몰아내려 하고 있었던 것이다.

그만 물러나 금당으로 오르는데 그 곳에도 새가 있었다. 하지만 그는 날지 못하며 울지 못한다. 더러 날개도 꺾이고 머리도 잃어버렸기 때문이다. 그는 몸은 새며 머리는 사람인 가릉빈가迦陵頻伽이다. 그의 노래 소리는 사자의 할과 더불어 영암사 터에서 내 진정 그리운 것이련만 그 또한 묵묵할 뿐이다. 계단에 걸터앉아 지그시 눈을 감고 그의 소리를 기다렸다. 용수龍樹가 지었다고 전하는 「십주비바사론十住毘婆沙論」 권8 '공행' 품에서는 "여래의 음성은 대범천왕大梵天王의 것과 같은데, 가릉빈가의 울음

통일신라의 양식을 이은 무던하고 소박한 삼층 석탑이다. 그렇지만 화려하고 빼어난 금당
터의 조각들에게 정신을 빼앗긴 순례객들에게 외면당하는 신세이기도 하다. 석탑 오른쪽
옆에는 문드러져 알아 보기 힘든 석불 좌상이 놓여 있다.

부처님의 설법은 곧잘 사자후獅子吼에 비교되곤 한다. 사자가 백수의 제왕으로 당당한 권위와 위엄을 갖추었
듯이 부처님 또한 사람의 세계에서 그와 같은 권위와 위엄을 갖추고 있다는 것을 상징하는 것이다. 그렇기에
부처님이 앉으시는 자리를 사자좌獅子座라고 한다.

소리와 같이 아름답고 곱기 때문에 범음상梵音相이라 한다"고 하지 않았던가. 또 「아미타경」에서는 가릉빈가를 두고 아미타불이 법음을 널리 펴기 위해 화현한 새라고 했다. 하물며 그의 맑고 깨끗하며 미묘한 소리는 팔부 신중八部神衆 가운데 음악을 관장하는 신인 긴나라緊那羅조차도 감히 흉내낼 수 없다고 하니 어찌 그것이 그립지 않을 수가 있겠는가.

그는 특이하게 생긴 모습보다 그가 지닌 아름다운 소리로 상서로운 곳을 장엄한다. 하지만 그 누구도 그의 소리를 듣지는 못했으니 그저 그리워할 밖에.

주섬주섬 주머니에서 전단 향을 꺼냈다. 내 그리움이 가득한 곳에 계신 부처님에게 올리려는 것이다. 그러나 사자의 할을 듣지 못하고 가릉빈가의 그 아름다운 소리조차 듣지 못했듯이 부처님 또한 이 곳에 그 모습으로 계시지 않는다. 하지만 어떠랴. 들꽃들이 피어난, 부처님 계셨던 자리에 향을 놓았다. 그가 다 타도록 주춧돌에 올라앉아 귀를 기울였지만 그 어떤 소리도 들리지 않았다. 그러나 어쩌면 소리가 없어서가 아니라 너무 커서 미처 내가 알아차리지 못한 것일지도 모르겠다.

나는 안다. 그 적막한 허공 속에 부처님 말씀이 새겨져 있고 나의 자성 또한 머물고 있다는 것을 말이다. 다만 내가 듣지 못하고 찾지 못하는 것이다. 그에게로 가는 길이 어찌 쉬울 수 있겠는가. 그 길에서 지쳐 헤맬 때마다 마음을 다잡기에 이만한 곳 또 있을까. 어느덧 산 그림자가 금당 자리를 덮고 있었다. 그만 일어섰다. 그러나 등 돌리면 이내 그가 다시 그립다.

폐사지 중 금당 터가 이토록 온전하게 남은 곳도
드물다. 동서남북 사방에 남아 있는 섬돌도 그렇
거니와 가릉빈가를 표현한 소맷돌 또한 보기 드문
것이다. 석등 앞의 주 출입문은 다른 곳보다 두 배
나 넓게 되어 있다. 또 실제 건물이 세워졌을 곳에
주춧돌이 겹겹이 놓인 것은 건물이 여러 차례에
걸쳐 중수를 거듭한 탓이다. 수미단須彌壇이었을
법한 자리의 지대석에는 외호 신장을 새겼던 듯
지금은 세 구만이 남았다.

이렇듯 금당 자리에 사자가 새겨져 있는 까닭은 부처님과 불법을 지키려는 외호 신장으로서이다. 사자가 놓여 있는 불국사의 다보탑이나 화엄사의 사사자 삼층 석탑 그리고 사자빈신사지의 사사자 삼층 석탑의 사자 또한 탑 안에 모신 부처님과 불법을 지키려는 뜻의 상징이다.

사자는 대개 부처님의 진신 사리를 모신 탑을 지키는 외호 신장으로 등장하기에, 이와 같이 금당을 지키는 외호
신장으로 표현된 경우는 드물다. 포항의 보경사 대적광전 섬돌 옆에는 목에 방울을 걸고 있는 앙증맞은 사자 두
마리가 있는데 그들 또한 불법을 지키는 외호 신장이지 싶다.

영암사 터는 경남 합천군 가회면 둔내리에 있지만 합천읍보다는 산청에서 가는 것이 수월하다. 산청의 단성면에서 황매산 군립공원 팻말을 따라 30분이 채 걸리지 않으며, 산청읍에서도 마찬가지다.

영암사 터는 두 차례에 걸친 대규모 발굴 작업이 이루어졌지만 언제 창건되고 폐찰되었는지에 대한 기록은 찾지 못했다.

다만 탁본으로 남아 전하는 '영암사 적연국사 자광탑비靈巖寺寂然國師慈光塔碑'에 따르면, 적연 국사(932-1014)는 932년 정월 8일 원주의 흥법사興法寺에서 태어났다. 열세 살에 전남 장흥의 천관사天冠寺의 숭유崇攸 화상에게 귀의하여 불가에 들어섰다. 그 후 개성의 흥국사興國寺에서 구족계를 받았으며, 도봉산 영국사寧國寺 혜거慧炬 국사를 찾아가 가르침을 구했다. 광종 19년인 968년에 당나라에 가서 오월국吳越國 영명사永明寺의 주지住持인 연수延壽 선사의 선법을 이었으며 광종 23년인 972년 다시 고려로 돌아왔다. 그 후 개성의 복림사福林寺 주지를 지냈으며 성종 대에는 왕명으로 구산선문 중 사자산문인 영월의 법흥사法興寺, 곧, 흥녕선원興寧禪院인 사자산사師子山寺에 주석하기도 했다. 그후 다시 개성으로 가 내제석원內帝釋院에 주석하던 선사는 1011년 왕경

금당 터 뒤의 부도전 터.

을 떠나 가수현加壽縣 영암사로 돌아왔으
며 1014년 6월에 입적했다고 되어 있다.

적연 국사 영준英俊 이전의 영암사에
대한 기록은 강원도 양양의 선림원禪林院
에 주석했던 홍각弘覺 선사(?-880)가 해
인사에서 수학한 후 잠시 영암사에서 선
정에 들었다가 혜목산의 고달사로 향했

부도전 터의 귀부.

다는 기록이 있을 뿐이다. 그로 짐작하면 통일신라 말부터 절집이 있었
으며 고려 시대에도 국사가 머물 정도의 규모 있는 사격을 갖춘 곳이었
음을 알 수 있다. 또 깊은 산중의 산지 가람이며 홍각 선사와 같은 인물이
머문 것으로 보아 창건 당시부터 선종 사찰로서의 입지를 가졌던 것은
아닐까 싶다.

산청 지곡사 터에 부도를 남긴 추파 홍유 선사가 삼가현 묵방사에 왔
다가 '유삼가묵방사기遊三嘉默房寺記'라는 기문을 남겼는데, 거기에 당
시 영암사의 모습을 묘사하기를, "황매산 아래 적연 국사가 머물렀던 영
암사 옛 터가 남았다. 숲이 우거진 황량한 들판에 탑, 섬돌들과 돌로 만든
거북 받침만 남았다"라고 했다. 그러나 이 때는 조선 후기였으니 절은 이
미 폐찰이 되고 난 다음이었던 것이다.

절터에는 보물 480호인 삼층 석탑과 보물 353호인 쌍사자 석등 그리
고 서쪽 조사당 자리에는 누구의 것인지 알 수 없는 보물 489호인 귀부
가 남아 있다. 그 중 답사객들이 가장 주목하는 것은 쌍사자 석등이다. 하
대와 사자는 통돌을 다듬어 만들었으며 사자의 섬세한 표현 그리고 전체
를 아우르는 비례의 빼어남은 가히 나라 안에서 으뜸이라 할 만하다. 그
러나 영암사 터에서 그것만 보고 돌아선다면 큰 실수를 한 셈이다.

제대로 잘 남아 있는 금당 자리의 면석에 새겨진 여섯 마리의 사자나
금당으로 오르는 계단의 난간으로 삼았던 가릉빈가의 조각은 물론 쌍사
자 석등 바로 뒤, 금당의 동쪽 계단에 새겨진 소맷돌의 용 조각은 어느 것
하나 우열을 가릴 수 없을 만큼 훌륭하다. 그리고 탑이 있는 곳에서 금당
자리로 오르는 무지개형 돌다리는 또 어떤가. 그것은 불국사의 청운교나

백운교 그리고 연화교나 칠보교와도 견줄 수 없는 현수 곡선의 아름다움
을 뿜낸다. 금당 자리에 수미단을 쌓았을 법한 곳의 면석에 새겨진 팔부
신중의 모습 또한 빼어나기만 하니 어느 곳 하나 소홀히 볼 구석이 없다.
그렇기에 영암사 터의 돌 조각은 따로 떼어서 생각할 수 있는 성질의 것
이 아니며 한더미로 봐야 하는 것이다. 또 조각의 섬세함에만 생각을 둘
것이 아니라 그 전체를 아우르며 절집을 일구었던 이의 안목을 새겨야
할 것이다.

   금당 자리에 유난히 많은 주춧돌은 영암사 터의 흥망을 대변하고 있는
것으로 모두 세 번에 걸쳐 금당을 다시 지었음을 간접적으로 보여 주고
있으며, 서쪽의 조사당 자리에 있는 귀부 중 하나가 적연 국사의 것이려
니 짐작한다.

수미단 북면의 외호 신장.

높은 것은 낮은 것을 포함하는 것이거늘

노자는 "높음과 낮음은 서로를 포함한다"고 했다.
그것은 높은 산마루와 낮은 구릉이 서로 다른 것이 아닌
하나라는 말이다. 또 "아름다운 것을 아름다운 것만이라고
알고 있지만 그 안에는 추함도 같이 있다"고 했으니,
대립되는 그 둘이 서로 다른 것이 아니라 하나라는 말이다.
그렇기에 존재하는 모든 것은 제각각 모두 소중하며
아름답다.

너무 더워서 절터를 보려는 마음은 간 곳이 없었다. 다만 주춧돌 위로 핀 하얀 망초 꽃이 눈을 시원하게 해 주었다. 때로 절터에서는 남아 있는 석조 유물보다 다른 무엇들이 먼저 눈에 들어찰 때가 있다. 우리 땅 곳곳에 지천으로 피어 천덕꾸러기 신세가 된 망초 꽃 또한 마찬가지이다. 다른 어느 곳에서는 대접받지 못하는 꽃일 수도 있으나 절터에서만큼은 충분히 아름다운 꽃이다.

유월일 뿐인데 한여름도 이보다 더하지는 않을 것이다. 별빛이 이울어 가는 새벽을 달려 다다른 울산, 태양은 작정하고 달려드는 호랑이와도 같았다. 그 기세에 놀란 듯 바람마저도 허겁지겁 어디론가 달아나 버려 한 점 남아 있지 않았다. 부채도 없이 나무 그늘 아래에 앉아 36도를 넘나드는 그와 맞서는 것은 버거운 일이었다. 게다가 미리 짐작한 일이 아니었으니 더욱 몸이나 마음이 받아들이기가 만만치 않았던 것이다. 태양도 제 스스로 뜨거움에 지쳐 허덕이는 탓인지 잰걸음으로 지나가지 못하니 종일토록 땡볕 아래를 거니느라 얼마나 곤혹스러웠던가. 잠시 서성이면 이내 앉고 싶고, 앉으면 거칠 것 없이 훌훌 벗고 드러눕고 싶었지만, 누우면 다시 벌떡 일어나 앉아야 했으니, 홀로 안절부절 못하는 꼴이 가관이었지 싶다.

그러나 그 불 같은 더위 속에서도 한 치의 흐트러짐도 없이 나를 맞이하는 친구가 있었으니 그는 간월사 터(澗月寺址)의 삼층 석탑에 새겨진 인왕상仁王像들이다. 탑 한 기에 여덟씩, 모두 열여섯이나 되는 그들은 비록 미술사의 안목으로만 보면 나라 안의 그것들 중 빼어난 축에 들지는 못할 것이다. 그렇건만 그의 고졸古拙한 모습을 떠올리면 한달음에 이 곳으로 달려오지 않고는 배기지 못하게 되었으니 묘한 일이다. 경주 장항리 절터의 탑에 새겨진 그것이 근사한 호텔에서 펼쳐지는 명품 패션쇼의 모델들이라면, 간월사 터의 그것은 동구 밖 느티나무 아래에서 막걸리 잔을 기울이는 촌로들과도 같이 소박한 모습이다.

그러나 빼어난 것은 그렇지 못한 것을 포함하는 법이고 빼어나지 못한 것 또한 빼어난 것을 포함하는 법. 노자는 "높음과 낮음은 서로를 포함한다(高下之相盈也)"고 했다. 그것은 높은 산마루와 낮은 구릉이 서로 다른 것이 아닌 하나라는 말이다. 또 "아름다운 것을 아름다운 것만이라고 알고 있지만 그 안에는 추함도 같이 있다(知美之爲美也 惡已)"고 했으니, 대립되는 그 둘이 서로 다른 것이 아니라 하나라는 말이다. 그렇기에 존재하는 모든 것은 제각각 소중하며 아름답다.

내 속에 가득한 분별심을 쓰러뜨리고 나면 이 세상 그 무엇이 아름답지 않겠는가. 육조 혜능은 "나오든지 들어가든지 양변兩邊을 떠나라"고 하지 않았는가. 곧 대립의 안목에서 벗어나 양쪽을 모두 막거나 양쪽을 모두 비추는 것이야말로 부처님의 참모습을 만나는 길이라는 말일 터이다. 하지만 나 같은 범부가 양변에게서 벗어나기가 어찌 쉬운 일이겠는가. 그저 "무릇 상이라고 하는 것은 모두 허망한 것이니, 만일 모든 상을 상이 아닌 것으로 보면 곧 여래를 보리라(凡所有相 皆是虛妄 若見諸相非相 卽見如來)"고 한 「금강경」의 구절을 되뇌고 또 되뇔 뿐이다.

눈앞에 보이는 저것, 그는 여느 인왕상들마냥 굳세고 강한 모습을 하고 있다. 그러나 다른 것들이 지니지 못한 것을 지니고 있으니 곧 부드러움이다. 강한 근육을 드러내 놓고 주먹조차 다부지게 쥐었지만 그는 한없이 부드럽다. 감히 범접하지 못할 대상이 아닌, 인심 좋은 구멍가게 아저씨처럼 온화한 것이다. 질식할 것처럼 치밀하거나 세련되지 않은 덕분에 그는 허물없는 친구처럼 가깝게 느껴지는 것이다. 비단 그것이 세월을 견디며 닳은 돌 때문만은 아닐 터. 그는 애초부터 그렇게 만들어진 것이다. 그렇다고 돌을 다루는 석공의 솜씨가 떨어졌다고도 보이지 않는다. 미리 그렇게 작정을 한 것이다.

그들의 몸은 기우뚱하면서도 비례가 알맞다. 얼굴은 잔뜩 무서운 표정

입을 앙다물었지만 너무 굳게 다문 탓인지 무섭기는커녕 오히려 우스꽝스럽다. 이렇듯 간
월사 터 탑에 새겨진 인왕상은 낯선 순례자들을 서먹하게 대하지 않으니 좋다.

북탑의 남면에 새겨진 인왕상이다. 눈은 퉁방울눈이지만 전혀 무섭지 않고 입은 삐뚤어졌
다. 오히려 그가 나를 보고 놀란 듯싶었다.

을 하고 있지만 그가 두렵지 않은 것은 그처럼 엇간 비례 때문일 수도 있
다. 어느 분방한 스님이 자신의 생각과 걸맞는 석공을 찾아 흥겹게 탑을
세우지는 않았을까. 아무리 봐도 그랬을 성싶다. 남쪽 탑을 세우고 나서
보니 스스로 원했던 분방함이 잘 드러나지 않자, 북쪽 탑을 세울 때는 그
들이 본디 모았던 생각을 마음껏 펼친 것처럼 보인다. 남쪽의 그것은 북쪽
의 그것보다 다분히 권위적이며 세련된 흔적이 보이기 때문이다. 북쪽의
그것은 비례며 표정이 남쪽 탑과는 사뭇 다르다. 입은 삐뚤고 퉁방울같이
툭 튀어나온 눈을 부릅떠야 마땅하건만 오히려 놀란 토끼처럼 동그랗게
뜨고 있을 뿐이니 절로 미소가 나온다.

　그러나 더 흥미로운 것은 두 탑을 오가며 아무리 뚫어져라 쳐다봐도 돌
을 다룬 솜씨가 다른 사람의 것이 아니라 한 사람의 손에서 나온 것이라는
점이다. 그것은 어쩌면 양변일 수도 있다. 석공이 스스로 가 닿을 수 있는
이쪽의 끝과 저쪽의 끝인 양변 말이다. 그 끝닿은 곳을 오가며 인왕상을
매만지던 그가 택한 지점은 부드러움이 아니었을까. 그 인왕상을 물끄러
미 바라보다 앙다문 입가에 머금은 미소를 눈치 챈 날, 나는 흥에 겨워 어
쩔 줄 몰라했다. 그의 미소는 무심해 보였다. 수줍은 듯 다문 입가에는 기
어코 참고 있지만 곧 터질 듯한 미소를 머금었는가 하면 다른 누구는 입
꼬리를 치켜올린 채 빙긋 내놓고 미소를 짓고 있었다. 그것은 남원 만복사
터 앞 도로에 덩그마니 놓인 인왕상의 미소와도 같았다. 그들은 모두 드러
내 놓고 웃음보를 터뜨리지는 않으나 안으로 머금은 미소를 보여 준다.

　그 날부터 간월사 터의 그는 나에게 잊히지 않는 무엇이 되었으며, 아
름답다는 것에 대한 또다른 안목을 지니게 해 준 스승과도 같은 존재가 되
었다.

간월사 터에는 탑이 모두 둘이다. 사진에 보이는 것은 북쪽에 놓인 탑이며 두 탑 모두에 인왕상이 새겨져 있다. 그러나 둘의 조각은 조금씩 다르다. 남탑의 그것이 북탑의 그것보다 좀더 권위적이며 세련됐다. 그 차이가 미미하여 언뜻 구분이 가지 않을 수도 있지만 여러 차례 오가며 견주어 보면 눈치 챌 수 있다. 자신을 찾아가는 길이든 혹은 미술의 아름다움을 찾아가는 길이든 필요한 것은 반복을 마다하지 않는 부지런함이다.

하기야 절터를 다니며 마주치는 그 무엇이 아름답지 않을 것이며 눈에 닿는 것 그 어느 것이 나에게 스승이 아니겠는가. 인왕상의 입이 벌어진 것은 '아,' 다문 것은 '훔'이라 했으니 그것은 범어의 첫 글자와 마지막 글자이다. 하지만 그것이 시작과 끝의 양변만을 말하는 것이 아니라 끝과 끝의 연결을 이야기하는 것일 터이다. 그 연결을 통해 무한한 영원성을 추구하며 하나에로의 통일을 참구하는 것이리라. 그러니 그들은 "있음과 없음마저 보지 않는다면 곧 부처님의 참모습을 보리라(不見有無 卽時見佛眞身)"는 백장百丈 회해懷海 선사의 말 한 마디와도 같은 존재이다.

바람 한 점 없으니 절터에 듬성듬성 피어난 개망초는 미동도 하지 않았다. 금당 자리 앞, 소나무 그늘 아래 앉았건만 송뢰松籟는커녕 가지 사이로 비쳐 드는 불볕을 피해 이리저리 자리를 옮겨 다녀야 했다. 제법 늦은 오후이건만 더위의 기세는 수그러들지 않고 오히려 종일 달궈진 땅에서 올라오는 열기에 숨까지 턱턱 막혀 왔다. 이미 서너 차례 흘린 땀 탓에 옷마저 후줄근하게 젖고 목덜미에서는 소금이 나왔다. 조선 중기의 선비인 계곡谿谷 장유(1587-1638)가 더위를 견디지 못해 지은 시가 오늘 날씨에 꼭 들어맞았다. "하늘의 대장간 풀무질을 도대체 누가 하는 것인지…달궈지지 않은 물건 하나도 없게 만들었네…구멍 뚫린 홑적삼에 후줄근히 흐르는 땀, 바람아 불어 다오, 냅다 부채만 부쳐 대네(陶鑄誰尸橐鑰功…遂令無物不成烘…穿破短衫渾浹汗 捉來輕篲强搖風)."

나에게는 부채도 없었으니 곤혹스럽기 이를 데 없는 일이 아닌가. 그런데도 서둘러 자리를 뜨지 않은 것은 늦은 오후 햇살이 탑에 드는 것을 보기 위해서였다. 강한 여름 햇살을 받은 그는 하얗게 빛날 것이다. 마침 하

금당 터도 망초 꽃 공양을 받고 있었다. 듬성듬성 핀 것이 지나치지도 않고 모자라지도 않았다. 세상 어떤 일이 그렇지 않겠냐마는 아름다움 또한 마찬가지이다. 텅 빈 것이나 빼곡한 것도 아름답겠지만 듬성듬성한 것 또한 아름다운 것이다. 그리고 보니 어느 것 하나 아름답지 않은 것이 없다.

지夏至에 보름이었으니 한 해 중 가장 오래도록 해가 있는 날이 아니던가.

이윽고 저물어 가는 해를 고스란히 받은 북쪽의 탑이 빛나기 시작했다. 눈부시다는 것은 저를 두고 하는 말인가. 해가 신불산神佛山 능선으로 내려앉을수록 탑은 더욱 빛났으며, 받아들인 빛을 몇 곱절이나 더 밝게 만들어 내뿜는 듯이 보였으니 어찌 아름다운 장면이 아니겠는가. 그것은 그 자리를 지키는 인왕상들의 발심發心 때문이리라. 그들은 깨달음의 길에 들어선 진행형의 구도자일 뿐 완성형의 존재는 아니지 않은가. 그들 또한 언제나 마음을 일으키고 또 그것을 다잡으며 지혜를 구하고 있는 것이나 다르지 않다. 탑이 유난히 빛나는 것은 그런 그들의 마음이 배어 나온 때문이리라.

땅거미가 드리우고 나서야 떠날 채비를 했다. 아직 서산에 붉은 기운이 남아 있건만 절터 주변은 갖가지 색으로 난무하는 네온 사인에 눈이 부셨다. 네온이 켜지지 않은 곳은 다만 절터뿐인 듯 휘황찬란한 모습에 아연실색하지 않을 수 없었다. 불야성이 따로 있을까. 작괘천을 건너 절터를 바라보면 입이 다물어지지 않았다. 아무리 온천 지역이라고는 하지만 지나치다 싶었다. 더군다나 바로 절터의 코앞에서도 그들은 거침없이 불빛을 뿜어 내고 있었으니 거북하기 짝이 없었던 것이다. 시도 지정 문화재는 반경 200미터, 국가 지정 문화재의 경우는 반경 500미터 이내에 건축물을 지을 경우 문화재심의위원회에서 심의를 받아야 할 텐데 저들이 버젓이 들어설 수 있었던 까닭은 무엇일까. 아무리 생각해 봐도 건축물의 용도나 규모, 높이, 재질, 색상 등의 문화재와의 조화 여부, 경관이나 조망 훼손 여부, 문화재 보존에 끼칠 악영향 여부 등 일곱 가지에 이르는 심의를 통과

할 수 없는 것인데도 말이다. 꼴불견이었다.

　다산 정약용(1762-1836)은 더위를 물리치는 방법으로 월야탁족月夜濯足을 꼽았다. 마침 보름달이 떴으니 작괘천에 앉아 나도 그것을 즐겼으면 더할 나위 없으련만 서둘러 떠나고 만 것은 솟아오른 붉은 보름달보다 네온 사인의 불빛이 더 강렬했기 때문이었다.

간월사 터 ⚘

울산광역시 울주군 상북면 등억리에 있는 간월사 터로 가는 길은 고속
도로를 이용해야 한다. 경부고속도로 서울산 나들목으로 나가 양산 방향
으로 좌회전해서 5분쯤 가면 오른쪽으로 작천정 혹은 신불산 군립공원
으로 우회전하는 길이 있다. 그 곳으로 들어서서 2, 3분쯤, 작괘천에 놓
인 작천정을 지나 계속 오르면 모텔이 즐비한 온천 단지의 끝자락에 절
터가 있지만 팻말조차 없으므로 찾기가 쉽지 않다. 자수정모텔을 찾으면
바로 그 뒤가 절터이다. 경주에서는 넉넉잡아 40분이면 닿을 수 있고 절
터에서 통도사까지는 15분이다.

간월사는 관월사觀月寺로도 쓰는데 누가 쓴 것인지 알 수 없는 '관월
사기觀月寺記'에 따르면 진덕여왕 때 자장 율사가 창건했다고 하며 또한
선덕여왕 5년인 636년에 지었다고 하는 설도 있다. 그러나 자장 율사는
636년에 당나라로 가서 칠 년 동안 정진한 후 643년에 돌아왔다. 그러니
간월사를 창건하고 자장이 당나라로 향했다는 것이 되는데 이
는 쉽지 않은 일이었을 것이다. 폐사는 임진왜란 즈음이며,
인조 12년인 1635년에 중창했으나, 1836년, 모진 흉년을
견디지 못한 채 다시 폐사되고 말았다.

절터에는 보물 370호인 간월사지 석조 여래 좌상과
삼층 석탑 두 기 그리고 금당 자리의 초석이 남아 있
다. 항마촉지인을 한 통일신라 후기의 양식을 지닌
불상은 법의를 통견으로 걸쳤으며 절터 아래 새로
지은 법당 안에 모셔져 있으나 광배는 사라지고 없다. 대

석조 여래 좌상, 보물 370호.

좌는 앙련의 상대석과 팔각 복련에 안상을 새긴 하대석으로
이루어져 있고, 맨 아래에는 다시 안상을 새긴 팔각 대석
이 놓여 있다. 즉 중대석은 사라지고 그 자리에 하대석이
또 하나 놓인 셈이다. 그 하대석은 간월사에 있었던
또다른 불상의 그것이 아니었을까 추정할 뿐, 어디
의 것인지 알 수는 없다.

법당 앞 오른쪽에는 팔각 대좌인 듯한 석물이 있는

팔각 대좌와 부도

데 안상 안에 서수가 새겨진 듯하나 마멸이 심해 뚜렷하게 알아볼 수는

없다. 또 그 위에 석종형 부도가 올려져 있으나 제 짝은 아닌 듯하다.

금당 자리는 동쪽으로 앉았으며 탑은 삼층 석탑이 남북으로 놓여 있어 전형적인 쌍탑 1금당의 가람 구조를 보여 준다. 탑은 남북의 것이 모두 같은 삼층 석탑이며 일층 몸돌에 각 8구의 인왕상과 문비를 새겨 통일신라 하대에 유행한 장식적인 탑의 모습을 확인할 수 있다. 인왕상은 금강역사金剛力士라고도 하며 대개 사찰의 문이나 부처님이 계신 가장 바깥쪽을 지키는 화엄 신장이다. 왼쪽의 밀적 금강密迹金剛은 금강저를 든 채 입을 벌리고 있으므로 '아,' 그리고 코끼리보다 힘이 백만 배나 더 세다는 오른쪽의 나라연 금강那羅延金剛은 입을 다물고 있으므로 '훔'이라고도 한다.

남탑의 인왕상.

남탑의 인왕상.

산 깊은 곳에 정녕 아름다운 꽃이 피었더라

운흥사에는 절집이나 그 터에서 흔히 볼 수 있는

탑이나 부처님이 남아 있지 않다. 대신 부처님 말씀을

낱낱이 옮긴 무수한 경판만이 남았으니

그것은 한눈에 드러나는 불사만큼 눈에 띄지는 않지만

진정한 의미의 또다른 불사를 일으킨 것이라고

봐야 할 것이다. 그것은 부드러움이다. 지금 시대에 부처님을

따르는 사람들이 무엇을 소홀히 하지 말아야 할 것인지를

이미 수백 년 전에 보여 준 것이다.

지겹고도(苦)

괴롭도다(苦).

열흘 내내(一旬)

구질구질 내리는 비(陰雨).

음산하게 뒤덮인 먹구름과(雲晻曀)

성난 듯 몰아치는 저 바람 소리(風號怒)

석연이 이리저리 날아다니고(石燕交飛)

상양이 뒤엉켜 춤을 추는구나(商羊亂舞).

밝은 태양도 그 빛을 감췄나니(白日隱光曜)

푸른 하늘을 어떻게 보리(青天那得睹).

가련하도다, 이 봄날 반이나 지나도록(可憐一春强半)

맑은 정경 한 번도 끌어안지 못하다니(未逢晴景媚嫵)

풀 잎새며 싹 트는 눈 진흙탕에 범벅 되고(細草纖芽亂泥塗)

버들잎 복사꽃 입 다문 채 못 피누나(嫩柳夭桃噤不吐).

문드러진 보리는 비탈밭에 휩쓸려 엎어져 있고(爛死兮宿麥委陵陂)

마구 흘러넘치도다, 포구를 넘나드는 미친 바다 물결(橫流兮狂瀾漲江浦).

마루에 빗물 흥건한 집에서 자는 것도 괜찮다마는(不恨破屋夜臥漏滿牀)

젖은 장작 아침밥 연기 집안에 자욱하리(從他濕薪朝炊煙塞戶).

봄 장마 여름 가뭄 작년 같지는 않을는지(只恐春潦夏旱更似去年)

위아래 전답 불타고 소금밭 되면 어찌할꼬(無奈高田焦土低田潟鹵).

조선 문학의 4대가로 꼽히는 계곡谿谷 장유(1587-1638)가 장마가 깊어진 어느 날 지은 '봄날의 지겨운 비를 소재로, 한 글자에서 시작하여 열 글자로 끝나는 시를 짓다(春日苦雨 自一字至十字)'라는 시이다. 왜 그랬을까. 군이 한 글자부터 시작해 열 글자까지 운을 맞춰 지었다. 곰곰 생각해 보니 이것은 시를 읽기보다 꼼짝할 수 없는 장마철의 무료함을 견디는 선비의 모습을 읽어야 하는 시이지 싶다. 글맛이야 뭐라 할 것 없이 빼어나지만 오죽 따분했으면 글자의 뜻을 찾아 가며 한 자부터 시작해 열 자까지 운을 맞추는 노릇을 자청했을까. 그 모습이 눈에 선연히 그려진다.

문명이 발달하지 않은 시기의 장마철에는 대개 두문불출할 수밖에 없었던 모양이던지 이규보(1168-1241)는 장마에 가장 즐거운 일로 낮잠을 꼽았다. 그는 '비 오는 날 초당에서 낮잠을 자다(草堂雨中睡)'라는 시에서 "…드르렁 드렁, 우레처럼 코를 골았네. / 이 맛은 참으로 표현하기 어렵지 / 왕후인들 어떻게 이런 걸 누릴까 보냐…"라고 했다.

이처럼 옛 사람들이 장마철이면 집 안에만 있어야 했던 까닭은 길 때문이었다. 장마를 읊은 옛 시 속에서도 가장 곤혹스러운 것은, 비로 인해 왕래가 끊겼음을 들고 있다. 그러나 요즈음이야 어디 그런가. 길이 떠내려가지만 않으면 가지 못할 곳이 없으니, 장대비 속을 달려 울산의 울주에 다다랐다. 잠자리를 정한 곳은 간월사 터 근처였다. 지난번에 다녀오기는 했지만 동가홍상이 아닌가. 그러나 이미 어둑해지기도 했거니와 그칠 줄 모르고 퍼붓는 비 탓에 절터를 거니는 것은 수월치 않았다. 이른 새벽이 되어서야 잦아든 빗줄기, 절터를 휘둘러 보고 웅촌을 지나 운흥사 터(雲興寺址)로 향했다. 언제 그랬냐 싶게 먹구름은 간데없고 푸른 하늘에 흰 구름마저 두둥실 떴다.

반계 마을을 지나 운흥동천으로 들어서자 옅은 물안개가 피어오르고 거친 소리가 들려왔다. 밤새 불어난 물 탓이다. 길은 그 곁으로 나 있었다. 자동차 한 대가 겨우 지날 만한 길, 가다 말고 멈춰 서서 물살을 바라봤다. 곧 휩쓸리고 말 것만 같다. 그러나 비 온 다음이 아니면 보기 힘든 광경이니 어찌 그것을 놓칠 것인가. 높고 거센 물결은 계곡을 온통 뒤집을 것처럼 쏜살같이 달려가다가 바위를 만나면 거침없이 맞부딪는다. 그 소리는 귀를 멍하게 만드는가 싶더니 그 때마다 일어나는 하얀 물보라는 눈 또한 멀게 만드는 것 같았다. 내 속에서도 물결과 같은 감정이 일어나 정신은 산란해지고 심장은 마구 뛰었다.

물 소리에 묻히고 말 것이지만 그를 능가하는 고함을 지르고 싶은 충동을 참지 않았다. 물을 향해 미친 듯 소리를 질렀다. 그러나 그 소리는 나에게마저도 들리지 않았으니 스트레스를 풀려던 것이 오히려 목의 통증만 낳고 말았다.

내 속에서 그렇게 광풍이 한 차례 지나가고 나서, 고개 들어 먼 산을 바라봤다. 햇살이 비껴 들기 시작한 그는 고즈넉하게 구름을 피워 올리고 있었다. 잠시, 아주 잠시 그를 바라보았을 뿐이지만 내 속에 있던 광기는 이내 가라앉고 말았으니 자연의 장면, 장면들의 소중함을 다시 한 번 되새길 수 있었다. 그들은 사람을 쥐었다 놓는가 하면, 들어 패대기치기도 하며 입을 다물지 못하게도 한다. 아예 근처에 다가서지도 못하게 만들기도 하지만 오히려 으늑한 그 안으로 깃들게도 만드니 그 조화로움을 어찌 감당할 수 있겠는가. 비 내린다며 틀어박혀 있지 않고 길을 나선 것이 오히려 즐거우며 발길 닿는 곳마다 평범하지 않은 정경을 내놓으니 그저 감개가 무쌍할 뿐이다.

운흥동천의 막다른 곳에 자동차를 세우고 작은 계곡을 건너 맞은편으로 오르면 부도가 있는 곳이며 계곡을
끼고 이백 미터가량 곧장 오르면 절터이다. 팻말이 세워져 있으며 늙은 나무 한 그루가 절터 입구를 알려 준
다. 그 앞에 닥종이를 이기던 딱돌이 있다. 평평한 윗면을 만져 보면 그 매끄러움이 무척 오랫동안 돌을 사용
했음을 알 수 있다. 여느 절터와는 달리 운흥사 터에서만 볼 수 있는 귀한 유물이다.

1707년 겨울, 실학자였으며 인문 지리에 밝아「지행록地行錄」을 지은 식산息山 이만부(1664-1732) 또한 인근한 동축사東竺寺와 망해사望海寺를 둘러보고 이 길을 올라 운흥사로 향했다. 그는 '힘겹게 운흥사를 찾다'라는 시에서 "걸을수록 구름은 눈앞에 있었으며, 오를수록 바다가 펼쳐졌다.…원적산 사이, 이 고개의 동쪽에 운흥사가 깃들어 있다. 계곡물을 가로지르는 높은 홍교를 건너, 꼬불꼬불한 길을 지나면 선궁禪宮이 있다.…선승의 기운이 달빛처럼 밝게 빛나는 곳이다"라고 했다.

그 또한 절터 못미처 세진교洗塵橋를 건넜을까. 계곡 양쪽에 다리를 놓았던 흔적이 남아 있지만, 조금 떨어진 곳의 바위에 새겨진 명문에는 영조 27년인 1751년에 성안性眼 스님이 놓은 것으로 되어 있으니 난감하다. 이만부 또한 "홍비통간도虹飛通澗道"라 했으니 홍예교를 건넌 것이리라. 그가 갔을 때는 겨울이었으니 무지개가 떴을 리 만무이고, 계곡물이 물보라를 일으켜 무지개를 만들었을 리도 없지 않았겠는가. 그러나 그가 글의 말미에 정미동丁未冬이라고 했으니 그가 죽기 전의 정미년은 1707년밖에 없는 것이다. 더군다나 그는 영조 8년인 1732년에 세상을 떠났으니 잘못된 기록은 아닌 듯하다. 그렇다면 운흥사로 오르는 길에 또 다른 홍예교가 있었지만 흔적도 없이 사라지고 없는 것이리라.

이윽고 세진교 터를 지나 부도골 들머리에 다다랐지만 그늘진 계곡을 서성거리며 다리를 쉴 뿐 선뜻 그 곳으로 오르지는 않았다. 이 맑은 물을 그냥 놔 두고 가면 내가 나를 용서하지 않을 것 같았기 때문이다. 부처님 또한 선뜻 당신에게로 오지 않고 게으름을 부리는 듯한 나의 이런 행각을 웃음 머금은 눈짓으로 짐짓 못 본 체하지 않겠는가. 발을 담그고 앉자 송

제법 잘 갖춘 대좌의 기단석이다. 운흥사 터의 석조 유물이 대개 조선 시대의 것이니 이 또한 그 시대의 것으로 봐야 하지 싶다. 가까운 청송사 터에도 이와 같은 형태의 부도 대좌 기단석이 남아 있으니 당시 이 지역에 유행하던 양식인 듯하다. 사진에 보이는 것은 모란꽃인 듯하지만 다른 면에는 국화꽃이나 연꽃을 새겨 놓았다. 대좌의 규모로 미루어 위에 올려졌을 부도의 크기를 짐작할 수 있지만 부도는 어디로 갔는지 알 길이 없다.

송 맺혀 있던 땀방울들이 혼쭐나게 도망을 가는지 소름이 일시에 돋아났다. 채 오 분이 넘지 않아 몸 안에 가득하던 습기와 열기는 간데없이 사라지고 정신은 맑아졌다. 계곡을 거슬러 금당 자리로 올랐지만 몇 해 전 스쳐 간 태풍 루사의 생채기가 아직 아물지 않아 머물기조차 안쓰러웠다.

다시 계곡으로 내려와 세수를 하곤 부도골로 올랐다. 맑은 땀이 맺히고 숨 한번 고를 무렵에 다다른 곳, 아! 저것이 무엇인가. 산 깊은 이 곳에 어찌 아름다운 꽃이 피었는가. 어느 맑은 못의 푸른 연꽃이었을까. 가련하게도 산에 와 핀 것이다. 보는 이야 더할 나위 없지만 그는 물 한 방울 없는 메마른 대지에 단단한 돌꽃으로 피었으니 어찌 눈길이 머물지 않겠는가. 어떤 것은 하늘을 바라보는 앙련仰蓮이며 다른 것은 땅을 보고 고개 숙인 복련覆蓮이었다. 그들이 물 한 방울 없을지라도 곱게 필 수 있었던 것은 그가 떠받쳤던 이름 모를 스님 때문이었으리라. 적멸에 든 스님이 편히 올라앉을 수 있도록 받침이 되었던 것이니 곧 부처님의 말씀을 머금고 피어난 것과 다르지 않다. 그러나 적멸에 들었던 스님의 부도는 간곳없고 다만 그가 돌아오기를 기다리는 것인 양, 그는 단 하루도 꽃잎을 접지 못한 채 순례객을 맞이하고 있다.

　담 아래 그늘진 곳에 자리를 깔았다. 쏘다녀 봤자 흐르는 것은 땀이요 산만해지는 것은 정신이니 아예 개망초 하얀 꽃이 흐드러진 이 곳에 머물기로 한 것이다. 물끄러미 돌 연꽃을 바라보는데 한 줄기 시원한 바람이 지나갔다. 근처를 에워싸고 있는 대밭의 키 큰 것들은 고개 숙이게 만들고 낮은 것들은 도리어 일으키며 불어 대던 바람은 묵은 잎을 떨어뜨렸다. 우수수, 마른 댓잎이 떨어지는 소리가 마치 어젯밤 듣던 빗소리와도 같았다. 대나무들은 바람이 부는 대로 흩날리는 빗줄기와 같이 마냥 흔들릴 뿐 그와 맞부딪치지 않았다. 운흥동천의 거센 물살이 바위에 맞부딪쳐 산산조각 난 포말이 되던 것과는 달랐던 것이다. 그러나 나는 그렇지 못했다. 나 스스로가 단단한 금강석인 줄 알았으며 또 그렇게 행동했다. 그 탓에 남은

경전 발행을 위한 종이가 필요했던 운흥사에서는 딱돌 외에도 종이를 만들기 위한 여러 가지 도구들이 필요했을 것이다. 영조 8년인 1732년 3월에 만든 이 석조 또한 그에 따른 용도가 아니었을까 싶기도 하다. 발굴 조사 보고서를 보면 운흥사 터에 유난히 석조가 많았다고 한다.

主上殿下壽萬歲
王妃殿下壽齊年
世子邸下壽千秋

大德　義林
　　　法眼
　　普濟
　印岡
　貨英
　楦涎
　惠文

浮板施主　時軟綱　刻手秋
　絹日此丘　党雲　恩託　木手
　印天此丘　信淨　　　屢行　李
供養施主　料弘迪
　　直合　神日　孔性　供養主
　　棩尤　靈賢　平訖　思現
　首僧　雲薰　學賢　屢玉
　以訥　靈賛　景玄
書記　元淡　德元　賀本
　鄭令峯　俊昌　玉坦
山母緣月
比父李柇庄
李緣山保体
供養施主
金上男兩主　普仁　順根　巳辭　別座
李春鶴兩主　三宝　文遠　演熙　尚玄
善擇比丘
釋奇
法行
化主学重

康熙二十年辛酉四月日慶尙道薪山圓寂山雲與寺刊

원적산 운흥사에서 발행했다는 표기가 선명한 「금강반야바라밀경」의 끝 장이
다. 시주를 한 사람이며 나무판을 만든 목수 그리고 글씨를 새긴 각수를 비롯
해 경전 발행 불사에 참여한 사람을 모두 낱낱이 써 놓았다.

것은 나와 남, 모두에게 상처뿐이다. 부드러운 것이 강하다는 것, 비로소 깨달으니 그 동안의 내 오만함과 무지함을 알겠다.

　연꽃이 핀 대좌 곁으로 석조가 놓여 있었다. 이 곳 운홍사 터에는 여느 절집들과 달리 유난하게도 석조가 많다. 그것도 석조마다 명문이 빠진 것이 없으니 이 곳에 있는 것은 영조 8년인 1732년 3월에 만든 것이다. 지금 절터에 남아 있는 것들은 마치 실명제라도 한 듯 조성 연대와 만든 이의 이름이 낱낱이 적혀 있다. 그것은 앞서 이야기한 다리도 마찬가지였고, 이 곳에서 새긴 장경판에도 그것을 새긴 이가 표시되어 있다. 이 곳에 석조가 많고 이 깊은 산골의 절집에 장경판이 있었다는 것은 에둘러 생각해야 할 것이다. 경판을 찍어 책으로 묶으려면 종이가 필요했을 터이고 석조는 그에 따른 용도가 아니었을까 하고 생각해 볼 일이다. 지금도 닥을 잘게 부술 때 사용하던 '딱돌' 이 남아 있는 것을 보면 틀림없어 보인다.

　이 곳에는 절집이나 그 터에서 흔히 볼 수 있는 탑이나 부처님이 남아 있지 않다. 그 대신 부처님 말씀을 낱낱이 옮긴 무수한 경판만이 남았으니, 그것은 한눈에 드러나는 불사만큼 눈에 띄지는 않지만 진정한 의미의 또다른 불사를 일으킨 것이라고 봐야 할 것이다. 그들은 서로 어금버금하여 어느 것 하나 나무랄 것 없는 것이긴 하지만, 운홍사를 지켰던 스님들은 후자를 택한 것이다. 그것은 부드러움이다. 지금 내 눈 앞에서 이리저리 흔들리고 있는 개망초나 대나무와 같이 바람을 거스르지 않는, 속 깊은 '강함' 말이다. 지금 시대에 부처님을 따르는 사람들이 무엇을 소홀히 하지 말아야 할 것인지를 이미 수백 년 전에 보여 준 곳, 운홍사 터는 아름답고도 귀한 곳이다.

운흥사 터는 울산광역시 울주구 웅촌면 고연리 반계 마을 뒤편에 있다. 울주의 간월사 터에서 통도사 방면으로 조금 가다 보면 웅천. 삼동 방면의 이정표가 나오는데 이 곳으로 좌회전하여 20분 남짓이면 웅촌에 닿는다. 웅촌에서는 춘해대학을 찾으면 된다. 그 정문 앞을 지나 시적사 팻말이 나오면 그것을 놓치지 말고 끝까지 따라가면 반계 마을 지나 운흥동천雲興洞天에 다다른다. 울산 시내에서는 부산으로 향하는 7번 국도를 따라 가다가 웅촌에서 같은 방법으로 가면 된다.

절터로 가기 위해서 오르는 계곡인 운흥동천은 해인사의 홍류동천紅流洞天과 함께 경남 지방에서는 손꼽히는 풍치를 자랑한다. 홍류동천은 '출입 금지'라는 팻말이 서슬 퍼렇게 서 있어 발을 담그는 일조차 저어하지만 이 곳 운흥동천은 마음껏 물놀이를 즐길 수 있는 한적한 곳이기도 하다.

계곡을 따라 이어진 길의 끝닿은 곳이 운흥사 옛 터이며 자동차는 그 곳에 세워야 한다. 앞에 흐르는 계류를 따라 올라가면 금당 자리이며, 계류를 건너 산길로 5분 남짓이면 부도골에 닿을 수 있다.

부도.

운흥사 터는 국립 창원문화재연구소에서 발굴해 2003년에 보고서를 냈다. 그에 따르면 진평왕 때 원효 대사가 절을 창건하였으며 그에 따른 암자가 열셋, 스님이 일천여 명에 이르렀다고 한다. 그 후, 고려 말에 지공指空 선사가 중창했으나 임진왜란에 불탔다. 다시 광해군 6년인 1614년에 대희大希 선사가 중창하였으며 1864년에 간행된 「대동지지」에도 그 이름이 보인다. 그러나 무슨 연유로 사라졌는지는 알 길이 없다.

다른 절터와는 달리 수습된 유구들 중 석탑이나 석불 그리고 철불을 찾아볼 수 없는 것이 특이하다. 물론 작은 불상 조각들은 발견되었지만 여느 다른 절집에 모신 크기의 불상이 발견되지 않은 것이다. 다만 다른 곳보다 물을 담을 수 있는 석조가 유난히 많아 넷이나 된다. 또 한지를 만들 때 닥을 잘게 부술 때 사용하던 '딱돌' 그리고 16종에 달하는 목판이 673장이나 남아 있으며, 절 앞으로는 닥을 불릴 수 있는 맑은 계류가 흘렀다.

이것은 크게 주목해야 할 일이다. 깊은 산골의 사찰에서 목판을 새기고 또 그것을 찍을 수 있는 종이를 직접 만들었다는 것은 이 절의 성격을 가늠하게 하는 중요한 요소이기 때문이다. 이를 통해 불법을 널리 알릴 수 있었으니 폐문하고 선정에 들어 불법을 닦는 절집과는 사뭇 달리 봐야 하는 것이다.

목판은 지금 통도사에 보관되어 있으며, 절터에는 부도와 석조 그리고 딱돌이나 석등과 같은 석물들이 흩어져 있다. 시적사에도 이 곳에서 나온 부도 두 기가 있다.

비록 눈에 보이는 것은 화려한 것은 없을지언정, 눈에 보이지 않는 아름다움조차 보려고 애쓰는 것이 절터 답사의 백미라면, 운흥사는 그러기에 더할 나위 없이 알맞은 곳이다.

맷돌.

울산광역시 울주 청송사 터
'지금 바로 여기' 보다 아름다운 곳 그 어디랴

떠나기는 싫고 머물자니 괴로운 참에, 그것이라도
하고 있으면 삼매경에 젖어 더위를 잊을 수 있지 않을까
싶었던 것이다. 그 날 깨달았다. 나에게 아름다운 것은
과거가 아니며 또 아름다울 것은 미래가 아니며,
정녕 아름다운 것은 고통스러울지라도 '지금 바로 여기' 이니,
그 곳을 뚫지 못하면 과거와 미래는 아름다워지지
못하리라는 것을 말이다.

혹, 달 밝은 밤의 황룡사 터를 거닐어 본 적이 있는가. 먼 곳에서 범종
소리 들려오는 해거름으로부터 둥근 달이 절터를 고루 비출 때까지, 기차
가 절터 곁을 지나갈 때마다 땡땡거리는 건널목의 종 소리를 들으며 서성
거려 본 적이 있는가. 목탑 자리의 심초석에 기대거나 장륙 불상 앉으셨던
자리에 가부좌로 앉아 물끄러미 붉은 달을 바라본 적은 있는가. 그렇게 두
어 시간, 적막한 절터를 거닐다 보면 홀로 길 떠난 쓸쓸함은 간곳없고 오
히려 적요마저 푸근하게 느껴졌으니 그 또한 무슨 까닭인가. 그것은 고요
한 시간 속에서 나를 만난 덕분일 것이다. 내 속의 나는 혼자일 때 비로소
나에게 곁을 주는 고약한 버릇을 가지고 있으니 그 날이라고 달랐겠는가.

운흥동천, 그 맑은 골짜기에서 내려온 날 황룡사를 거닐 요량으로 부러
경주에 들렀었다. 밤늦도록 절터를 거닐곤, 다음 날 새벽, 다시 울산의 청
송사 터(靑松寺址)로 향했다. 새벽 이슬이 걷힐 무렵부터 대지에는 벌써부
터 염천炎天의 조짐이 꿈틀거리고 있었다. 조금 걸었을 뿐인데도 코끝으
로 안경은 미끄러져 내리고, 바지는 허벅지에 휘감길 뿐 아니라 가방을 둘
러멘 어깨는 땀이 흥건했다. 더위와 불의 신들인 화제火帝와 축융祝融 그
리고 남와南訛가 문수산에 모여 운동회라도 하는 모양인지 곤두선 더위의
기세가 여간 등등하지 않았다. 그들은 맞서서 누르기보다 피하는 것이 상
책이련만 그것 또한 마땅치 않았다. 절터에는 큰 나무 한 그루 없으니 그
늘이 있을 리 만무이고 다리 쉬고 앉을 자리조차 마땅치 않았다.

조선 중기, 척화를 주장했다가 의주까지 끌려가 구금되기도 했던 택당
澤堂 이식(1584-1647)이 충북 청원군 문의를 지날 때의 날씨가 이와 같았
던 모양이었다. 그가 지은 시 한 구절을 읽는데 슬며시 웃음이 번졌다.

눈으로 흘러내리는 땀줄기에 소금 자국은 얼룩덜룩
문자 좀 아는 탓에 자초한 이 시련이여
이곳 저곳 떠도는 괴로움을 그 누가 알아 주랴
汗流霑眼欲成斑
都緣文字招災累
誰悶東西飽險艱

그 날 따라 유난한 더위 속으로 길을 나서야 하는 자신의 신세를 한탄한
것이리라. 그러나 한탄은 한탄일 뿐, 그는 그 뒤로도 길 떠나기를 멈추지
않고 주유 천하 했으니, 난들 그러지 않겠는가.

하지만 탑을 앞에 두고도 그에게로 나서지 못할 만큼 뜨거움은 거셌다.
차라리 절터 뒤편의 작은 약수터에 자리 잡고 앉아 한 점 바람을 기다리며
옷섶까지 풀어헤쳤다. 물끄러미 바라보는 탑은 순백으로 빛나고 금쪽 같
은 바람 한 점이 그를 에돌아 나에게로 왔지만 내 몸에 닿기도 전에 스러
지고 말았다. 그가 떠난 자리엔 흔들리는 대숲 소리가 청량하고 한 줄기
향내만이 아련하게 코끝에 남아 있었다. 그 얼마나 고마운 일이었던가. 망
연히 앉아 있던 나는 찬 약수를 들이킨 것보다 더 상쾌해졌다. 어느 누가
탑 전에 향을 피워 놓았는가. 한낮으로 치닫는 뜨거움을 견디기 힘든 것
은, 뜨거운 태양도 그러려니와 그 뜨거움이 맑고 상쾌함을 앗아가 버렸기
때문이었다. 그런데 알지 못하는 이가 살라 놓은 한 가닥 향이 그것을 되
살려 주니 어찌 고마운 일이 아닐까.

산뜻해진 기분으로 몸을 추슬러 다시 절터를 바라봤다. 하지만 탑 하나
만 덩그렇게 있을 뿐 절터랄 것도 없었다. 주변은 모두 아스팔트로 덮였으

둔중한 느낌이 드는 삼층 석탑이다. 일층 몸돌에 비해 일층 지붕돌의 크기가 넓지 않아 더욱 그렇게 보이며, 이층 몸돌의 높이가 일층 몸돌의 삼 분의 일로 줄어들어 성긴 모습을 내놓을 뿐, 전체의 비례가 빼어나지는 못하다. 이렇듯 몸돌과 지붕돌의 크기가 서로 성긴 모습의 탑은 월악산 미륵리 절터의 오층탑이 또 그렇다.

삼층 석탑이 있는 곳에서 부도밭으로 가기 위해 내려서면 오른쪽으로 손바닥만한 텃밭이 보인다. 그 언저리
에 이 돌이 있다. 쓰임새는 무엇이었는지 알 수 없지만 왼쪽 끝에 연화문이 선명하다.

니 그 흔적을 더듬어 가늠하기가 난감할 정도였다. 조금 전 앉아 있던 약수터 옆으로 금당이 있었을 법하지만 살림집이 들어섰고, 그나마 한 집은 폐가가 되어 스산한 느낌을 내고 있을 뿐이었다. 집안을 기웃거려 봐도 절에서 사용했을 법한 석물은 찾기조차 어려웠으며, 더군다나 엉덩이 걸쳐 놓을 너럭바위는커녕 그저 서서 서성거려야 하는 것이 못마땅했다. 절터와 마을이 바짝 붙어 있는 탓인지 보호 철책 또한 허리보다 높게 되어 있으니 휘 둘러볼 뿐 더 이상 탑 근처에 머물지 않았다. 지금껏 다닌 여느 절터와는 사뭇 다른 모습에다가 날씨까지 한술 더 뜨니 땡볕을 견디기가 힘에 부쳤던 것이다.

부도밭으로 가기로 했다. 그 곳엔 작은 그늘이긴 하지만 나무 아래 앉을 수 있으니 말이다. 탑 아래로 내려서자 밭두둑 너머 축대에 크기가 제법 큰 장대석 하나가 박혀 있었다. 그 끝에는 연화문을 새겼던 것인 양 흔적이 남았을 뿐이지만 그나마 이 곳이 절터였다는 것을 웅변하고 있으니 반갑기 그지없었다. 그 곳을 지나 오 분 남짓, 하늘과 땅이 맞장구를 치며 뿜어 내는 열기 속을 걸어 부도밭으로 올랐다. 비록 온몸은 땀으로 젖었건만 이내 편안해지는 것은 무슨 까닭인가. 그것은 청송사 터를 생각할 때마다 그리워하던 인왕상이 놀란 듯 두 눈을 부릅뜨고 반겨 주어서이리라.

삼층 석탑이 있는 곳에서 이백 미터 남짓 걸으면 부도밭에 닿는다. 여느 부도들과는 달리 기단부의 조각들이 화려하기 짝이 없다. 가까운 운흥사 터 부도들 또한 이와 같으니 당시 이 지역의 유행이었던 듯하다.

부도의 기단부에 인왕상을 새긴 경우는 나라 안에서 이것이 유일하다. 더구나 북면에 새겨진 이것은 손에는
금강저까지 들고 있어 더욱 눈길을 끌었다.

남면에 새겨진 인왕상이다. 북면의 그것이나 이것 모두 얼굴의 조각이 유난히 강조되어 있으며 눈은 퉁방울
눈이다. 이는 근엄한 권위를 나타내려 한 것이지 싶다.

그는 여전했다. 세월의 무게만 두껍게 더해졌을 뿐 그 모습 그대로였다. 그것은 나라고 별 수 있을까. 그를 처음 만난 지 어언 십 년이 훌쩍 넘어가고 있으니 그가 바라보는 나의 모습은 또 어떨지…. 「주역」'계사전'에 "두 사람이 마음을 모으면 그 날카로움으로 쇠를 끊을 수 있다(二人同心 其利斷金)"고 했다. 절터에서 만나는 것들이 비록 말하지 못하는 것들일지라도 나에게 그들은 그 단금지우斷金之友와도 같은 존재들이 아니겠는가. 자주 그들을 찾지는 못하였지만 마음 속에서 잊어 본 적 없고, 근처일지라도 발길 닿을 때면 무턱대고 들러도 그들은 언제나 반갑게 맞이할 뿐이었다. 더군다나 그들을 만나면서부터 세상을 바라보는 안목이 생기지 않았던가. 그것도 모자라 그들은 속진俗塵을 견디며 또 참구하며 살아갈 수 있는 힘마저 길러 주었으니 어찌 홀대할 수 있겠는가.

나무 그늘로 들어가 풀밭에 드러누웠다. 하늘엔 흰 구름 둥실 떠가지만 그조차 땀을 흘리는 듯 힘거워 보였다. 나 또한 사진을 두어 장 찍고 나면 땀이 두 바가지나 쏟아지니 꼼짝 않고 있을 수밖에 없었다. 한갓지게 땀을 식히는가 싶었는데 스르르 눈이 감겼던 모양이다. 그러나 그것도 잠시, 갑작스레 매미가 울어 대는 통에 화들짝 놀라 깨고 말았다. 그는 한번 소리를 내면 도무지 끊어질 줄을 모르고 이어졌다. 아! 나의 잠은 어디로 갔는가. 단잠을 망친 꼴이 되었으니 그가 얄밉기도 했다. 그를 먼 곳으로 쫓아버릴 양으로 두리번거렸지만 어느 가지에 앉았는지 좀체 찾을 수가 없었다. 멀뚱히 앉아 인왕상을 바라보니 그 또한 땡볕 아래에서 힘거운지 입은 앙다문 채 눈초리를 매섭게 위로 올려붙이고 있었다.

송나라의 취옹醉翁 구양수가 매미 울음소리를 두고 지은 '명선부鳴蟬賦'에 이르기를 "찢어지게 부르다 다시 목이 메고, 처량하게 끊기려다 도로 이어지누나(裂方號而復咽 凄欲斷雨還連)"라고 했다. 그러나 어찌 매미 울음소리만이 그렇겠는가. 인연 또한 그렇지 않던가. 끊어질 듯하다가 다시 이어지고, 사그라지는가 싶으면 또 다시 살아나니 매미 울음소리와 무엇이 다르겠는가. 하지만 때로 곤혹스러운 인연도 있는 법, 그 날 내 귓전에 맴돌던 매미 소리가 바로 그랬다. 그는 부도탑의 기단부에 새겨진 인왕상과 내가 맺은 인연을 축하해 주려 노래했을 테지만, 날씨 탓이었는지, 치미는 화를 다스리기가 쉽지 않았다. 한갓진 절터를 꿈꾸던 것이 더위와 싸우고 매미 울음소리에 괴로운 꼴이 되고 말았으니, 변고라면 변고였다.

그러나 이런 일은 예부터도 있었던 일이다. 절집을 찾았던 옛 사람들 중 매미 소리의 곤혹스러움을 토로한 사람이 한둘이 아니었으니 말이다. 우리 나라 사람 중에 안경을 가장 먼저 쓴 것으로 알려진 조선 선조 때의 학자인 학봉鶴峯 김성일(1538-1593) 또한 하필이면 매미가 극성스러운 날 절집엘 갔던 모양이었다.

……
절집의 꽃나무들 그늘 있어 좋긴 하나
시끄러운 매미 소리 도리어 화가 나네.
……
귀따가운 그 소리 잠시도 그치지 않으니
우는 너야 몰라도, 듣는 나는 괴롭구나.
禪房花木幸連陰
喈喈亂蟬還可怒
……

청송사 터 _ 385

聲聲眡耳不暫休

爾不爲勞聽何苦

……

그의 시에서 마치 동료를 얻은 듯 적이 위로를 받았다.

그 소리를 남겨 두고 산길을 걸었다. 그러나 그늘진 산길이니 시원하리라 생각한 것이 잘못이었다. 이내 제자리로 돌아와 앉으니 이번에는 온몸에 거미줄투성이다. 짐작하겠는가. 절터에서 부처님을 만나거나 스스로를 되돌아보기는커녕 홀로 씩씩거리며 땀에 젖은 몸에 달라붙은 거미줄을 떼내는 모습을 말이다. 그 또한 질기기는 매미 소리와 매한가지여서 떼내도, 떼내도 붙어 있었다. 뒤쪽의 인왕상을 바라보니 눈초리는 올라갔으되 이목구비가 가운데로 모여 마치 그런 나를 보고 웃음을 겨우 참고 있는 듯 보였다.

나에게 거미줄을 엮는 재주만 있다면 그들에게 꽃 한 송이 드리고 싶었다. 숲 속 가득 드리운 거미줄로 한올 한올 공을 들여 흰 국화꽃을 만들어 탑 전에도 놓고 부도 앞에도 놓으면 좋겠다 싶었다. 떠나기는 싫고 머물자니 괴로운 참에, 그것이라도 하고 있으면 삼매경에 젖어 더위를 잊을 수 있지 않을까 싶었던 것이다. 거미줄로 만든 꽃이 이슬에 젖어 내일 시든들 어떨까. 하지만 투박한 손은 엄두도 내지 못했다.

그 날 깨달았다. 나에게 아름다운 것은 과거가 아니며 또 아름다울 것은 미래가 아니며, 정녕 아름다운 것은 고통스러울지라도 '지금 바로 여기' 이니, 그 곳을 뚫지 못하면 과거와 미래는 아름다워지지 못하리라는 것을 말이다.

청송사 터는 울산광역시 울주군 청량면 율리 청송 마을에 있다. 울산 시내에서 부산 방향의 7번 국도를 따라가면 오른쪽으로 망해사가 가장 먼저 나타나며, 다음이 영축사 터 그리고 청송사 터, 운흥사 터 순서로 들 어가는 입구를 만날 수 있다. 그러나 모두 길가에 있는 것이 아니라 산 속 으로 2, 3킬로미터씩은 들어가야 만날 수 있으니 눈여겨봐야 한다. 그나 마 청송사 터는 문수초등학교라는 팻말을 찾으면 되니 그 중 낫다. 무거 삼거리를 지나 2킬로미터 남짓, 건널목 신호등을 잘 살피면 오른쪽으로 문수초등학교이며, 운흥사 터 쪽에서 갈 것같으면 대복 삼거리를 지나 만나는 큰 고개 정상에서 1킬로미터를 채 내려가지 않아 왼쪽으로 문수 초등학교가 보인다.

청송사 터는 언제 누구에 의해 세워졌는지 전혀 알 길이 없다. 폐찰 또 한 자세히 알지 못한다. 다만 순조 31년인 1831년에 간행된 울산부 읍지 에 청송사가 기록되었으나, 광무 3년인 1899년에 간행된 같은 읍지에는 그 이름이 빠진 것으로 미루어 그 사이에 사라진 것이 아닌가 하고 추정

청송사 터 부도군.

할 뿐이다. 전해 오는 이야기로는 율리 청송 마을 전체가 절터였다고는 하나 그 또한 막연한 이야기이다. 지금은 보물 382호인 삼층 석탑만이 홀로 남아 있지만, 한때 이 곳에는 무려 일곱 기의 석탑이 있었다고도 하며, 10방 15암이라 해서 법당이 열 곳, 암자는 열다섯 곳이나 되는 거대한 절이었다고 하지만, 그 또한 근거가 약하다.

　절터에는 이미 마을이 들어섰고, 청송사라는 사찰도 들어섰지만 과거의 청송사와는 무관한 절집이다. 남아 있는 석조 유물은 삼층 석탑과 조선 시대의 양식을 지닌 석종형 부도 세 기, 그리고 연화문이 베풀어진 긴 장대석이 있다. 이 가운데 통일신라의 양식을 띤 삼층 석탑은 1962년에 해체 복원하였다. 당시 탑 안에서 청동 여래 입상 한 구, 유리 구슬 열여섯 점, 수정으로 만든 곱은옥 한 점, 관옥 한 점 등 유물 30여 점이 발견되어 경주박물관으로 옮겨졌다.

서응당 부도탑의 기단부.

　탑의 비례는 빼어나지는 못하다. 큰 몸에 비해 지붕돌이 넓지 않으며, 일층의 높은 몸돌과는 달리 이층의 몸돌이 급격히 줄어들었기 때문이다. 또 지붕돌 끝이 솟구친 모양 또한 짧아 전체적으로 둔중한 느낌이 든다.

　부도는 모두 석종형이며 가운데 부도에는 '서응당 신흡대사瑞應堂 愼洽大師'라는 제액이 새겨져 있다. 그러나 주목해야 할 것은 그 왼쪽의 부도이다. 그 기단부에 인왕상이 남북으로 새겨져 있는데 나라 안 어디에서도 볼 수 없는 특이한 것이다. 눈여겨보면 남쪽의 그것이 금강저를 들고 있으니 그들은 금강 역사, 곧 인왕상인 것이다. 또 부도의 기단부에 연화문이 베풀어진 것들은 운흥사 터에 남아 있는 부도의 기단부와 무척이나 닮아 있어 같은 문화권임을 짐작할 수 있게 한다.

울산광역시 울주 영축사 터

무너진 탑에 기대어 삼국유사를 되새기다

서양의 신화에 열광하며 앞다투어 그 곳으로 향하는

사람들이 우리 나라의 신화에 대해서는 까탈을 부리며

인색한 까닭은 무엇일까. 남의 떡이 커 보이는 탓이다.

거기에 더해 익숙한 것에 대한 막연한 거부감 또한

한 몫 거들고 있는 것이다. 그러나 생각해 보라.

사람이 무엇을 먹고 사는지에 대해서 말이다.

우리는 다분히 이야기를 먹고 자라는 종족이다.

이야기 속에 모든 것이 있다.

청송사 터에 다녀온 날, 부득부득 개운포 세죽나루를 찾았다. 하필이면 길을 나서자 줄곧 이어지는 곤혹스러운 더위도 피할 겸, 문득 노을에 물든 처용암 앞에 앉아 기울였던 술잔의 추억이 그리웠기 때문이다. 그러나 그것이 낭만적인 헛된 꿈이라는 것을 깨닫는 데는 그리 오랜 시간이 걸리지 않았다. 세죽나루에 다다르자 처용암은 그대로이되 그를 둘러싼 석유화학단지가 냉혹한 현실로서 퍼런 서슬을 앞세우고 있었기 때문이다. 노을로 물든 하늘은 하나둘씩 켜지는 공단의 불빛을 이기지 못한 채 스러져 가고, 그 곳으로 뭉게뭉게 피어나는 굴뚝의 연기가 뒤덮을 듯 달려들고 있었으니, 그 앞에서 처용을 떠올리는 것은 무리였다. 마을 사람마저 모두 떠나 버린 곳, 후텁지근한 바람만이 세죽나루에 감돌고 길 잃은 나그네의 발길은 애꿎은 돌멩이만 걷어찰 뿐이었다.

그만 처용이 춤을 추지 않은 탓일까. 하도 망연하여 억지 생각을 잠깐하기도 했다. 그는 신라 향가인 '처용가'의 주인공이자 벽사辟邪의 상징이 아니던가. 신라 때부터 온갖 삿된 것들을 막아 주던 그가 공단을 향해 그 시뻘겋고 무시무시한 얼굴을 내보이며 춤이라도 추어 주었으면 싶었던 것이다.

「용재총화」를 쓴 성현(1439-1504)의 '처용'이라는 시에 보면 그는 여느 사람들과는 그 생김부터가 달라 제법 무시무시하지 않았던가.

……

사람도 아니고, 귀신도 아니며, 신선도 아닌
시뻘겋고 큼지막한 얼굴, 조개를 박아 놓은 듯 성긴 이

......

자주 소매 휘날리며 펄펄 나니

귀밑에 꽂은 붉은 꽃이 바람에 기웃하네

非人非鬼非仙曹

豐姿渥赭貝齒齾

......

彎回紫袖雙翩翩

瓊花釋鬢隨風偏

......

「삼국유사」기이紀異 편의 '처용랑 망해사處容郞望海寺' 조에 따르면 그
런 그가 처용암에서 나타난 날은 신라 49대 왕인 헌강왕이 바닷가로 물놀
이를 나왔던 날이었다. 이제 그만 돌아가려고 하던 차, 갑자기 짙은 운무
에 휩싸인 왕의 일행은 길을 잃고 말았다. 그 괴이한 일이 동해 바다를 지
키는 용의 조화인 줄 알았던 왕은 그를 위하여 근처에 절을 지으라고 명을
내렸다. 그러자 안개는 씻은 듯 걷혔고, 동해의 용은 자신의 일곱 아들을
데리고 뭍으로 나와 왕의 덕을 칭송하는 노래를 부르며 춤을 추었다. 그리
하여 그 바닷가는 구름이 걷힌 개운포開雲浦가 되었으며, 용의 일곱 아들
중 한 명이 왕을 따라 경주로 갔으니 그가 바로 처용이다. 또 왕명에 따라
문수산 동쪽 기슭에 지은 절이 신방사新房寺라 부르기도 했던 망해사인 것
이다.

밤새 더위는 한 점 양보도 없었다. 잠을 이루지 못할 만치 거세게 다가

들던 그에게서 벗어나려 눈을 뜨자마자 망해사로 내달았다. 망설일 것 없이 서붓서붓 산으로 올랐건만, 아, 그는 어느 새 미리 와 기다리고 있었다. 해가 돋은 지 얼마 되지 않았지만 그는 손에 들기만 해도 매운 냄새가 코끝을 파고드는, 약이 바짝 오른 고추와도 같았다. 나무를 늘어지게 만드는가 하면 바위는 지짐이라도 지질 듯 달궈 놓고 샘물조차도 미지근하게 만들었으니, 급하게 마련한 부채인들 무슨 소용이 닿겠는가. 절 마당에는 매미 소리만 가득하고 옛 터에 놓인 부도 자리로는 바람마저 인색할 뿐이었다.

바다가 보이면 좀 나을까 싶어 이리저리 옮겨 다니며 발을 돋우어도 바다는 보이지 않았다. 그 옛날, 어제 오른 청송사 터나 이 곳 망해사에서는 어김없이 바다가 내다보였을 것이다. 하지만 지금은 도무지 가늠할 수가 없다. 백 리 밖에 있는 가는 털까지도 헤아릴 수 있었다는 황제黃帝 때의 사람인 이루離婁가 이 곳에 온들 무슨 소용이겠는가. 그의 눈이 공해에 찌든 대기를 꿰뚫어 볼 수 있지 않는 다음에야 개운포의 모습을 볼 수 없을 테니 말이다. 바다가 바라보인다는 망해望海는 이제 바다를 잊어야 하는 망해忘海가 되어 버린 것이다.

차라리 영축사 터(靈鷲寺址)로 걸음을 옮기는 것이 낫겠다 싶었다. 청송사 터나 망해사 그리고 영축사 터는 모두 문수산 기슭에 있으며, 문수산은 조선조까지만 해도 영축산이라 부르던 산이다. 문수는 문수보살을 뜻하며 영축산은 부처님이 법화경을 설한 곳이니 모두 불교와 인연 깊은 지명이며, 이 산을 따라가면 양산 통도사에 닿을 수 있으니, 온 산에 불법이 가득한 곳이다. 그런 문수산을 시로 읊은 옛 문인이 있다.

망해사 터의 부도 중 동쪽에 있는 것이다. 날씨가 맑으면 부도가 놓인 곳에서 어렴풋하게
바다를 짐작할 수 있다. 부도 뒤로 건물 터가 남았는데 대개 조사전이겠지만 최근 들어 그
곳이 금당 터라는 새로운 학설이 나왔다. 그리고 건물 터 앞에 나란히 놓인 부도를 두고 탑
이라고 주장한다. 그럴 개연성이 충분히 있는 것은 건물 터 앞에 놓인 탑형 부도 두 기가
거의 비슷한 모습이기 때문이다.

절터에 남은 귀부이다. 탑 앞에 남았으니 아마도 절의 내력을 새긴 사적비의 받침이었을 법하다. 그러나 그 형체를 알아보기도 쉽지 않게 깨져 버렸다. 이는 사람의 손이 아니면 불가능한 일이지 싶었다. 절이 사라진 것은 임진왜란이나 정유재란 무렵이었을 테지만 당시의 일인지 아니면 후대에 훼손된 것인지는 알 수 없다.

근처를 걸어도 웬만해서는 그 곳에 절터가 있는지 알기가 쉽지 않다. 길에서는 석조 유물이 보이지 않기 때문이다. 더구나 여름이면 무성하게 자라는 칡넝쿨이며 덤불이 석조 유물을 덮어 버려 자세히 볼 수도 없다. 그래서 겨울에 다시 다녀왔다. 탑은 삼층 석탑이었으며 규모는 거대했다. 사진에 보이는 것은 지대석과 기단부이지만 그로서도 탑의 크기는 충분히 가늠하고 남음이 있다.

큼지막한 지붕돌이며 사리를 담았던 사리공이 뚫린 일층의 몸돌 또한 나뒹굴고 있다. 공든 탑이 무너진 앞에
서면 두 번 놀라게 된다. 그 하나는 탑의 규모 때문이며 다른 하나는 어쩌면 이토록 큰 탑이 무너질 수 있을까
싶어서이다.

조선 중기의 4대 문장가의 한 사람인 택당澤堂 이식(1584-1647)이 1621년, 자신의 장모인 정경부인 구具 씨를 장사 지내러 이 곳 영취산에 들렀다. 당시 1613년의 계축옥사에 휘말린 그의 처남 휴옹休翁 심광세(1577-1624)는 고성에 귀양 가 있었는데, 장모 또한 맏아들을 따라 내려와 밀양의 삼랑포에 머물다가 그만 세상을 떠난 것이다. 일이 일이니 만큼 택당이 산중의 절집을 돌아볼 여유는 없었겠으나, 영취산을 두고 시를 한 수 읊었으니 "영취산이 먼 곳에서 날아와 / 구십구 천, 구지仇池를 이루었네"라고 했다. 영취산이 날아왔다는 이야기는 인도의 그것이 중국으로 날아가 비래봉飛來峯이 되었다는 이야기를 빌려 이 산이 부처님의 산이라는 것을 말하는 것이며, 구십구 천 구지를 이루었다는 것은 소동파가 '화도화원和桃花源'이라는 시의 서문에서 말한 것이다. 산 위에 아흔아홉 개의 샘이 있어 황홀한 도원경을 말한 것인데, 택당은 거기에 빗대어 영취산의 아름다움을 이야기한 것이다.

　　「삼국유사」 탑상 편에 나오는 영축사의 창건 연기는 신문왕 시대인 683년으로 거슬러 올라간다. 당시의 재상 충원공忠元公이 부산의 동래 온천에 목욕을 다녀오다가 굴정 역에 이르러 기이한 일을 겪었다. 어떤 사내가 매를 풀어 꿩 사냥을 하는데 놀라 달아나던 꿩이 그만 자취를 감추었다. 매에게 달아 놓았던 방울 소리를 듣고 따라가 보니 굴정현 관가의 북쪽 우물이었다. 달아나던 꿩이 그 우물 안에 빠졌는데 피가 흘러 우물물은 핏빛으로 홍건하고 다친 꿩은 날갯죽지로 새끼 두 마리를 품고 있었다. 매는 그 모양을 보고 차마 낚아채지 못하고 나무 위에 앉아 두리번거리고 있을 뿐이었으니 충원공이 기이하다 여겼던 것이다. 지관에게 물어 보니 절을 세울 만한 곳이라 하기에 경주로 돌아와 왕에게 아뢰어 절을 짓고는 영취사라 했다. 그 곳이 지금 가는 영축사인 것이다.

큰길에서 영해 마을 입구로 돌아드니 영축사로 향하는 길은 문수산 등산로의 들머리로 이어졌다. 영축 마을에서 안영축으로 넘어가는 제법 가파른 고개를 넘어서자 기이한 풍경이 펼쳐졌다. 자동차 한 대가 겨우 다닐 만한 좁은 길 곁으로 드문드문 제법 큰 음식점들이며 카페들이 자리를 차지한 것이다. 이 곳에 처음 왔을 때와는 사뭇 달라진 모습이었다. 더군다나 당시는 겨울이었으니 잠시 길을 잃은 듯 절터를 가늠하기가 쉽지 않았다. 두리번거리다가 아예 걷기 시작하자 이내 길 왼쪽의 논 가운데에 옹색하게 남아 있는 절터를 만날 수 있었다. 그것을 두고 절터라고 해야 할지조차 난감한 지경이었다.

영축사 또한 경남 산청의 단속사처럼 짚신을 벗어 두고 절 구경을 하고 나오면 그것이 썩어 있을 만큼 넓었다는 곳이 아니던가. 그러나 지금은 금당 자리였을 곳만 서른 평 남짓하게 남아 안쓰럽기만 했다. 두 기나 있었던 탑은 무너져 풀숲에 덮여 있고 잔인하게 깨뜨려진 귀부는 고추밭에 덩그렇게 놓여 스산한 모습이었다. 그마저도 눈여겨보지 않으면 찾기도 쉽지 않을 만큼 푸대접을 받고 있는 듯한 인상을 지울 길이 없었다. 그 이유는 한 가지이다. 절터에 보물이나 국보와 같은 번듯한 유형 문화재가 없는 까닭이다. 그러나 눈에 보이지는 않지만 유형의 문화재 못지않은 이야기가 「삼국유사」에 전해져 오는 곳 아닌가. 이야기 또한 귀한 것이다. 그것은 옛날 이야기라는 고리타분한 말로 폄하되고 말 것이 아닌, 우리의 설화이며 신화인 것이다.

서양의 신화에 열광하며 앞다투어 그 곳으로 향하는 사람들이 우리 나

짐작컨대 삼층의 지붕돌이었지 싶다. 규모로 미루어 이층이나 일층의 지붕돌은 돌 하나를 깎아 올리기에는
무리였을 것이기 때문이다. 큰 탑의 일층 지붕돌은 대개 네 장의 돌을 짜 맞추며 이층은 두 장의 돌을 맞대어
올리는 것이 보통이다. 그렇기에 이 지붕돌을 맨 꼭대기 층에 해당하는 것으로 보는 것이다.

라의 신화에 대해서는 까탈을 부리며 인색한 까닭은 무엇일까. 남의 떡이 커 보이는 탓이다. 거기에 더해 익숙한 것에 대한 막연한 거부감 또한 한 몫 거들고 있는 것이다. 그러나 생각해 보라. 사람이 무엇을 먹고 사는지에 대해서 말이다.

우리는 다분히 이야기를 먹고 자라는 종족이다. 이야기 속에 모든 것이 있다. 우리가 이 땅에 터를 잡던 때부터 이 곳에서 살아오며 터득한 지혜며 일구어 놓은 문화가 고스란히 그 안에 담겨 있는 것이다. 그러니 그것이 눈에 보이지 않는 무형의 것이라고 해서 홀대를 하는 것은 아주 그릇된 문화 소비의 양태이다. 눈에 보이는 것과 보이지 않는 것들은 서로 하는 역할이 다를 뿐 그 가치가 다르지는 않다.

흥미로운 것은, 내가 절터를 거니는 동안 지나가던 사람들이 나를 구경하고 있었다는 것이다. 논 한가운데에 버려진 풀숲을 왜 저리 뒤지고 다니느냐 하는 투다. 스무 발짝만 떼면 사리공을 치켜든 채 쓰러진 탑이며 버려지듯 방치된 귀부와 함께 천 년 전으로 거슬러 갈 수도 있을 텐데, 그들은 그럴 염이 아예 없는지 아니면 스무 발짝조차 힘겨운지, 멀뚱히 보다가 고개를 갸웃하며 지나칠 뿐이었다.

아무리 목백일홍이 곱게 핀들 무엇 하겠는가. 나무 그늘 한 점 없는 곳에 마냥 앉아 있으려니 견딜 수가 없었다. 더위가 아니라, 절터가 끌어안고 있는 그 처연한 모습을 말이다. 그나마 위로가 되는 것은 그들이 짙고 깊은 풀들에게 덮여 그나마 적나라하지 않았다는 것이다.

영축사 터는 청송사 터와 마찬가지로 울산광역시 울주군 청량면 율리에 있다. 청송사 터는 청송 마을, 영축사 터는 영축 마을에 있으니 같은 문수산 자락이다. 청송사 터에서 가자면 문수초등학교로 내려와 7번 국도에서 울산 방향으로 좌회전을 해야 한다. 5분 남짓 가다가 오른쪽으로 율리정미소라는 큰 건물이 있는 곳에 신호등이 있다. 그 곳에서 영해 마을로 좌회전하면 된다. 망해사는 신호등에서 곧장 직진하여 100미터 남짓 가다가 왼쪽으로 버스 종점이 보이면 좌회전해 산길로 1.5킬로미터쯤 오르면 된다.

영축사는 영축 마을로 들어서서 제법 가파른 고개를 넘자마자 만나는 카페 근처의 빈터에 자동차를 세워야 한다. 그러고 나서 포장된 길을 따라 채 100미터를 걷지 않아 왼쪽으로 논배미에 걸쳐 있는 풀숲이 보인다. 그 곳이 절터이다.

절터의 금당 자리로 추정되는 곳에는 무덤이 들어섰고, 동서에 놓인 탑은 모두 무너져 있다. 굳이 「삼국유사」의 이야기를 따르지 않더라도 한

영축사 터의 서탑.

눈에 신라 탑의 양식임을 알아볼 수 있으며 그 규모 또한 제법 컸음을 짐작할 수 있다. 무너진 탑이 안쓰럽기는 하지만 동쪽 탑은 사리공 또한 뚜렷하게 남아 있어 그 자체로 탑을 공부하기에는 더할 나위가 없다.

귀부는 동탑과 서탑의 가운데쯤의 고추밭에 둘러싸여 있다. 그러나 오른쪽 발만 성할 뿐 목이 떨어져 나간 것은 물론 처절하게 깨져 버려 그 아름다움을 짐작하기가 난감하다. 다만 발의 조각으로 미루어서 전체의 모습은 빼어났을 것이라고 헤아려 볼 뿐이다. 또한 통일신라 하대로부터 고려 초기에 걸쳐 성행한 양식을 따라 선 굵은 모습을 하고 있어 탑에 비해 후대에 조성된 것으로 봐야 할 것 같기도 하다.

영축사는 언제 어떻게 폐사되었는지 짐작하기가 쉽지 않다. 문수산 일대의 사찰들이 폐찰이 된 조선 후대까지 존속하지 않았을까 하는 것은 조심스러운 추측이다.

지금의 망해사는 1962년에 다시 세운 것이며 보물 173호인 부도는 절마당의 북쪽 위에 있다. 통일신라 시대의 전형적인 양식인 팔각 원당형을 따르고 있으며 특이한 것은 같은 모양을 한 두 기의 부도가 나란히 있다는 것이다. 그 의문은 앞으로 풀어야 할 과제이긴 하지만 혹 그것이 부도가 아니라 금당 앞에 조성되었던 불탑이 아닌가 하는 추측들도 나오고 있으니 눈여겨볼 필요가 있다.

망해사 터의 부도, 보물 173호.

경상남도 밀양 영원사 터

폐사지에서 다시 폐사지를 보다

영원사 터는 말 그대로 폐사지였다. 절터에 갔으니
폐사지를 보는 것이 마땅한 일이겠으나 대개는 폐사지의
맛을 톡톡히 느끼지 못한다. 하지만 영원사 터는
그렇지 않았다. 영원사 터는 폐사지라는 낱말의 뜻을
고스란히 담보하고 있는 몇 안 되는 곳 중 하나이며,
그래서 아름답다.

경주에서 며칠을 떠돌다가 발길 멈춘 곳은 경북 청도였다. 빨갛게 청도 반시가 익어 가는 풍경도 눈에 어른거렸지만 문득 운문사가 그리웠기 때문이다. 동이 트기 전 절 마당을 휘돌아 비로전에 참배하고 물끄러미 바라본 것은 부처님이 아니었다. 삼장단 쪽의 들보에 매달려 있는 악착보살이었다. 나라 안에서 드물게 제대로 남아 있는 것 중 하나인지라 근처에 갈 때마다 잘 계신지 보곤 한다. 불교 미술의 변방으로 밀려난 탓에 거개가 그 존재조차도 모르는 악착보살은 그 이름은 회화적이지만 그가 담고 있는 내용은 사뭇 절절하다.

어느 날, 그가 살던 마을 근처에 지장보살이 인도하는 반야 용선이 도착했다. 그러나 자식들과 눈물로 이별하던 한 보살이 뒤늦게 반야 용선이 있는 곳에 다다르고 보니 이미 용선은 떠나가고 있었다. 그러나 다행히 멀리 가지 않은 용선에서 내려 준 밧줄을 붙잡을 수 있었기에 그 밧줄을 악착같이 붙들고서 극락 정토를 향해 갔다는 이야기이다. 그것은 곧 부처님을 향한 마음과 그를 향한 지극한 수행을 이야기하는 것일 게다.

불국사의 대웅전이나 홍천 수타사의 대웅전에도 있긴 하지만 그 곳에는 반야 용선만 남았을 뿐 악착보살은 간 곳이 없어 운문사에 들르면 반드시 눈에 넣어 둔다. 정교하고 치밀하여 숨도 못 쉬게 하는 빼어난 미술품들보다, 때로는, 한낱 관심 밖의 것이긴 하지만 수더분한 것들에게 더 큰 아름다움이 배어 있기도 하다. 하긴 절터라는 곳들이 대개 그런 곳들이 아니던가. 누군가의 눈에는 쓸쓸한 폐허의 장면들이 잘 가꾼 절집보다 한결 넉넉하고 아름다우리라.

오늘 가는 곳 또한 그런 곳이다. 제대로 된 석조 유물 하나 남아 있지 않지만 결코 지울 수 없는 무수한 이야기가 대추나무 빈 가지에 알알이 달려

절골 마을을 지나 좁은 시골길로 오 분 남짓, 대추나무 밭 굽이를 돌아들면 부처님이 마중을 나와 계신다. 비록 깨지고 문드러져 그 모습 제대로 헤아릴 길이 없었지만 몹시도 감동적이었다. 처음 이 장면과 만났을 때 얼어붙은 듯 움직일 수가 없었다. 폐사지가 아니라면 만날 수 없는 아름다운 장면이다.

하찮다고 여기는 것을 그윽한 눈길로 바라볼 줄 모르면 대단한 것 또한 사랑하지 못한다.
이 부처님을 아름답게 여기지 못하면 석굴암 본존불 또한 아름답다고 여기지 못할 것이다.
아름다움은 대상에게 있지 않고 나에게 있어야 하는 것이기 때문이다.

있는 곳, 경남 밀양의 영원사 터(瑩源寺址)다. 청도는 경북의 가장 남쪽 끄트머리이고 밀양은 경남의 가장 북쪽 머리이니 둘은 서로 잇대어 있다.

　한 시간 남짓, 영원사 터로 향하는 동안 길섶의 순정한 아침 풍경들이 눈에 들어오지 않았다. 그들은 다만 스쳐 가는 무엇이었을 뿐, 머릿속에는 영원사 절터에 나앉아 계시던 부처님들의 모습이 가득 들어차 있었기 때문이다. 그 장면은 절터를 더욱 절터답게 보이게도 하지만, 참으로 슬픈 장면이었다. 대추가 빨갛게 익어 가던 삼 년 전의 초가을, 나는 그 장면을 처음 대하곤 망연히 골짜기를 거닐며 슬픈 심사를 달래야 했다. 그 뒤로 한동안 그 장면들이 기억 속에서 되살아나 그리움을 자아내곤 했으니 그만큼 절터가 간직한 풍경들이 스산하며 우울했던 탓이다.

　밀양강을 에돌아 절골로 들어서자 쇠락한 집이며 좁아터진 골목길이 절골 사람들의 곽곽한 살림살이를 대변하고 있었다. 마을 언저리에 자동차를 세우고 걷기 시작했다. 자동차로 갈 수 있는 길을 굳이 걷기로 한 것이다. 벌써 잎이 떨어진 대추나무 가지에 부서지는 햇살의 아름다움을 만끽하고 싶었기 때문이었다.

　십여 분이나 걸었을까. 양지 뜸에는 부처님들이 마중을 나와 계셨다. 그것도 네 분이나 한꺼번에 나오셨으니 찾아드는 순례자가 그만큼 드문 탓이지 싶었다. 그러나 분명 미소짓고 계실 부처님이건만 그 미소를 가늠하기가 쉽지 않았다. 모진 세월을 견딘 탓인가, 부처님들의 얼굴이 모두 간곳이 없었던 것이다. 그나마 한 분의 얼굴은 남아 있지만 눈매며 콧날 그리고 미소를 머금었을 입술이 모두 문드러져 두루뭉술한 돌덩이가 되고 말았으니 어찌 할 것인가. 부도탑은 중대석과 상대석을 잃어버린 채 주저

앉았고 탑비 또한 몸돌을 잃어버린 채 주저앉기는 매한가지였으니, 그에게서 나오는 독특한 분위기가 순례자의 발길이며 눈길뿐 아니라 마음까지 붙들어 놓기에 모자람이 없다. 이 곳을 처음 찾았던 삼 년 전에 그랬듯이, 그들을 둘러보고는 무작정 산길을 걷기 시작했다. 그러다가 제자리로 돌아와 다시 물끄러미 바라보곤 또다시 산길을 되걷곤 했다.

낙엽 쌓인 늦가을의 산길을 걸으며 게송 하나를 되뇌었다. 이 곳에 머물던 보감국사寶鑑國師 혼구混丘 스님의 열반송이었다.

"가시나무 숲에 태어나 험한 시대를 살아왔네. 오늘 가는 길 과연 어디인가? 흰 구름 끊긴 곳이 청산인데, 떠나는 사람 다시 그 청산 밖에 있네."

이 게송마따나 이 곳의 부처님들 또한 그처럼 모진 세월을 살아온 것이지 싶었다. 호를 무극無極이라 쓴 보감국사는「삼국유사」를 쓴 보각국사普覺國師 일연一然 스님의 뒤를 이어 가지산문迦智山門의 종지를 떨치기도 했을뿐더러, 스승이 쓴「삼국유사」의 많은 부분에 대해 찬讚을 붙이거나 보충을 한 인물이다. 그의 나이 열 살 때 무위사無爲寺의 천경天鏡 선사에게 나아가 머리를 깎고 중이 되었으며, 구산九山 승과僧科의 상상과上上科를 수석으로 급제하였으나 이를 마다하고 청도의 운문사에 머물고 있던 일연 스님을 찾아가서 가르침을 구했던 것이다.

고려 후기의 문신인 익재益齋 이제현(1287-1367)이 쓴「익재난고」에 그의 탑비명이 남아 있는데 그 첫머리에 보감국사와 보각국사는 사제지간에 서로 뜻이 잘 맞았다는 뜻에서 줄탁啐啄이라는 표현으로 그들 사이를 설명하고 있다. '줄'은 병아리가 알 속에서 껍질을 쪼아 밖으로 나오려는 것을 말함이고, '탁'은 어미가 밖에서 껍질을 쪼아 도와 주는 것이니 그만하면 혼구와 일연의 사이는 더 말할 것이 없으리라. 혼구는 고려 25대 충렬왕과 26대 충선왕 대에 국사를 지냈으며 그 후 27대 충숙왕 때인 1315년 무렵에 영원사에 들어온 것으로 알려져 있다. 그러나 몇 해 머물지 못하고 1322년 10월, 경북 칠곡의 송림사松林寺에 가서 열반송을 남기고 입적하였으니 세수 일흔셋, 법랍 63년이었다. 그러니 영원사가 가장 번창했을 때는 아마도 혼구 스님이 절에 주석하고 계실 때였을 것이다.

공민왕 때의 문신인 오천烏川 이문화(1358-1414)가 혼구 스님이 입적하신 지 육십 년 뒤에 영원사를 찾아들어 시를 남겼다. 「신증동국여지승람」에 영원사는 자씨산에 있으며 절 안에 선조루先照樓가 있다고 했는데, 이문화는 그 선조루에 대해 읊었다.

선조루 안에서 중이 좌선하니
밝은 마음과 자취가 둘이 서로 알맞네
어느 해에 갈대 위에 서서 바다를 건넜던가
오늘날 쌍수雙樹 앞에서 불경을 뒤적이는구나

갈대 위에 서서 바다를 건넌 것은 달마 대사를 일컬음이고 쌍수 앞이란 쌍림을 말하는 것이니 부처님이 열반에 든 곳이다. 그러니 곧 부처님 앞이라는 말일 것이다. 그러나 혼구 스님이 이 곳에 주석하기 전에 영원사는 선종 사찰이 아닌 천태종 사찰이었다. 익재가 쓴 탑비에 따르면 본디 영원사는 조계종 소속의 선원이었으나 충렬왕 21년인 1259년에 천태종 소유가 되었다가 혼구 스님이 주석하면서부터 다시 조계종의 선원이 되었다고 한다.

비록 깨지긴 했지만 광배의 아름다움은 빼어나다. 그 정수리에 새겨진 삼존불 또한 흔적으로 미루어 짐작해야 하지만 차라리 온전하지 않은 것이 다행이다 싶었다. 그렇지 않았다면 나는 다시 한번 놀라고 말았을 테니까 말이다.

광배 왼쪽 아래에 있는 화불이다. 광배의 가운데에는 연화문이 고부조로 도드라졌으며 두광과 신광을 따라 당초문이 새겨져 있다. 조각은 모두 또렷하며 맨 아래의 양쪽에 있는 화불은 비교적 상처를 입지 않았다.

아! 선조루는 어디에 있었는가. 깨진 부처님들과 부도탑 그리고 탑비의 귀부와 이수를 모아 놓은 곳이 금당 자리라고 하지만 그 나머지를 가늠하기는 몹시 힘들다. 절골 전체가 대추밭이 되어 버린 탓이다. 부처님 계신 뒤편에 장대석 하나와 무수히 많은 와편들이 대추밭에 뒹구는 것 외에는 그 어떤 석조 유구도 찾기가 어렵다. 하지만 탑비 이수 부분의 전액에 불전지기佛殿之記라고 써 놓았으니 그것이 보감국사 혼구의 부도탑비였는지에 대해서도 의문은 가시지 않는다. 탑비라면 제액에 보감국사라는 탑비의 주인공에 대한 글이 있는 것이 일반적이기 때문이다. 더구나 불전지기라면 불전 곧 법당이나 가람을 중창한 내역을 써 놓은 사적비였을 가능성이 더 클 테니 말이다.

절골에서 태어나 칠십 년을 살아온 마을 어른의 이야기에 따르면, 귀부와 이수는 지금 자리의 바로 뒤 은행나무가 있는 곳쯤에 있었던 것이라고 하며 부도는 부도골에서 옮겨 온 것이라 한다. 부도골은 금당을 지나 계속 오르다가 오른쪽으로 보이는 당나무가 있는 곳이다.

부도골로 오르다 보면 산죽이 우거진 숲이 있는데 그 곳은 미륵전이다. 탑비에 산 이름을 자씨산慈氏山이라고 했으니 곧 미륵을 이야기하는 것이다. 지금 모여 있는 부처님들 중 세 분은 미륵전에서 모셔 온 것이라고 하지만 어느 분을 모셔 왔는지는 알 길이 없다. 또 미륵전 자리에 연꽃 무늬가 선명한 팔각 대좌도 있었으나 그마저도 간 곳을 모른다. 경운기를 몰고 땔나무를 구해 오던 노인은 아예 퍼질러 앉아 자신이 봤던 이야기들을 하나둘 꺼내 놓았다. 부도골 맞은편은 탑골이라 하는데 일제 때까지만 하더라도 탑이 있었으며 그 후에도 무너진 것이 그대로 있었으나 언제 모두 사라졌는지는 알지 못한다고 했다.

영원사 터는 말 그대로 폐사지였다. 절터에 갔으니 폐사지를 보는 것이 마땅한 일이겠으나 대개는 폐사지의 맛을 톡톡히 느끼지 못한다. 하지만 영원사 터는 그렇지 않았다. 영원사 터는 폐사지라는 낱말의 뜻을 고스란히 담보하고 있는 몇 안 되는 곳 중 하나이며, 그래서 아름답다. 다시 대추나무에 잎이 돋아나고 단단한 열매가 빨갛게 여물기 시작하면 그 대추알마다 해묵은 영원사 터의 이야기가 주렁주렁 달리지 않을까. 돌아서는 나에게 마을 노인이 쥐어 준 한 움큼의 대추들이 서로 부딪치며 영원사 터의 이야기를 중얼거리는 듯하니 말이다.

경남 밀양의 영원사 터는 밀양시 활성 2동 산 5번지 구서원 마을에 있다. 밀양시 활성동이라고는 하지만 산외면 사무소를 찾는 것이 빠르다. 경부고속도로 경산 나들목에서 25번 국도를 타고 청도를 향해 오다가 상동면 사무소에서 24번 국도를 갈아타고 밀양시 산외면 사무소 앞에 다다르면 된다. 그 곳에서 농로를 따라 율전 자연발생유원지 쪽으로 15분쯤 가면 절터가 나오지만, 길을 묻는 것이 좋다. 이정표가 변변치 않아 자칫 잘못하면 들어가는 길목을 놓치기 십상이기 때문이다.

유원지라고는 하지만 그냥 강일 뿐 시설조차 없어 유원지라고 생각하기 쉽지 않은 곳의 다리를 건너면 그 곳에서부터 절골이다. 다리를 건너자마자 넓은 터 오른쪽에 스테인리스 간판으로 절터 표시를 잘해 놓았으나 그래도 눈여겨보며 찾아야 한다. 웬만하면 이 곳에 자동차를 세우고 걸어갔다 오는 것도 좋다. 불과 1킬로미터 남짓한 길인 데다가 석조 유물을 모아 놓은 곳이 바로 길 옆이며 자동차를 세우기도 마땅치 않기 때문이다.

보감국사 응묘탑비의 귀부와 이수, 경상남도 유형문화재 13호.

보감국사의 부도탑, 경상남도 유형문화재 12호.

영원사 또한 언제 세워졌으며 또 언제 어떻게 사라졌는지 알지 못한다. 다만 광배가 있는 부처님의 양식으로 미루어 통일신라 후기에서 고려 초기로 이어지는 즈음에 창건했을 것이라고 짐작할 뿐이다. 이 곳은 마을 이름이 그렇듯이 서원이 있었던 곳으로, 점필재 김종직을 배향하기 위한 서원이었다고 한다. 서원은 기왕에 있던 절집을 부수고 지은 것인지 아니면 이미 허물어진 절터에 세운 것인지는 알 수 없으나, 절터와 서원 자리가 서로 뒤섞인 것만은 분명하다. 그 시기가 조선 명종 22년인 1576년이라고 하니 임진왜란보다 이른 시기에 이미 절은 쇠퇴했던 것으로 보인다.

절터에는 부처님 네 분과 경상남도 유형문화재 12호인 보감국사 부도와 13호인 보감국사 응묘탑비가 있으며 다른 유물들은 찾기 어렵다. 그러나 발굴을 시작하면 땅 속에 묻힌 유구들이 드러날 것으로 보인다.

또 영원사는 고려 말의 혼란기에 선사 나옹 혜근惠勤이 유배나 다름없는 좌천을 당한 곳이기도 하다. 1376년, 양주 회암사의 중창을 마친 나옹은 그를 시기하던 무리에 의해 왕명으로 영원사로 쫓겨났다. 그러나 이미 병든 몸이던 나옹은 영원사를 향해 길을 떠나던 중 여주 신륵사에 이르러 입적했다. 왜 이 곳으로 쫓았을까. 그것은 당시 밀성이라 불렸던 밀양 영원사는 왕경에서 가장 먼 오지와 다름없었기 때문이었을 것이다.

절터 가는 길

영동 지역

경북 지역

경남 산청 지역

울산 지역

선종이 뿌리내린 아름다운 탯자리인 영동 지역

강원도 지역은 영서와 영동 지역으로 크게 나뉜다. 영동 지역인 강릉과 양양을 중심으로 자리 잡은 절터는 대개 통일신라에서 고려 초기로 이어지는 나말 여초의 선종 사상과 관련이 있다. 그 중, 진전사 터와 선림원 터 그리고 굴산사 터는 우리 나라 선종의 형성과도 밀접한 관계가 있다. 진전사 터는 현 조계종의 조종이라 불리는 도의 선사가 선종의 종지를 지키려 찾아든 곳이며, 선림원 터는 비로소 도의 선사에 의해 열린 선종의 시대에 세워진 최초의 선종 사찰이었다고 보는 것이 옳을 것이다. 그 뒤에 창건된 굴산사는 구산선문 중 사굴산문의 본산이었다. 그러니 이 땅에 선종이 뿌리를 내리기 시작해 암중 모색의 시기를 거쳐 드디어 꽃으로 피어난 모습을 차례로 만날 수 있는 곳이 바로 강릉과 양양 일대에 흩어져 있는 절터들이다.

아무래도 답사는 선종의 탯자리라 할 수 있는 양양의 진전사 터부터 하는 것이 좋다. 다음은 선림원 터이지만 가는 길에 만나는 상평초등학교 현서 분교 마당에 있는 비로자나불을 놓쳐서는 안 된다. 비로자나불의 조성이 활발하던 시기는 선종이 이 땅에 뿌리를 내리면서부터이기 때문이다. 더구나 선림원 터의 금당 자리에 남은 불상 자리와 비로자나불 기단부의 크기가 같다. 그로 미루어 비로자나불이 선림원 터의 주존불이었을 것으로 추측하는 학자들도 있다.

하루쯤 더 여유가 있다면 강릉의 굴산사 터를 돌아보고 반드시 신

상평초등학교 현서 분교의 비로자나불 대좌 중대석

복사 터로 향하기 바란다. 나라 안을 통틀어 이제 이 곳에서밖에 볼
수 없는 탑 앞의 공양 보살 좌상을 만날 수 있기 때문이다. 비록 절터
는 손바닥만하지만 탑과 공양 보살과의 관계를 헤아려 보면 그 마음
은 한량없이 넓기만 하니 결코 놓치지 않으면 한다.

　신복사 터를 벗어나면, 흔적조차 희미한 한송사 터를 찾기보다는,
대관령 들머리의 보현사를 찾는 것이 더 좋은 방법이다. 굴산사를 창
건한 범일 국사의 제자인 낭원 대사 개청의 탑비와 부도탑을 볼 수 있
으며, 종각에 기대면 바다가 넌지시 보이기도 한다. 내친 김에 대관령
으로 오르는 국도를 따라 대관령 국사 성황당까지 가 보는 것도 좋다.
대관령 고갯마루에서 눈여겨보면 국사 성황당으로 향하는 이정표를
찾을 수 있으며 자동차가 코앞에까지 간다. 대관령 국사 성황신이 바
로 굴산사를 창건한 범일 국사이다. 그러니 굴산사 터와 신복사 터 그
리고 보현사와 대관령 국사 성황당으로 이어지는 답사야말로 굴산사
를 제대로 이해하는 길인 것이다.

　계절에 따라 서로 다르기는 하지만 이 지역의 답사는 겨울이 제격

이다. 겨울 바다며 일출 그리고 푸진 눈이 답사의 흥을 한층 돋우어 줄 것이기 때문이다. 만일 겨울에 떠난다면 대관령을 이용하는 것이 가장 안전하다. 다른 어느 고개보다 빨리 제설 작업이 이루어지며 경사가 완만하기 때문이다. 서울-양양 간 고속도로가 개통되면 속초까지 닿는 데 서울에서 불과 세 시간 남짓하게 걸린다고 하니 그 길 또한 염두에 둘 만하다.

여름이라면 대관령을 넘어 강릉으로 갔다가 선림원 터를 마지막 코스로 잡아 구룡령을 넘어 홍천으로 돌아오기를 권한다. 도중에 물걸리 절터에서 쉬었다가 절집 앞의 계곡이 아름답기로 소문난 수타사에 들를 수 있기 때문이다. 구룡령을 거의 다 내려온 지점에 있는 명개리에서는 오대산으로 들어갈 수도 있다. 자동차로 진입이 가능하며 두로령을 넘으면 북대 사자암, 상원사를 거쳐 월정사로 나올 수 있다. 길은 비포장이다.

돌아오는 길을 한계령으로 잡으면 장수대 매표소와 잇대어 있는 한계사 터에도 들르기를 권한다. 매표소에서 불과 100미터 남짓한 거리이다. 한계사 터를 돌아보고 홍천으로 향하는 길에 철정 검문소에서 좌회전하여 20분쯤 가면 물걸리 절터에 다다를 수 있으니 그 또한 현명한 선택이다. 구룡령이나 한계령 모두 빼어난 경치를 자랑하지만 한계령은 골산骨山의 아름다움이, 구룡령은 육산肉山의 아름다움이 더할 나위 없다.

시대에 따른 다양한 모습의 경북 지역

경북 지역의 절터들은 모두 뿔뿔이 흩어져 있다. 경주 지역을 따로 한 권의 책으로 묶기로 하여 그 곳을 제외하고 보니 그렇게 되었다. 또한 절터에 남아 있던 석조 유물들이 이곳 저곳으로 옮겨져 버린 김천의 갈항사 터와 같은 곳도 제외했다. 책에 실린 다섯 곳의 절터들이 있는 지역은 북부인 예천과 남부인 포항, 청도 그리고 성주와 대구이다. 그 중 대구의 비슬산에 있는 대견사 터는 한 시간 남짓 등산을 해야 하니 아무리 서둘러도 용봉 약사여래 입상까지 본다면 왕복 네 시간은 걸리는 곳이다. 대견사 터는 가능하면 진달래가 피는 봄에 가기를 권한다. 절터를 중심으로 피어나는 진달래 군락지는 빼어난 정경이니 놓치면 안타까운 것이기도 하다. 가을에는 억새가 하얗게 피어나는 모습 또한 답사의 흥을 돋우어 줄 것이다.

만일 대견사 터 답사 길을 1박 2일로 잡았다면 아예 청도의 장연사 터와 경남 밀양의 영원사 터까지 돌아보는 것도 방법이다. 대구-부산 간 고속도로가 새로 개통되어 밀양까지 한 시간이 채 걸리지 않는다.

법수사 터 삼층 석탑.

그러니 대견사 터와 장연사 터 그리고 영원사 터를 묶어서 다녀오는 것도 먼 길 나서는 일이 잦지 않은 사람들에게는 요령이겠다.

여유가 있다면 첫날 합천 해인사로 가서 하루를 묵고 아침 일찍 해인사와 잇대어 있는 성주의 법수사 터를 거쳐 비슬산의 대견사 터로 오르는 것도 방법이다. 이동 시간이 많지 않아 유리하며 올라오는 길에 예천의 개심사 터까지 볼 수 있기도 하다. 그러나 개심사 터는 영주의 부석사나 안동에 갈 일이 있다면 그 때 코스로 잡아도 좋다. 영주나 안동 모두 예천에서 30분 남짓한 길이니 조금 에두르더라도 현명한 선택이지 싶다. 포항의 법광사 터는 경주로 나설 일이 있을 때 염두에 두었다가 들르면 좋을 것 같다. 경주에서 안강읍을 거쳐 한시간 정도면 다다를 수 있으니 그리 먼 길은 아니다. 더더욱 양동 마을로의 답사가 잡혔다면 가까운 옥산 서원이나 독락당 그리고 정혜사 터 13층탑과 함께 하면 근사한 답사가 되지 싶다.

경북 지역에 산재해 있는 절터들은 통일신라에서부터 고려 중기까지 다양한 시대의 모습들을 볼 수 있다. 그 중 법수사와 법광사는 신라 시대이며 장연사는 통일신라 시대, 대견사는 나말 여초로 짐작되며 개심사는 고려 중기의 사찰이었다. 그러니 시대별로 차례를 정해 돌아보며 절터에 남아 있는 석조 유물을 살펴보는 것도 지루하지 않은 답사가 될 수 있다. 대견사 터는 산중이며 법광사 터와 장연사 터는 산골 마을 가운데에 있다. 그러나 개심사 터는 시내 한가운데이며 법수사 터는 가야산 등산로에 위치해 있어 끼니를 해결할 곳이 많다.

부처님도 매화 향기에 취하고 말 산청 지역

　경남 지역은 두 개의 권역으로 나뉜다. 한 지역은 덕유산과 지리산 자락을 중심으로 한 거창, 함양 그리고 산청과 합천이며, 다른 한 지역은 경주에서 그리 멀지 않은 울산 지역이다. 두 지역 또한 다양한 시대의 절터들이 흩어져 있어 눈여겨볼 만하다.

　함양, 거창, 산청 그리고 합천 지역은 신라 시대부터 조선 시대까지의 절터들이 고루 분포되어 있으며 사상사적으로나 미술사적으로나 나라 안에서 손꼽을 만한 절터들이 산재해 있다. 미술사적으로는 석조 유물로 이루어진 성보 박물관이라 할 수 있는 합천의 영암사 터를 비롯해 고려 시대 장식탑의 극치를 보여 주는 승안사 터 삼층탑, 절터에서 드물게 만나는 마애 삼존불이 있는 가섭암 터와 함께 나라 안에서 단 한 곳뿐인, 일주문만 남은 장수사 터까지 있으니 그야말로 안복이 터진 답사 길이기도 하다.

　더구나 이른 봄이면 육백 여 년이나 묵은 매화 향기가 진동하는 단속사 터는 양양의 진전사 터보다 일찍 당나라의 선법을 이어 온 신행선사가 머물던 곳이기도 하다. 그러니 발길 닿는 곳마다 쉽사리 걸음을 떼지 못한다. 이 지역으로는 가능하면 이른 봄에 나서는 것이 좋다. 그것도 선비들이 아끼던 묵은 매화 나무에서 풍기는 암향이 그리운 사람들은 반드시 동지로부터 88일가량 지난 즈음에 나서야 한다. 그맘때면 기품 넘치는 매화 향에 취해서 다닐 수 있기 때문이다.

절터들이 많기도 하려니와 멀기도 한 탓에 하루에 모두 둘러보기는 힘들다. 크게 두 지역으로 나누어 꼬박 이틀을 다녀야지만 하면 모두 볼 수 있을 것이다. 가능하다면 산청읍이나 신안면 원지에 숙소를 잡고, 하루는 남쪽으로 향해 합천의 영암사 터와 대동사 터를 보는 것이 좋다. 영암사 터는 반나절 정도는 투자해야 겨우 겉핥기라도 할 수 있다. 더구나 이른 아침에 그 곳에 닿아야지만 진정 아름다운 모습을 볼 수 있으니 서둘러야 할 것이다. 영암사 터에서 대동사 터까지는 40분 남짓 걸린다. 다시 숙소로 돌아오는 길에 생비량면의 도전리에 있는 마애 불상군을 놓치지 말기 바란다. 놓쳤다가는 반드시 후회 할 것이니 꼭 찾아보기 바란다. 대동사 터에서 산청으로 돌아오는 길 가에 있으니 찾기는 수월하다.

도전리 마애불상군.

마침 매화가 필 무렵이라면 다음 날은 산천재로 향해라. 남명 조식 선생의 공부방이었던 그 곳 마당에 오백여 년이나 묵은 매화 한 그루가 발그레한 꽃을 피우고 반길 것이다. 가던 길을 되돌아 단속사 터에 가면 육백여 년이나 묵었다는 정당매와 저수지 너머의 야매 향기가 마을 전체를 뒤덮었을 테니 탑이나 당간 지주는 뒷전이 되고 말지도 모른다. 다시 큰길로 나와 100미터 남짓, 왼쪽으로 있는 전통 마을인 남사 마을에도 들르기를 권한다. 진양 하씨의 종택인 분양 고가에 있는 육백 년 묵은 분양매汾陽梅, 최씨 고택의 백여 년 된 매화나 정씨 고가의 홍매에 취하다 보면 어느덧 한나절은 훌쩍 지났을 것이다. 산청 군청 앞에서 점심을 먹고 10분 거리인 지곡사 터를 산책하고 난 다음 함양의 승안사 터와 장수사 터 그리고 거창의 가섭암 터를 차례로 들러 돌아오는 길에는 몸뿐 아니라 마음마저도 봄이 꽉 들어차 있을 것이다.

삼국유사 펼쳐 들고 떠나는 울산 지역

울산 지역의 절터는 간월사 터와 운흥사 터만 따로 떨어져 있을뿐 망해사 터, 영축사 터, 청송사 터는 문수산의 능선을 사이에 두고 몰려 있다. 답사의 시작은 울주의 간월사 터에서 시작하는 것이 좋다. 아예 이 지역만 따로 답사를 하는 것도 좋은 일이지만 경주로 나들이를 할 때에 걸음을 나누는 것도 현명한 선택일 수 있다. 고속도로나 언양으로 향하는 국도로나 모두 경주에서 간월사 터까지 40분 남짓이면 닿을 수 있는 거리이다.

가장 효율적인 답사 순서는 간월사 터에서 운흥사 터로 향하는 것이다. 운흥동천은 경남 지역에서는 계곡의 물이 맑기로 둘째가라면 섭섭

할 정도로 청정한 곳이다. 여름이라면 돗자리 하나쯤 지니고 가도 후회하지 않을 선택이다. 간월사 터에서 운흥사 터까지는 40분 남짓, 다시 운흥사 터에서 문수산 자락까지는 30분이면 족하다. 문수산 기슭에서는 절터들이 10분 정도의 거리에 이웃해 있으니 내키는 대로 방향을 잡으면 된다. 단 영축사 터는 풀이 무성하게 우거진 계절에 가면 무너진 탑의 위용을 제대로 볼 수 없으니 늦가을에서 이른 봄 사이에 가기를 권한다.

울산 지역 답사 길에서 놓치지 말아야 할 것은 운흥사 터의 딱돌이다. 깊은 산 속에서 한지를 만들어 경전을 찍었던 운흥사 터에서만 볼 수 있는 귀한 것이다. 비록 조각도 없으며 사람이 매만진 흔적이 없는 너럭바위 정도로 여길 수도 있지만 그 윗면을 만져보면 매끄러움에 놀랄 것이다. 그 위에서 닥을 두드려 잘게 부수고 이겨서 종이를 만들었기 때문이다. 청송사 터에서는 탑이 있는 곳에서 100미터가량 떨어진 곳의 부도밭으로 가는 걸음을 망설이지 말라. 부도탑의 대좌 중 기단부에 새겨진 인왕상이 반길 것이니까 말이다. 이렇듯 사각형의 부도탑 대좌 중 기단부의 조각은 운흥사 터의 그것 또한 화려하기 짝이 없으니 서로 견주어 보면 지역에서 성행했던 양식의 흐름을 짐작할 수 있을 것이다.

망해사 터나 영축사 터로 향할 때에는 반드시 「삼국유사」를 읽고 가기를 권한다. 설화를 바탕으로 창건한 사찰이기에 그 설화를 읽고 찾아가는 것이 바람직하다. 더불어 처용암까지 답사를 할 생각을 했다면 더없이 아름다운 선택이다. 서양의 신화는 사실로 믿으려 들고 우리의 설화는 그저 옛 이야기로 치부해 버리고 마는 우를 범하지 않는 우리가 되면 좋겠다. 올해는 「삼국유사」의 저자인 일연 선사가 태어난 지 팔백 년이 되는 해이니 더욱 그렇다. 단호하게 말하건대 서양의 신화를 아무리 많이 읽었다고 하더라도 「삼국유사」를 읽지 않았다면 그것은 헛공부를 한 것이나 다르지 않다.

부도 대좌 기단부에 새겨진 모란꽃

더구나 절터를 답사하며 굳이 「삼국유사」를 읽어야 하는 까닭은, 일연 선사가 양양의 진전사 터에서 머리를 깎고 불문으로 들어섰으며 대견사 터가 있는 대구의 비슬산 자락은 그가 오랫동안 머물렀던 곳이기도 하기 때문이다. 지금은 복원이 되어 경북 편에서 빠지기는 했지만 몇 해 전만 하더라도 폐사지의 쓸쓸함을 지니고 있던 경북 군위의 인각사는 「삼국유사」를 저술한 곳이지 않던가. 또

밀양의 영원사 터에 주석했던 보감국사 혼구는 일연 선사의 수제자이며 그에 의해 「삼국유사」가 매만져졌으니 어찌 모른 체할 수 있겠는가.

하지만 밀양의 영원사 터로 가는 길이 문제이다. 경남이긴 하지만 경북과 맞붙은 가장 북쪽이기 때문이다. 그러니 대구나 청도 지역을 답사할 때 들르는 것도 방법이다. 울산 지역에서 가려면 간월사 터를 기준으로 잡으면 언양읍에서 석남사로 향해 내처 가야산을 넘으면 곧 밀양이다. 시간은 한 시간 30분 남짓 걸리며 가야산 중턱에서 바라보는 정경은 빼어나다.

대견사 터 삼층 석탑.